제36회 공인중개사 시험대비 **전면개정판** 동영상강의 www.pmg.co.kr

박문각 공인중개사

김덕수
민법공식
답이 벌떡

김덕수 편저

박문각

CONTENTS

이 책의 **차례**

PART
03

계약법

PART
04

민사특별법

PART

01

민법총칙

01 | 총 설

> • 상대방 없는 단독행위 ⇨ 유언, 유증, 재단법인설립행위, 소유권의 포기

1. 제한물권의 포기, 시효이익의 포기, 공유지분의 포기는 **상대방 있는 단독행위**이다.

> • 타인권리매매, 타인권리임대차 ⇨ 유효

2. **타인의 권리도** 매매의 대상이 **될 수 있다.** ★

3. 임대인이 목적물을 **임대할 권한이 없어도** 임대차계약은 **유효하게 성립한다.**

> • 무권리자의 처분행위 ⇨ 무효 ⇨ 추인 ⇨ 소급 유효

4. **처분권자는** 명문의 규정이 없더라도 **처분권 없는 자의 처분행위를 추인**하여 이를 **유효하게 할 수 있다.**

5. 甲의 소유물을 乙이 **처분권한 없이 처분**한 경우, 甲이 이를 **추인하면** 원칙적으로 **그 때부터 새로운 법률행위를 한 것으로 본다.** (×) ★

> • 의사표시 ⇨ 묵시적(행동)으로 가능

6. 수권행위는 **묵시적으로 할 수 있다.** ★

7. 무효행위의 추인은 **명시적인 의사표시로 하여야 한다.** (×)

8. 매매계약의 합의해제는 **묵시적으로는 할 수 없다.** (×)

> • 농지취득자격증명 ⇨ 농지매매의 효력발생요건 ×

9. **농지취득자격증명**은 농지매매의 **효력발생요건**이다. (×)

02 | 목적의 확정성, 가능성, 적법성

> • 목적 ⇨ 확정가능성

★
1. **매매목적물과 대금**은 반드시 그 계약체결 당시에 **구체적으로 확정하여야 하는 것은 아니다.**

2. 매매계약 체결 당시 **목적물과 대금**이 구체적으로 확정되지 않았다면, 사후에 **구체적으로 확정될 수 있는 방법과 기준이 정해져 있더라도** 계약의 성립을 인정할 수 없다. (×)

> • 후발적 불능 ⇨ 유효

★
3. **계약성립 후** 채무이행이 **불가능**하게 되더라도, 계약이 **무효**로 되는 것은 **아니다.**

4. **계약이 체결된 후** 매매목적 **건물이 전소**된 경우, 그 매매계약은 **무효이다.** (×)

> • 중간생략등기, 무허가행위 ⇨ 단속규정 ⇨ 유효

★★
5. 조세포탈목적으로 한 **중간생략등기도** 실체관계와 부합하면 **유효**이다.

6. 주택법의 **전매행위 제한을 위반**하여 한 전매약정은 **무효**이다. (×)

★
7. **무허가 음식점**에서 음식물을 판매하는 행위는 **무효**이다. (×)

★
8. **개업공인중개사가** 중개의뢰인과 **직접 거래하는 행위를 금지**하는 공인중개사법 규정은 **단속규정**이다.

> • 중개보수약정
> ① 개업공인중개사 ⇨ 법정한도 초과 약정 ⇨ 초과분은 무효
> ② 공인중개사 자격이 없는 자 ⇨ 중개보수약정 ⇨ 전부 무효
> ③ 공인중개사 자격이 없는 자 ⇨ 우연한 기회에 단 1회 중개 ⇨ 유효

9. 법정한도를 **초과**하는 중개보수**약정**을 한 후 중개보수를 지급한 자는 **초과분에 대한 반환을 청구할 수 있다.**

10. **공인중개사 자격이 없는 자**가 중개사무소 개설등록을 하지 아니한 채 부동산중개업을 하면서 체결한 중개보수 지급약정은 **전부가 무효이다.**

★
11. 공인중개사 자격이 없는 자가 **우연한 기회에 단 1회 거래행위를 중개한 경우**에는 중개 보수지급약정은 **무효**이다. (×)

• 강행규정위반 ⇨ 절대적 무효, 사회질서위반 ×

★
12. **강행규정에 위반한 자도 스스로 그 약정의 무효를 주장할 수 있다.**

13. **강행법규에 위반한 자가 스스로 그 약정의 무효를 주장하는 것은** 특별한 사정이 없는 한 **신의칙에 반한다.** (×)

14. **강행규정위반**의 무효는 **선의의 제3자**에게도 **주장할 수 있다.**

15. **강행규정을 위반**하여 무효인 법률행위는 **추인**에 의해 유효로 될 수 **없다.**

★
16. **강행규정에 위반하여 무효**인 계약의 상대방이 그 위반사실에 대하여 선의·무과실이더라도 **표현대리**의 법리가 **적용될 여지는 없다.**

17. **강행규정에 위반한 행위**라도 그것이 **사회질서에 위반하지 않는 경우**에는 불법원인급여에 해당하지 않는다.

★
18. 법률행위가 **강행규정에 위반**하여 무효인 경우에는 **언제나 불법원인급여에 해당한다.** (×)

• 무효인 법률행위의 관계

1. 당사자간
① 이행 전 ⇨ 이행할 필요 ×
② 이행 후 ⇨ 부당이득반환을 청구 ○
　　　　　 ⇨ 사회질서위반자 ⇨ 반환청구 ×(불법원인급여)

2. 제3자와의 관계
① 절대적 무효(원칙) ⇨ 모든 제3자에게 무효를 주장 ○
② 비진의표시, 통정허위표시 ⇨ 선의의 제3자에게 무효를 주장 ×
③ 명의신탁 ⇨ 선의 악의 불문하고 제3자에게 무효를 주장 ×

---

03 | 목적의 사회적 타당성

> • 행위당시를 기준

1. **정당한 대가를 지급하고** 목적물을 **매수**하였더라도 **그 후** 목적물이 범죄행위로 취득한 것을 알게 되었다면 매매계약은 **무효이다.** (×)

> • 사회질서위반이 아닌 경우
> ① 강박
> ② 조세포탈목적, 투기목적
> ③ 강제집행면탈목적

★
2. 국가기관이 위헌적인 공권력을 행사하여 **강박**상태에서 의사표시를 하였다 하더라도 항상 그것이 **반사회성을 띠어 당연히 무효가 되는 것은 아니다.**

3. **양도소득세를 회피할 목적으로** 실제 거래대금보다 낮은 금액으로 계약서를 작성하여 매매계약을 체결한 행위는 **반사회적 법률행위에 해당되지 않는다.**

★★
4. **조세포탈목적으로** 부동산을 **명의신탁**한 경우, 그 명의신탁은 **반사회질서의 법률행위로서** 무효로 된다. (×)

5. **투기의 목적으로** 세입자입주권 15매를 매수하였다고 하더라도 그것만으로 **사회질서에 반하는 법률행위로 무효로 된다고 할 수 없다.**

★★
6. **강제집행을 면할 목적으로** 부동산에 **허위의 근저당권설정등기를 경료하는 행위는 특별한 사정이 없는 한 반사회적 법률행위에 해당되지 않는다.**

★★
7. **강제집행을 면할 목적으로** 부동산에 허위의 근저당권설정등기를 경료하는 행위는 **반사회적 법률행위로서** 무효이다. (×)

> • 불법동기 ⇨ 표시 또는 알려진 경우 ⇨ 사회질서위반 ⇨ 무효

8. 매매계약의 **동기가 반사회적이고** 그 동기가 외부에 **표시된 경우** 그 매매계약은 **무효이다.**

9. **불법동기가** 법률행위 당시에 **표시되지 않았더라도** 상대방에게 **알려진 경우에는 반사회적 법률행위가 되어 무효로** 된다.

> • 부첩계약
> ① 부첩관계를 맺으면서 한 약정 ⇨ 무효
> ② 부첩관계를 단절하면서 한 약정 ⇨ 유효

★
10. 부첩관계종료를 **해제조건**으로 하는 증여계약은 **반사회적 법률행위에 해당하여 무효이다.**

> • 도박
> ① 도박 ⇨ 사회질서위반 ⇨ 무효
> ② 도박채무변제 ⇨ 대리권수여행위(위임) ⇨ 유효

11. **도박**자금에 제공할 목적으로 금전을 대여하는 행위는 **반사회적 법률행위에 해당하여 무효**이다.

12. **도박채무의 변제를 위하여** 부동산의 처분에 대한 대리권을 수여한 경우, **대리권수여행위는 반사회적 법률행위에 해당하지 않는다.**

13. **도박채무의 변제를 위하여** 채무자로부터 부동산의 처분을 **위임받은** 채권자가 제3자에게 매도한 경우, 그 매매계약은 **무권대리**가 된다. (×)

> • 변호사 아닌 자 ⇨ 사회질서위반

14. **변호사 아닌 자**가 승소를 조건으로 그 대가로 소송당사자로부터 소송물 일부를 양도받기로 하는 약정은 **반사회적 법률행위에 해당하여 무효이다.**

> • 성공보수약정
> ① 민사사건 ⇨ 유효
> ② 형사사건 ⇨ 무효

★
15. **민사사건**에 관하여 변호사와 체결한 성공보수약정은 **반사회적 법률행위에 해당하지 않는다.**

★
16. **형사사건**에 대한 의뢰인과 변호사의 성공보수약정은 강행법규위반으로서 무효일 뿐 **반사회적 법률행위는 아니다.** (×)

> • 비자금 ⇨ 은닉 ⇨ 임치 ⇨ 사회질서위반 ✕

★
17. 뇌물로 받은 금전을 소극적으로 **은닉**하기 위하여 이를 **임치**하는 약정은 **반사회적 법률행위에 해당하지 않는다**.

> • 대가약정
> ① 허위진술 ⇨ 무효
> ② 증언 ⇨ 초과 ⇨ 무효

★
18. 수사기관에서 **허위진술**의 대가를 지급하기로 한 약정은 그 **대가가 적정하다면** 반사회적 **법률행위에 해당하지 않는다.** (✕)

★
19. 소송에서 사실대로 **증언**하여 줄 것을 조건으로 한 대가약정이 통상적으로 용인될 수 있는 수준을 **초과**한 경우에는 **반사회적 법률행위에 해당하여 무효**이다.

> • 과도한 위약벌 약정, 보험사고를 가장, 궁지에 빠뜨린 다음 ⇨ 사회질서위반

20. **과도한 위약벌 약정**은 법원의 직권감액이 가능하므로 선량한 풍속 기타 **사회질서에 반할 여지가 없다.** (✕)

★
21. 오로지 **보험사고를 가장**하여 보험금을 취득할 목적으로 체결한 생명보험계약은 **반사회적 법률행위에 해당하여 무효**이다.

22. 행정기관에 진정서를 제출하여 상대방을 **궁지에 빠뜨린 다음** 이를 취하하는 조건으로 거액의 급부를 받기로 한 약정은 **반사회적 법률행위에 해당하여 무효이다.**

> • 일정기간 ⇨ 사회질서위반 ✕

23. 해외파견 근로자의 귀국 후 **일정기간** 소속회사에 근무토록 한 약정은 특별한 사정이 없는 한 **반사회적 법률행위라고 할 수 없다.**

> • 주지임명행위 ⇨ 사회질서위반 ×

24. 전통사찰의 주지직을 거액의 금품을 대가로 양도하기로 하는 약정이 있음을 알고도 이를 묵인한 상태에서 한 종교법인의 **주지임명행위는 반사회적 법률행위에 해당하지 않는다.**

> • 사회질서위반자 ⇨ 반환청구 ×

★
25. **첩계약의 대가로** 부동산의 **소유권을 이전**해 주었다면 어떠한 이유로도 그 **반환을 청구할 수 없다.**

> • 사회질서위반 ⇨ 절대적 무효

★
26. **사회질서에 위반**한 사항을 내용으로 하는 법률행위의 **무효**는 이를 주장할 이익이 있는 자라면 **누구든지 무효를 주장할 수 있다.**

27. **반사회적** 법률행위의 무효는 **선의의 제3자에게도 대항할 수 있다.**

★★
28. **반사회적** 법률행위에 해당하는 **제2매매계약**에 기초하여 제2매수인으로부터 그 부동산을 매수하여 등기한 **선의의 제3자는 제2매매계약의 유효를 주장할 수 있다.** (×)

> • 부동산이중매매
> ① 제1매매계약 ⇨ 이행에 착수한 후(중도금지급 후)
> ② 제2매수인 ⇨ 악의 ⇨ 유효
> ③ 제2매수인 ⇨ 적극 가담 ⇨ 사회질서위반 ⇨ 무효

★
29. 부동산 매매계약에서 계약금을 수수한 후 당사자가 매매계약의 **이행에 착수하기 전에** 제3자가 매도인을 적극 유인하여 해당 부동산을 매수하였다면 매도인과 제3자 사이의 그 매매계약은 **반사회적 법률행위가 아니다.**

30. 부동산을 매도인이 이미 제3자에게 매각한 사실을 **매수인이** 단순히 **알고** 있었던 경우에 **매도인의 요청으로** 그 부동산을 **매수하기로** 한 계약은 **반사회적 법률행위가 아니다.**

★★
31. 대리인이 매도인의 배임행위에 **적극 가담**하여 이루어진 부동산의 이중매매는 본인인 매수인이 그러한 사정을 몰랐다면 **반사회질서의 법률행위가 되지 않는다.** (×)

> • 부동산이중매매 ⇨ 적극 가담
> ① 대위 말소
> ② 제3자도 무효
> ③ 손해배상청구

32. 甲은 자기소유의 X토지를 乙에게 매도하고 중도금을 수령하였으나 乙명의로 등기하지 않고 있던 중, 丙이 甲의 배임행위에 **적극 가담**하여 甲으로부터 X토지를 매수하여 丙 명의로 등기를 경료하였다.

① 乙은 甲을 **대위하여** 丙에게 **말소등기를 청구할 수 있다.**

② 乙은 丙에게 **직접** 소유권이전등기를 **청구할 수 없다.**

③ 乙은 소유권이전청구권의 보전을 위하여 甲과 丙의 매매계약에 대하여 **채권자취소권을 행사할 수 없다.**

④ 乙은 丙에게 **직접** 불법행위를 이유로 **손해배상을 청구할 수 있다.**

⑤ 丁이 X토지를 丙으로부터 매수하여 이전등기를 받은 경우, 丁은 선의라도 甲과 丙의 매매계약의 **유효를 주장할 수 없다.**

04 | 불공정한 법률행위(폭리행위)

> • 현저한 불균형 ⇨ 행위당시를 기준 ⇨ 객관적으로 판단 ⇨ 무상행위 ×

1. 불공정한 법률행위에 해당하는지는 **법률행위 당시를 기준으로 판단**해야 한다.

2. 급부와 반대급부 사이의 **현저한 불균형**은 피해자의 궁박·경솔·무경험의 정도를 고려하여 **당사자의 주관적 가치에 따라 판단한다.** (×)

★★
3. **증여**와 같은 **무상행위**도 불공정한 법률행위가 될 수 **있다.** (×)

> • 궁박 ⇨ 정신적·심리적 궁박도 포함 ○

4. **궁박**은 경제적 궁박에 한하지 않고, **정신적 또는 심리적 원인에 기한 궁박도 포함된다.**

> • 무경험 ⇨ 거래일반에 대한 경험부족 ○, 특정거래 영역 X

★
5. **무경험**은 특정 영역에서의 경험부족이 아니라 **거래일반**에 대한 경험부족을 **의미한다.**

★
6. **무경험**이라 함은 **특정거래 영역**에서 요구되는 경험의 부족을 **의미한다.** (×)

> • 대리행위 ⇨ 궁박 ⇨ 본인

★★
7. 대리인에 의한 법률행위의 경우, **궁박** 상태에 있었는지는 **본인을 기준**으로 판단한다.

8. 불공정한 법률행위가 대리인에 의하여 행해진 경우, **궁박·경솔·무경험은 대리인을 기준으로** 판단하여야 한다. (×)

> • 폭리의사 ⇨ 알면서 이용 ⇨ 경매 ×

★
9. 급부 간 현저한 불균형이 있더라도 폭리자가 피해당사자 측의 사정을 **알면서 이를 이용하려는 의사가 없다면 불공정한 법률행위가 아니다.**

10. 당사자가 궁박·경솔 또는 무경험의 상태에 있는 때에는 그 상대방에게 **폭리행위의 악의가 없다고 하더라도 불공정한 법률행위는 성립한다.** (×)

11. **경매절차**에서 매각대금이 시가보다 현저히 저렴하더라도 **불공정한 법률행위를 이유로 그 무효를 주장할 수 없다.**

12. 경매절차에서 매각대금이 시가보다 현저히 저렴한 경우, 그 **경매는 불공정한 법률행위로서 무효이다.** (×)

> • 무효를 주장하는 자가 모두 입증 ⇨ 추정 ×

13. 법률행위가 현저하게 공정을 잃었다고 하여 곧 그것이 궁박, 경솔 또는 무경험으로 이루어진 것으로 **추정되지 않는다.**

14. 급부와 반대급부 사이에 현저한 불균형이 존재하면 궁박이 **추정된다.** (×)

> • 피해자는 반환청구 ○ ⇨ 제3자도 무효

15. **불공정**한 법률행위의 무효는 **선의의 제3자에게 대항할 수 없다.** (×)

> • 불공정 ⇨ 추인 ⇨ 불공정 ⇨ 무효

16. **불공정**한 법률행위는 무효행위의 **추인**에 의하여 유효로 될 수 **없다.**

> • 불공정 ⇨ 전환 ⇨ 공정 ⇨ 유효

17. **불공정**한 법률행위로서 무효인 경우에도 무효행위의 **전환**에 의해 유효로 될 수 **있다.**

05 | 진의 아닌 의사표시(비진의표시)

> • 비진의표시
> ① 원칙 ⇨ 유효 ⇨ 상대방은 선의무과실로 추정
> ② 상대방이 알았거나 알 수 있었을 경우(과실) ⇨ 무효
>   ⇨ 선의의 제3자에게 대항 ×

1. 진의 아닌 의사표시는 **원칙적으로 무효**이다. (×)

2. 비진의표시는 표의자의 진의 아님을 **상대방이 과실로** 알지 못한 경우에는 **무효이다.**

3. **상대방이** 표의자의 진의 아님을 **알았다는 것은 무효를 주장하는 자가 증명**하여야 한다.

4. **상대방이** 표의자의 진의 아님을 **알았을 경우**, 표의자는 진의 아닌 의사표시를 **취소할 수 있다.** (×)

5. 비진의표시의 무효는 **선의의 제3자에게 대항하지 못한다.**

> • 진의 ⇨ 진정으로 마음속에서 원하는 사항 ×

6. 진의 아닌 의사표시에 있어서의 **진의란** 표의자가 **진정으로** 마음속에서 원하는 사항을 **의미한다.** (×)

7. 진의 아닌 의사표시에서 **진의는 특정한 내용의 의사표시를** 하고자 하는 표의자의 생각을 **말한다.**

> • 강박 ⇨ 비진의표시(내심의 효과의사가 결여된 것) ×

8. 재산을 **강제**로 뺏긴다는 인식을 하고 있는 자가 고지된 해악이 두려워 어쩔 수 없이 증여의 의사표시를 한 경우 이는 **비진의표시라 할 수 없다.**

9. **강박**에 따라 제3자에게 증여한 경우, 표의자는 마음속에서 진정으로 원하지 않았으나 당시의 상황에서는 최선이라고 판단하여 의사표시를 하였다면 **비진의표시가 된다.** (×)

> • 대리권남용 ⇨ 비진의표시 유추적용 ○

★
10. 대리인이 **대리권을 남용**한 경우, **비진의표시**에 관한 규정이 **유추적용된다.**

11. 대리인이 자신의 이익을 위하여 **대리권을 남용**하는 경우는 **무권대리에 해당한다.** (×)

12. 대리인이 자기의 이익을 위하여 **배임적 대리행위**를 한 경우, **상대방이** 이러한 사실을 **알았거나 알 수 있었다면** 대리행위는 **본인에게 효력이 없다.**

> • 공법상 행위 ⇨ 적용 × ⇨ 유효

★★
13. **공무원**의 사직의 의사표시와 같은 **공법행위**에는 비진의표시에 관한 규정이 **적용되지 않는다.**

★★
14. 전체**공무원**이 일괄사표를 제출함에 따라 **공무원 甲도** 함께 **사직서를 제출**한 경우, 甲의 내심의 의사는 사직할 뜻이 아니었으므로 **사직서의 제출은 무효**이다. (×)

> • 명의대여하여 대출약정을 한 경우 ⇨ 비진의표시 × ⇨ 유효

★★
15. 甲이 법률상 또는 사실상의 장애로 자기**명의로 대출**받을 수 없는 乙을 위하여 대출금 채무자로서의 명의를 빌려준 경우, 甲의 의사표시는 **비진의표시라고 할 수 없다.**

16. 은행**대출**한도를 넘은 甲을 위해 乙이 은행대출약정서에 주채무자로 서명날인한 경우, 은행이 이런 사정을 알았더라도 **乙은 원칙적으로 대출금반환채무를 진다.**

17. **대출**절차상 편의를 위하여 **명의**를 빌려준 자가 채무부담의 의사를 가졌더라도 그 의사 표시는 **비진의표시이다.** (×)

06 | 통정허위표시

> • 통정허위표시 ➡ 합의

1. **통정허위표시가 성립하기 위해서는 진의와 표시의 불일치에 관하여 상대방과 합의가 있어야 한다.**

2. **통정허위표시는 표의자가 의식적으로 진의와 다른 표시를 한다는 것을 상대방이 알았다면 성립한다.** (×)

> • 통정허위표시 ➡ 당사자 사이 무효, 사회질서위반 ×

3. **통정허위표시의 당사자 사이**에는 그 의사표시에 따른 **권리의무가 발생한다.** (×)

4. **통정허위표시로 무효인 경우**, 당사자는 **가장행위의 채무불이행**이 있더라도 이를 이유로 하는 **손해배상을 청구할 수 없다.**

5. **강제집행을 면할 목적으로 부동산에 허위의 근저당권설정등기를 하는 행위는 반사회적 법률행위로 볼 수 없다.**

> • 통정허위표시 ➡ 채권자취소 ○

6. **통정허위표시로서 무효인 법률행위도 채권자취소권의 대상이 될 수 있다.**

> • 은닉행위(증여) ➡ 유효

7. 당사자가 통정하여 **증여를 매매로 가장한 경우, 증여는 유효이다.**

8. 당사자가 통정하여 **증여를 매매로 가장한 경우**, 증여와 매매 **모두 무효이다.** (×)

> • 선의의 제3자에게 대항(주장) ×

9. **선의의 제3자에 대해서는 통정허위표시의 당사자뿐만 아니라 그 누구도 통정허위표시의 무효로 대항할 수 없다.**

★★
10. 통정허위표시의 **제3자가 악의라도** 그 **전득자가** 통정허위표시에 대하여 **선의인 때에는** 전득자에게 허위표시의 **무효를 주장할 수 없다.**

11. 악의의 제3자로부터 **선의로 전득한 자는** 선의의 제3자로 **보호받지 못한다.** (×)

• 제3자는 선의이면 족하고 무과실은 불요

★★
12. 통정허위표시의 무효에 대항하기 위해서 **제3자는 선의이면 족하고, 무과실일 필요는 없다.**

★★
13. **제3자가** 통정허위표시의 무효에 대항하기 위해서는 선의 · **무과실이어야 한다.** (×)

★★
14. 허위표시의 당사자는 **선의의 제3자에게 과실이 있다면** 의사표시의 **무효를** 그 제3자에게 **주장할 수 있다.** (×)

• 제3자 ⇨ 선의로 추정 ○

★
15. 통정허위표시의 무효에 대항하려는 **제3자는** 자신이 **선의**라는 것을 **증명하여야 한다.** (×)

16. 가장양수인으로부터 소유권이전등기청구권 보전을 위한 **가등기를 경료한 자는** 특별한 사정이 없는 한 **선의로 추정된다.**

• 가장채권을 가압류한 채권자 ⇨ 제3자에 해당 ○

★★
17. 통정허위표시에 의하여 생긴 채권을 가압류한 경우, **가압류채권자는** 선의이더라도 통정허위표시에서 보호받는 **제3자에 해당하지 않는다.** (×)

• 파산관재인 ⇨ 파산채권자 모두가 악의가 아닌 한 ⇨ 선의의 제3자

★★
18. **파산관재인은** 그가 비록 통정허위표시에 대해 악의였다고 하더라도 **파산채권자 모두가 악의로 되지 않는 한 선의의 제3자로 인정된다.**

★★
19. **파산채권자 중 일부라도 악의라면** 파산관재인은 **선의의 제3자라고 할 수 없다.** (×)

20. 파산관재인은 **모든 파산채권자가 선의인 경우에 한하여** 그의 선의가 인정된다. (×)

> • 가장채무를 보증한 보증인 ⇨ 보증채무를 이행 ⇨ 제3자에 해당 ○

21. 가장채무를 보증하고 그 **보증채무를 이행**하여 구상권을 취득한 선의의 보증인은 통정 허위표시에서 보호받는 **제3자에 해당한다.**

22. 통정허위표시에 따른 선급금 반환채무 부담행위에 기하여 선의로 그 채무를 보증한 자는 **보증채무의 이행 여부와 상관없이** 허위표시의 무효로부터 보호받는 **제3자에 해당한다.** (×)

> • 제3자에 해당하지 않는 자
> ① 대리인이 가장매매를 한 경우에 있어서 본인
> ② 제3자를 위한 계약에 있어서 수익자
> ③ 채권의 가장양도에 있어서 채무자
> ④ 차주와 통정하여 가장소비대차계약을 체결한 금융기관으로부터 그 계약을 인수한 자

23. **대리인이** 대리권의 범위 안에서 현명하여 상대방과 **통정허위표시를 한 경우, 본인이 선의라면** 특별한 사정이 없는 한 그는 허위표시의 **유효를 주장할 수 있다.** (×)

24. **제3자를 위한 계약**이 통정허위표시에 해당하여 **무효**인 경우, 제3자가 선의인 경우에는 요약자는 제3자에게 **무효로 대항할 수 없다.** (×)

07 | 착 오

> • 지번 착오 ⇨ 착오 취소 ×

★
1. **상대방이** 표의자의 **진의에 동의한 경우**, 표의자는 **착오**를 이유로 **취소할 수 없다.**

2. **상대방이** 착오자의 **진의에 동의하더라도** 착오자는 의사표시를 **취소할 수 있다.** (×)

★
3. 매매계약당사자가 매매목적물인 X토지의 **지번에 착오를 일으켜** 계약서에 목적물을 Y토지로 표시한 경우, **착오**를 이유로 의사표시를 **취소할 수 없다.**

4. X토지를 계약의 목적물로 삼은 당사자가 모두 **지번에 착오**를 일으켜 계약서에 목적물을 Y토지로 표시한 경우, **착오**를 이유로 의사표시를 **취소할 수 있다.** (×)

> • 동기의 착오 ⇨ ① 표시 ② 유발 또는 제공 ③ 합의 불요

★★
5. 상대방에 의해 **유발된 동기의 착오**는 동기가 **표시되지 않았더라도** 중요부분의 **착오가 될 수 있다.**

6. **동기의 착오는** 동기가 **표시되어** 해석상 법률행위의 내용으로 된 경우에 **한해서만 유일하게 고려된다.** (×)

★
7. **동기의 착오**를 이유로 취소하려면 당사자 사이에 동기를 의사표시의 내용으로 하는 **합의가 필요하다.** (×)

> • 경제적 불이익 × ⇨ 중요부분의 착오 × ⇨ 가압류 원인무효

★★
8. 착오로 인하여 표의자가 **경제적 불이익을 입은 것이 아니라고 한다면** 이를 법률행위 내용의 **중요부분의 착오라고 할 수 없다.**

★★
9. 착오에 의한 의사표시로 표의자가 **경제적 불이익을 입지 않더라도** 착오를 이유로 그 의사표시를 **취소할 수 있다.** (×)

10. 가압류등기가 없다고 믿고 보증하였더라도 **그 가압류가 원인 무효인 것으로 밝혀진 경우,** **착오**를 이유로 의사표시를 **취소할 수 없다.**

• 중요부분의 착오
① 토지의 현황·경계에 관한 착오
② 법률에 관한 착오

---

11. **농지의 상당부분이 하천**임을 알았더라면 농지 매매계약을 체결하지 않았을 것이 명백한 경우, 법률행위 내용의 **중요부분의 착오**에 해당될 수 있다.

12. **법률에 관한 착오**라도 그것이 법률행위의 내용의 **중요부분**에 관한 것인 때에는 표의자는 그 의사표시를 **취소할 수 있다.**

13. 착오에 관한 민법규정은 **법률의 착오에 적용되지 않는다.** (×)

• 중요부분의 착오 ×
① 시가에 관한 착오
② 수량부족, 지적부족

---

14. 부동산 **시가에 관한 착오**는 특별한 사정이 없는 한 법률행위 내용의 **중요부분의 착오에 해당하지 않는다.**

15. 건물 및 부지를 현상대로 매수하는 경우에 부지의 **지분이 다소 부족**하면 이러한 근소한 차이도 **중요부분의 착오로 인정된다.** (×)

• 입증책임
① 중요부분의 착오 ⇨ 착오자(법률행위의 효력을 부인하려는 자)
② 중대한 과실 ⇨ 상대방(법률행위의 효력을 주장하려는 자)

---

16. 착오를 이유로 취소하기 위해서는 **표의자는** 계약 내용에 착오가 있었다는 사실과 함께 만일 그 착오가 없었더라면 의사표시를 하지 않았을 것이라는 점도 **증명해야 한다.**

17. 표의자의 **중대한 과실**은 법률행위의 **효력을 주장하는 자가 증명**하여야 한다.

18. 표의자의 **중대한 과실 유무**는 착오에 의한 의사표시의 **효력을 부인하는 자가 증명**하여야 한다. (×)

19. **착오자는** 중요부분의 착오라는 사실과 자신에게 **중과실**이 없다는 사실을 **입증해야** 취소할 수 있다. (×)

• 경과실 ⇨ 취소 ○

★
20. 표의자가 **경과실**로 인하여 착오에 빠져 법률행위를 한 경우, 착오를 이유로 **취소**하는 것은 **위법**하다고 할 수 **없다.**

21. **법률에 관해 경과실로 착오를 한 경우,** 표의자는 그것이 법률행위의 중요부분에 관한 것이더라도 그 착오를 이유로 **취소할 수 없다.** (×)

• 중대한 과실 ⇨ 상대방이 알고 이용 ⇨ 취소 ○

★★
22. **상대방이** 표의자의 착오를 **알면서 이용**한 경우에는 표의자에게 **중대한 과실**이 있더라도 표의자는 착오에 의한 의사표시를 **취소할 수 있다.**

23. 착오가 표의자의 **중대한 과실**로 인한 경우에는 **상대방이** 표의자의 착오를 **알고 이용**하더라도 표의자는 의사표시를 **취소할 수 없다.** (×)

• 중대한 과실

---

24. **부동산중개업자가** 다른 점포를 매매 목적물로 **잘못 소개**하여 매수인이 매매목적물에 관하여 착오를 일으킨 경우, **매수인에게 중대한 과실은 인정되지 않는다.**

25. **공인중개사를 통하지 않고** 토지거래를 하는 경우, 토지대장을 확인하지 않은 매수인은 **중대한 과실이 인정된다.**

26. **공장을 경영하는 자가** 새로운 공장을 설립할 목적으로 토지를 매수하면서 공장을 건축할 수 있는지 여부를 관할관청에 알아보지 않은 경우, **중대한 과실이 인정된다.**

• 사기 ⇨ 중요부분의 착오 ⇨ 착오와 사기 경합 ⇨ 선택 ○

---

27. 타인의 **기망**에 의하여 **중요부분의 착오**가 발생한 경우, 표의자는 **착오 또는 사기**를 **선택적으로 주장할 수 있다.**

> • 착오와 담보책임 ⇨ 경합 ⇨ 착오를 이유로 취소 ○

28. 매매계약의 **중요부분에 착오**가 있는 경우, 매도인의 **하자담보책임이 성립하는지와 상관 없이** 매수인은 착오를 이유로 그 매매계약을 **취소할 수 있다.**

29. 물건의 하자로 매도인의 **하자담보책임**이 성립하는 경우, 매수인은 매매계약 내용의 중요부분에 착오가 있더라도 그 계약을 **취소할 수 없다.** (×)

> • 해제 후 취소 ○

30. 매도인이 매수인의 채무불이행을 이유로 매매계약을 적법하게 **해제한 후에도** 매수인은 착오를 이유로 그 매매계약을 **취소할 수 있다.**

31. 매수인의 중도금 미지급을 이유로 매도인이 적법하게 계약을 **해제**한 경우, 매수인은 착오를 이유로 계약을 다시 **취소할 수는 없다.** (×)

> • 착오 ⇨ 취소 ⇨ 손해 ⇨ 불법행위 × ⇨ 손해배상 ×

32. **경과실**로 인해 **착오**에 빠진 자가 매매계약을 취소한 경우, 상대방은 착오자에게 **불법행위 책임을 물을 수 없다.**

33. 표의자가 **착오**를 이유로 **취소**한 경우, 취소된 의사표시로 인해 **손해**를 입은 상대방은 불법행위를 이유로 **손해배상을 청구할 수 있다.** (×)

> • 착오 ⇨ 임의규정 ⇨ 특약으로 적용 배제 ○

34. 당사자의 **합의로** 착오로 인한 취소규정의 **적용을 배제할 수 있다.**

35. 착오를 이유로 **취소하지 않기로 특약한 경우**에도 착오자는 중요부분의 착오가 있으면 **취소할 수 있다.** (×)

08 | 사기, 강박

> • 부작위, 침묵 ⇨ 사기 ○

★
1. **부작위**에 의한 **기망행위**도 인정될 수 **있다.**

2. 아파트 분양자가 아파트단지 인근에 대규모 **공동묘지가 조성된 사실**을 알면서 수분양자에게 **고지하지 않은 경우,** 이는 **기망행위에 해당한다.**

3. 아파트 분양자가 아파트 인근에 **쓰레기매립장이 건설될 예정**이라는 사실을 분양계약자에게 **고지하지 않는 것은 기망행위에 해당한다.**

> • 시가, 다소 과장 ⇨ 사기 ✕

★
4. 교환계약의 당사자 일방이 자기 소유 목적물의 **시가**를 묵비한 것은 특별한 사정이 없는 한 **기망행위가 아니다.**

★
5. 계약의 당사자가 목적물의 **시가**를 묵비하여 상대방에게 고지하지 않은 경우, 특별한 사정이 없는 한 **상대방의 의사결정에 불법적인 간섭을 한 것이다.** (✕)

★
6. 분양회사가 상가를 분양하면서 그 곳에 첨단 오락타운을 조성하여 수익을 보장한다는 **다소 과장**된 선전광고를 하는 것은 **기망행위에 해당한다.** (✕)

> • 강박
> ① 사회질서위반 ✕
> ② 비진의표시 ✕
> ③ 완전히 박탈 ⇨ 무효

★
7. 법률행위의 성립과정에 **강박**이라는 불법적 방법이 사용된 것에 불과한 때에는 **반사회질서의 법률행위라고 할 수 없다.**

★
8. **강박**에 의해 증여의 의사표시를 하였다면 증여의 **내심의 효과의사가 결여된 것으로 볼 수 있다.** (✕)

★★
9. **강박**에 의해 의사결정의 자유가 **완전히 박탈**되어 그 외형만 있는 법률행위는 **무효**이다.

10. 강박행위의 주체가 국가 공권력이고 그 공권력의 행사의 내용이 기본권을 침해하는 것이면 그 **강박**에 의한 의사표시는 당연히 **무효가 된다.** (×)

• 불법적인 해악의 고지 × ⇨ 강박 ×

---

11. 상대방이 **불법적인 해악의 고지 없이** 각서에 서명날인할 것을 강력히 요구하는 것만으로는 **강박이 되지 않는다.**

• 고소, 고발 ⇨ 부정 또는 부당 ⇨ 위법성 ○ ⇨ 강박

★
12. **부정한 이익의 취득을 목적**으로 하더라도 정당한 권리 행사로서의 **고소, 고발**은 위법성이 부정되어 **강박행위에 해당하지 않는다.** (×)

★
13. 강박행위의 목적이 정당한 경우에는 비록 그 수단이 **부당**하다고 하더라도 **위법성이 인정될 여지가 없다.** (×)

• 제3자에 의한 사기 강박
① 상대방이 알았거나 알 수 있었을 경우 ⇨ 과실 ⇨ 취소 ○
② 상대방이 선의무과실인 경우 ⇨ 무과실 ⇨ 취소 ×
③ 제3자에게 손해배상청구 ⇨ 먼저 취소할 필요 ×

★
14. **제3자의 사기**에 의해 의사표시를 한 표의자는 **상대방**이 그 사실을 **알았거나 알 수 있었을 경우**에 그 의사표시를 **취소할 수 있다.**

15. 표의자가 **제3자의 사기**로 의사표시를 한 경우, **상대방이** 그 사실을 **과실로** 알지 못한 경우에는 표의자는 **취소할 수 없다.** (×)

★★
16. **제3자의 사기**로 계약을 체결한 경우, 표의자는 **그 계약을 취소하지 않고** 그 제3자에게 **불법행위책임을 물을 수 있다.**

★★
17. **제3자의 사기**로 계약을 체결한 경우, 표의자는 먼저 그 계약을 **취소하여야** 제3자에게 불법행위로 인한 **손해배상을 청구할 수 있다.** (×)

★★
18. 제3자의 사기로 계약을 체결한 경우, 그 계약을 취소하지 않으면 그 제3자에게 **손해배상을 청구할 수 없다.** (×)

- 대리인의 사기 강박 ⇨ 언제나 취소 ○

★★
19. **대리인의 기망행위**에 의해 계약이 체결된 경우, 계약의 상대방은 **본인이 선의이더라도** 계약을 **취소할 수 있다.**

★★
20. 甲의 **대리인 乙의 사기**로 매수한 丙은 **甲이 그 사실을 과실 없이 알지 못한 경우에는** 사기를 이유로 매매를 **취소할 수 없다.** (×)

★★
21. **기망행위를 한 자가** 상대방의 **대리인**인 경우, 상대방이 그 사실을 **알았거나 알 수 있었을 경우에 한하여** 그 의사표시를 취소할 수 있다. (×)

★
22. 상대방의 **대리인에 의한 사기는 제3자의 사기에 해당하지 않으나,** 상대방의 **피용자에 의한 사기는 제3자의 사기에 해당한다.**

23. '제3자의 강박'에 의한 의사표시에서 상대방의 **대리인은 제3자에 포함되지 않는다.**

- 사기와 담보책임 ⇨ 경합(선택) ⇨ 사기를 이유로 취소 ○

---

24. **기망에 의하여 하자 있는 물건을 매수한 경우, 매수인은 담보책임만을 주장할 수 있고 사기를 이유로 한 취소권을 행사할 수 없다.** (×)

- 소송행위 ⇨ 착오, 사기, 강박 ⇨ 취소 ×

★
25. 사기나 강박에 의한 **소송행위**는 원칙적으로 **취소할 수 없다.**

26. 소송대리인의 사무원의 착오로 **소를 취하**한 경우, 착오를 이유로 **취소할 수 있다.** (×)

09 | 의사표시의 효력발생시기

> • 도달주의 ⇨ 요지한 때 ×, 요지할 수 있는 상태 ○

1. **도달**은 표의자의 상대방이 통지를 **현실적으로 수령한 것을 의미한다.** (×)

2. 의사표시의 **도달**이란 상대방이 그 내용을 **안 것을 의미한다.** (×)

3. ★ 상대방이 **정당한 사유 없이** 의사표시 통지의 **수령을 거절**한 경우, 상대방이 그 통지의 내용을 알 수 있는 객관적 상태에 놓여 있는 때에 의사표시의 **효력이 생기는 것으로 보아야 한다.**

> • 도달주의 ⇨ 도달 후 철회 ×

4. ★ 의사표시가 **도달**한 경우에도 상대방이 그 내용을 알기 전이라면 **철회할 수 있다.** (×)

> • 내용증명우편, 등기우편 ⇨ 도달 추정 ○ / 보통우편 ⇨ 도달 추정 ×

5. ★ 의사표시가 기재된 **내용증명우편**이 발송되고 달리 반송되지 않았다면 특별한 사정이 없는 한 그 의사표시는 **도달된 것으로 본다.**

6. **보통우편**의 방법으로 발송된 의사표시는 상당기간 내에 **도달하였다고 추정된다.** (×)

> • 발신 후 표의자가 사망, 행위능력 상실 ⇨ 효력 발생 ○

7. ★★ 표의자가 의사표시를 발송한 후 **사망**하더라도 그 의사표시의 **효력에는 영향이 없다.**

8. ★★ 표의자가 의사표시를 발송한 후 **사망**한 경우, 그 의사표시는 **효력을 잃는다.** (×)

9. ★ **표의자가 그 통지를 발송한 후 제한능력자가 되었다면**, 그 의사표시를 **취소할 수 있다.**

(×)

> • 제한능력자가 수령한 경우 ⇨ 도달 주장 × ⇨ 법정대리인이 안 때 ⇨ 도달 주장 ○

★
10. **제한능력자는** 원칙적으로 의사표시의 **수령무능력자이다.**

★
11. **상대방이 제한능력자**인 경우, 그 **법정대리인이** 의사표시의 **도달을 알기 전에는** 표의자는 **도달을 주장할 수 없다.**

12. 적법하게 성립된 매매에 관하여 해제사유가 발생한 경우, 해제의 의사가 상대방 당사자의 **미성년자에게 도달하면 그 즉시 해제의 효력이 발생한다.** (×)

> • 공시송달

13. 표의자가 **과실 없이** 상대방을 알지 못하는 경우, 민사소송법 **공시송달**의 규정에 의하여 의사표시를 송달할 수 **있다.**

14. 표의자가 **과실로** 상대방을 알지 못하는 경우에는 민사소송법 **공시송달**의 규정에 의하여 의사표시의 효력을 발생시킬 수 **있다.** (×)

10 | 대 리

> • 대리제도
> ① 법률행위 ⇨ 대리인
> ② 효과(책임) ⇨ 본인

★
1. **대리인에 의하여 체결된 계약이** 상대방에 의하여 **해제된 경우**, 대리인이 수령한 상대방의 급부를 본인이 현실적으로 인도받지 못하였더라도, **본인이** 해제로 인한 **원상회복의무를 부담한다.**

★
2. 대리인에 의하여 체결된 계약이 상대방에 의하여 해제된 경우, 상대방은 **대리인에게 손해배상을 청구할 수 없다.**

> • 매매계약을 체결할 권한
> ① 대금수령권한, 지급기일연기권한 ○
> ② 해제 ×, 취소 ×

★★
3. **토지매각의 대리권**을 수여받은 대리인은 특별한 사정이 없는 한 **매매대금을 수령하고 소유권등기를 이전할 권한이** 있다.

★★
4. **대리인이 상대방으로부터 대금 전부를 지급받고** 아직 본인에게 전달하지 않았더라도 특별한 사정이 없는 한 **상대방의 대금지급의무는 변제로 소멸한다.**

★★
5. **포괄적인 매매계약을 체결할 대리권**을 수여받은 대리인은 특별한 사정이 없는 한 **대금지급기일을 연기해 줄 권한이** 있다.

★★
6. 甲이 乙에게 **매매계약을 체결할 대리권**을 수여한 경우, 원칙적으로 乙은 계약을 **해제할 권한도 있다.** (×)

> • 권한을 정하지 아니한 대리인
> ① 보존행위 ⇨ 제한 ×
> ② 이용행위, 개량행위 ⇨ 성질이 변하지 않는 범위에서 ○

7. 권한을 정하지 아니한 대리인은 **보존행위를 할 수 있다.**

8. 권한을 정하지 아니한 대리인은 **보존행위만을 할 수 있다.** (×)

9. 임의대리인이 본인 소유의 미등기부동산의 **보존등기**를 하기 위해서는 **본인에 의한 특별수권이 있어야 한다.** (×)

10. 대리권의 범위가 명확하지 않은 임의대리인이라 하더라도 **소멸시효를 중단시킬 수 있다.**

• 자기계약, 쌍방대리가 허용되는 경우
① 본인의 허락
② 다툼이 없는 확정된 기한이 도래한 채무이행 ⇨ 등기신청행위

★
11. 대리인은 **본인의 허락이 있으면** 본인을 대리하여 자신이 본인의 부동산을 매수하는 계약을 체결**할 수 있다.**

12. **등기신청행위**는 쌍방대리가 허용된다.

13. 대리인에 대한 본인의 금전채무가 **기한이 도래한 경우** 대리인은 **본인의 허락 없이** 그 채무를 **변제하지 못한다.** (×)

• 임의대리와 법정대리의 공통된 소멸사유
① 본인 ⇨ 사망
② 대리인 ⇨ 사망, 성년후견개시, 파산
③ 한정후견개시 ⇨ 대리권소멸사유 ×

---

14. **대리인이 사망하면** 특별한 사정이 없는 한 대리인의 **상속인에게 그 대리권이 승계된다.** (×)

15. 대리인이 **성년후견개시** 심판을 받아 제한능력자가 되면 그의 **대리권은 소멸한다.**

★
16. 대리인이 **한정후견개시**의 심판을 받으면 **대리권은 소멸한다.** (×)

17. **수권행위의 철회**는 임의대리와 법정대리의 **공통된 소멸사유이다.** (×)

• 대리행위의 하자
① 대리인을 기준
② 본인을 기준 ⇨ 지시, 궁박

---

18. **대리인이** 매도인의 배임행위에 **적극 가담**하여 이루어진 부동산의 이중매매의 경우, 본인인 매수인이 그러한 사정을 몰랐다면 **반사회적 법률행위가 되지 않는다.** (×)

★★

19. 대리행위가 **불공정한 법률행위**에 해당되는가에 있어서 **궁박** · 경솔 · 무경험은 **대리인을 기준**으로 판단하여야 한다. (×)

20. 대리인이 의사표시를 한 경우, **착오**의 유무는 **본인을 표준**으로 판단하여야 한다. (×)

21. 본인이 **사기**를 이유로 대리행위를 취소하려는 경우, 대리행위가 사기로 영향을 받았는지 여부는 **대리인을 기준으로 판단한다.**

22. 대리인이 **본인의 지시**에 좇아 대리행위를 한 때에는 **본인**은 자기가 안 사정 또는 과실로 인하여 알지 못한 사정에 관하여 **대리인의 부지를 주장하지 못한다.**

• 대리인이 제한능력자인 경우 ⇨ 대리행위는 취소 ×

23. 대리인은 **행위능력자임을 요하지 않는다.**

★★

24. 甲이 **제한능력자인 乙을 대리인으로 선임**한 경우, 甲은 乙이 한 **대리행위**를 제한능력을 이유로 **취소할 수 있다.** (×)

• 대리인이 수인인 경우 ⇨ 각자대리 원칙

★

25. 대리인이 **수인**인 때에는 **공동**으로 본인을 대리함이 **원칙**이다. (×)

• 임의대리 ⇨ 수권행위 ⇨ 묵시적 가능, 언제든지 철회 ○

26. 대리권수여행위는 **묵시적**으로도 **가능하다.**

★

27. 임의대리의 경우, 그 원인된 법률관계가 종료되기 전에는 본인은 **수권행위를 철회할 수 없다.** (×)

• 현명 ⇨ 묵시적 가능

28. 본인을 위한 것임을 표시하는 현명은 **묵시적**으로 할 수는 **없다.** (×)

29. 대리인이 매매계약서에 **본인의 이름**을 기재하고 **본인의 인장**을 날인한 경우에도 **유효한 대리행위가 될 수 있다.**

11 | 복대리

> • 복대리인 ⇨ 대리인이 자신의 이름(책임)으로 선임
> ① 복대리인 선임행위 ⇨ 대리행위 ×
> ② 복대리인 ⇨ 언제나 임의대리인

1. 대리인이 **복대리인을 선임하는 행위**는 본인을 위한 **대리행위이다.** (×)

★
2. 법정대리인이 선임한 **복대리인도 임의대리인**이다.

> • 복대리인 ⇨ 본인의 대리인

★★
3. 법정대리인이 선임한 **복대리인은 법정대리인의 대리인이다.** (×)

★★
4. **복대리인은** 본인의 이름이 아닌 **대리인의 이름으로 대리한다.** (×)

5. 복대리인은 **제3자에 대하여 대리인과 동일**한 권리의무가 있다.

6. 복대리인은 **본인에 대하여 대리인과 동일**한 권리의무가 있다.

> • 임의대리인
> ① 승낙 또는 부득이한 사유 ○ ⇨ 선임
> ② 선임감독상 책임 ○

★
7. **법률행위**에 의해 대리권을 부여받은 **대리인**은 원칙상 **복대리인을 선임할 수 있다.** (×)

8. 임의대리인은 본인의 **승낙이 있는 때에 한하여** 복임권을 갖는다. (×)

★★
9. 임의대리인이 **본인의 명시적 승낙**을 얻어 복대리인을 **선임**한 경우에는 본인에 대하여 그 **선임감독에 대한 책임이 없다.** (×)

> • 법정대리인
> ① 언제나 선임 ⇨ 원칙 ⇨ 무과실책임
> ② 부득이한 사유로 선임 ⇨ 선임감독상 책임

★
10. **법정대리인은 그 책임으로 복대리인을 선임할 수 있다.**

11. **법정대리인은 부득이한 사유가 없더라도 복대리인을 선임할 수 있다.**

12. **법정대리인이 부득이한 사유로 복대리인을 선임한 경우에는 본인에 대하여 선임·감독상의 책임만 있다.**

> • 대리권 소멸 ⇨ 복대리권 소멸

★
13. **대리인이 복대리인을 선임한 후 사망한 경우, 특별한 사정이 없는 한 그 복대리권도 소멸한다.**

> • 복대리 ⇨ 표현대리 ○

★★
14. 임의대리인이 임의로 선임한 **복대리인**의 권한도 권한을 넘은 **표현대리**의 기본대리권이 될 수 **있다.**

★★
15. 대리인이 대리권소멸 후 **복대리인**을 선임하였다면, 복대리인의 대리행위로는 **표현대리**가 성립할 수 **없다.** (×)

> • 대리인이 직접 처리할 필요가 없는 행위 ⇨ 묵시적 승낙 ○

16. 임의대리인은 본인의 **묵시적 승낙**에 의해서도 복대리인을 **선임할 수 있다.**

★
17. 대리행위의 성질상 **대리인에 의한 처리가 필요하지 않다면**, 특별한 사정이 없는 한 복대리인의 선임에 관하여 **묵시적 승낙**이 있는 것으로 볼 수 있다.

★
18. **대리인의 능력에 따라 사업의 성공여부가 결정되는 사무**에 대해 대리권을 수여받은 경우에는 본인의 **묵시적 승낙**이 있는 것으로 볼 수 없다.

12 | 무권대리

> • 무권대리행위 자체가 강행규정위반 등으로 무효인 경우
> ① 추인 ⇨ 효력 ×
> ② 무권대리인의 책임 ×
> ③ 표현대리 적용 ×

1. 무권대리행위가 강행규정위반으로 **무효**라 하더라도 본인이 **추인**하면 본인에게 **효력이 발생한다.** (×)

2. 무권대리행위가 강행규정위반으로 **무효**인 경우, **무권대리인의 책임은 발생할 수 없다.**

★★
3. 투자수익보장약정이 강행법규에 위반되어 **무효**인 경우, **표현대리는 적용될 여지가 없다.**

> • 추인 ⇨ 소급 유효

★
4. 무권대리행위를 본인이 추인하면 **추인한 때로부터** 그 효력이 생긴다. (×)

> • 추인의 상대방 ⇨ 무권대리인 ○, 상대방 ○, 전득자 ○

★
5. **추인은** 무권대리행위로 인한 계약의 **승계인에게는 할 수 없다.** (×)

> • 본인이 무권대리인에게 추인 ⇨ 선의의 상대방은 철회 ○

★
6. 본인이 **무권대리인에게 추인**한 경우, **추인 사실을 모르는 상대방**은 계약을 **철회할 수 있다.**

> • 추인 ⇨ 상대방의 동의 불요

7. 무권대리행위의 **추인**은 상대방의 **동의를 얻지 못하는 한 무효이다.** (×)

> • 일부추인, 변경을 가한 추인, 조건을 붙인 추인 ⇨ 상대방의 동의 × ⇨ 무효

★
8. 본인이 무권대리행위의 **일부를 추인**을 하는 경우, **상대방의 동의가 없는 한** 추인의 **효력이 없다.**

> • 무권대리인이 본인을 상속 ⇨ 추인을 거절 ×

★★
9. 무권대리인이 본인을 **상속**한 경우, 무권대리인은 상대방에게 **무효**임을 **주장**하여 등기**말소**를 청구할 수 **없다.**

★★
10. 무권대리인이 본인을 **상속**한 경우, 무권대리인이 상대방에게 **추인을 거절하는 것은 신의칙에 반하지 않는다.** (×)

> • 묵시적 추인 ⇨ 본인이 계약상 이행할 것처럼 행동한 경우

11. **본인이 무권대리행위를 알면서도 상대방에게 매매대금을 청구하여 수령하였다면,** 특별한 사정이 없는 한, **추인한 것으로 볼 수 있다.**

12. 본인이 무권대리행위를 안 후 그것이 자기에게 효력이 없다고 **이의를 제기하지 않고 이를 장시간 방치한 사실만으로는 추인하였다고 볼 수 없다.**

★
13. 무권대리행위가 범죄가 되는 경우에 본인이 그 사실을 알고도 장기간 **형사고소를 하지 않았다면 묵시적 추인이 된다.** (×)

> • 최고 ⇨ 선의악의 불문 ⇨ 확답 × ⇨ 거절

★★
14. 무권대리행위임을 **알았던 상대방은** 본인에게 **최고할 수 없다.** (×)

★★
15. 상대방이 본인에게 상당한 기간을 정하여 **최고**하였는데 본인이 그 기간 내에 확답을 발하지 아니한 때에는 **추인**한 것으로 본다. (×)

> • 철회 ⇨ 선의만 ⇨ 추인 전까지만 가능

16. 계약체결 당시에 무권대리행위임을 **상대방이 알았더라도** 본인이 추인하기 전이라면 상대방은 계약을 **철회할 수 있다.** (×)

17. 선의의 상대방이 철회한 후에는 본인은 무권대리행위를 **추인할 수 없다.**

> • 무권대리인의 책임
> ① 상대방의 선택
> ② 상대방은 선의 무과실
> ③ 제한능력자 ⇨ 책임 ×
> ④ 무과실책임

18. 대리권을 증명하지 못한 **대리인은 자신의 선택에 따라** 상대방에게 무권대리인의 책임을 부담한다. (×)

19. 본인의 추인을 얻지 못한 경우, **상대방이** 무권대리에 관하여 **선의이더라도 과실이 있으면 무권대리인은** 상대방에게 계약을 이행할 **책임이 없다.**

20. 무권대리인이 제한능력자인 경우, 상대방은 무권대리인에게 계약이행 또는 손해배상을 청구할 수 **없다.**

21. 무권대리행위를 함에 있어서 **무권대리인에게 과실이 없는 경우에도 무권대리인의 책임은 발생한다.**

22. 무권대리행위가 **제3자의 기망 등 위법행위로** 야기되었더라도 무권대리인의 상대방에 대한 **책임은 부정되지 않는다.**

23. 무권대리인의 상대방에 대한 **책임은** 대리권 흠결에 관하여 **무권대리인에게 귀책사유가 있어야만 인정된다.** (×)

13 | 표현대리

> • 현명하지 않은 경우 ⇨ 표현대리 성립 ×

★
1. 본인을 위한 것임을 **현명하지 않은 경우**에는 **표현대리는 성립할 수 없다.**

2. 甲의 담보설정 **대리인 乙이 자기 앞으로 소유권이전등기를 하고** 丙에게 소유권이전등기를 경료한 경우, 丙은 **표현대리의 성립을 주장할 수 있다.** (×)

> • 유권대리 주장 ⇨ 표현대리 주장 포함 ×

3. **표현대리가 성립된다고 하여** 무권대리의 성질이 **유권대리로 전환되는 것은 아니다.**

★★
4. 상대방의 **유권대리 주장**에는 **표현대리의 주장도 포함된다.** (×)

5. 소송에서 상대방이 본인에게 **유권대리를 주장**하여 이행청구를 한 경우, **법원은 표현대리의 성립여부를 심리 · 판단할 필요가 없다.**

> • 표현대리 ⇨ 직접 상대방만이 주장 ○

★
6. 권한을 넘은 표현대리에 관한 제126조의 **제3자는** 당해 표현대리행위의 **직접 상대방만을 의미한다.**

7. 권한을 넘은 표현대리에 관한 규정에서의 **제3자에는** 당해 표현대리행위의 직접 상대방이 된 자 외에 **전득자도 포함된다.** (×)

> • 상대방의 선의무과실 ⇨ 대리행위 당시를 기준으로 판단

8. 상대방이 **매수당시** 대리인에게 대리권이 있다고 믿은 데 **정당한 이유가 있었다면**, 계약성립 후에 대리권 없음을 알았더라도 **권한을 넘은 표현대리는 성립한다.**

> • 과실상계의 법리 적용 × ⇨ 본인의 책임 경감 ×

9. **표현대리가 성립**하는 경우에는 상대방에게 과실이 있더라도 **과실상계의** 법리를 유추적용 하여 **본인의 책임을 경감할 수 없다.**

10. **표현대리가 성립**하는 경우, **과실상계**의 법리를 유추적용하여 **본인의 책임을 경감할 수 있다.** (×)

> • 대리권수여표시에 의한 표현대리 ⇨ 임의대리 ○, 법정대리 ×

11. 대리권**수여표시**에 의한 표현대리는 **법정대리에는 적용될 수 없다.**

12. 대리권수여표시에 의한 표현대리가 성립하기 위한 **대리권수여의 표시**는 사회통념상 **대리권을 추단할 수 있는 직함의 사용을 승낙한 경우도 포함한다.**

> • 권한을 넘은 표현대리
> ① 기본대리권과 월권행위 간에 동종유사성 불요 ⇨ 전혀 별개 ⇨ 성립 ○
> ② 사자, 일상가사대리권, 공법상 대리권(등기신청행위), 복대리권, 표현대리권 ⇨ 기본대리권 ○

13. **기본대리권이 처음부터 존재하지 않는 경우**에는 권한을 넘은 표현대리는 **성립할 수 없다.**

14. 권한을 넘은 표현대리의 경우, 기본대리권이 표현대리행위와 **동종유사할 필요는 없다.**

15. 권한을 넘은 표현대리의 기본대리권은 대리행위와 **같은 종류의 행위이어야 한다.** (×)

16. 대리인이 **사자**를 통해 권한 외의 대리행위를 한 경우, 그 사자에게는 기본대리권이 없으므로 **권한을 넘은 표현대리가 성립할 수 없다.** (×)

17. 사실혼관계에 있는 부부의 경우, **일상가사대리권을 기본대리권으로** 하는 권한을 넘은 표현대리가 **성립할 수 있다.**

18. **권한을 넘은 표현대리**는 임의대리뿐만 아니라 **법정대리에도 적용된다.**

19. **공법상** 행위의 **대리권**도 표현대리의 **기본대리권**이 될 수 있다.

20. **기본대리권이 등기신청행위**임에도 대리인이 **대물변제**를 한 경우와 같이 전혀 별개의 행위를 한 경우에는 **권한을 넘은 표현대리가 성립할 수 없다.** (×)

★★
21. 복임권이 없는 임의대리인이 선임한 **복대리인의 권한도 기본대리권이 될 수 있다.**

22. **복대리인**의 행위에 대해서는 **표현대리의 법리가 적용되지 않는다.** (×)

★★
23. **대리권 소멸 후의 표현대리가 인정되는 경우에 그 표현대리의 권한을 넘은 대리행위가 있을 때에는 권한을 넘은 표현대리가 성립할 수 있다.**

24. **소멸한 대리권을 기본대리권**으로 하여 권한을 넘은 표현대리가 **성립할 수 있다.**

• 대리권소멸 후의 표현대리

---

25. **대리권이 처음부터 존재하지 않는 경우에는 대리권소멸 후의 표현대리는 성립할 수 없다.**

26. **법정대리**의 경우에도 **대리권 소멸 후의 표현대리가 성립할 수 있다.**

★★
27. 대리인이 대리권소멸 후 **복대리인**을 선임하였다면, 복대리인의 대리행위로는 **표현대리가 성립할 수 없다.** (×)

14 | 토지거래허가구역 ⇨ 허가 × ⇨ 유동적 무효

• 무효 ⇨ 계약상 효력 ×

1. 유동적 무효상태에서는 매도인은 매수인의 **채무불이행을 이유로** 계약을 **해제하거나** 손해배상을 청구할 수 없다.

2. 매수인은 **토지거래허가가 있을 것을 조건으로 하여** 매도인을 상대로 소유권이전등기절차의 **이행을 청구할 수 없다.**

• 유동적 ⇨ 협력의무 ○ ⇨ 불이행 ⇨ 소구, 손해배상청구 ○, 해제 ×

3. 매도인이 **허가협력을 불이행**하는 경우, 매수인은 매도인에게 **소구하고 손해배상을 청구**할 수 있다.

4. 매도인이 **허가협력을 불이행**하는 경우, 매수인은 매매계약을 **해제할 수 있다.** (×)

• 해제 ⇨ 해약금에 의한 해제 ○

5. **허가 전** 유동적 무효인 상태에서도 매도인은 매수인에게 **계약금의 배액을 상환하고 해제할** 수 있다.

6. **허가를 받은 후에는** 매수인은 **계약금을 포기하고 해제할 수 없다.** (×)

• 계약금 반환청구 ⇨ 유동적 무효상태 ×, 무효로 확정 ○

7. 계약이 **유동적 무효인 상태**이더라도 매수인은 매도인에게 이미 지급한 **계약금을** 부당이득으로 **반환청구할 수 있다.** (×)

8. 관할관청의 **불허가처분**이 있는 경우, 매수인은 매도인에게 **계약금을** 부당이득으로 **반환청구**할 수 있다.

> • 유동적 무효 ⇨ 취소 ○ ⇨ 무효행위도 취소 ○

★
9. 매수인의 **강박**에 의해 계약을 체결한 경우, 유동적 무효상태에서도 매도인은 계약을 **취소할 수 있다.**

10. 법률행위가 무효와 취소사유를 모두 포함하고 있는 경우, 당사자는 취소권이 있더라도 무효에 따른 효과를 제거하기 위해 이미 **무효인 법률행위를 취소할 수 없다.** (×)

> • 토지거래허가구역 ⇨ 중간생략등기 ⇨ 무효

★★
11. **토지거래허가구역 내**에서 이루어진 **중간생략등기**도 실체관계와 부합하면 **유효하다.** (×)

★★
12. **토지거래허가구역 내**에서 **중간생략등기의 합의**에 따라 토지가 전매된 경우, 최종 매수인은 최초 매도인에게 **직접** 허가신청절차의 **협력의무 이행청구권을 가진다.** (×)

> • 허가 ○ ⇨ 소급하여 유효

13. **허가를 받으면** 매매계약은 **소급해서 유효로 된다.**

> • 유동적 무효 ⇨ 지정해제, 재지정 × ⇨ 유효

★
14. **유동적 무효인 상태에서** 허가구역 **지정이 해제되거나 재지정하지 아니한 경우**, 그 때부터 매매계약은 **확정적으로 유효**하게 된다.

★★
15. 토지거래허가구역 내의 토지를 매매한 당사자가 계약체결시부터 **허가를 잠탈할 의도**였더라도, 그 후 허가구역 **지정이 해제**되었다면 위 매매계약은 **유효하게 된다.** (×)

> • 허가협력의무와 계약상 의무 ⇨ 동시이행관계 ×

★
16. 매수인은 **매매대금의 제공 없이도** 허가신청절차에 **협력할 것을 청구할 수 있다.**

★
17. 매도인은 매수인의 중도금미지급을 이유로 **허가협력을 거절할 수 있다.** (×)

15 | 무효와 취소

• 불성립 ⇨ 무효와 취소에 관한 규정 ⇨ 적용될 여지 ×

---

1. 계약의 본질적인 내용에 대하여 **불합의**가 있는 경우, 계약을 **취소할 수 있다.** (×)

• 무효 ⇨ 누구라도 주장 ○

---

2. **강행규정에 위반한 자도 스스로 그 약정의 무효를 주장할 수 있다.**

3. **강행법규에 위반한 자가 스스로 그 약정의 무효를 주장하는 것**은 특별한 사정이 없는 한 **신의칙에 반한다.** (×)

4. **사회질서에 위반**한 사항을 내용으로 하는 법률행위의 **무효**는 이를 주장할 이익이 있는 자라면 **누구든지 무효를 주장할 수 있다.**

★
5. 토지거래허가구역 내에서 토지매매계약이 **무효로 확정**된 경우, 이에 **귀책사유가 있는 자도 무효를 주장할 수 있다.**

• 계약이 무효 또는 취소된 경우 ⇨ 채무불이행책임, 담보책임 발생 ×

---

6. 매매계약의 당사자가 **사기**를 이유로 매매계약을 **취소**한 경우, **채무불이행**으로 인한 **손해배상책임**은 발생할 수 **없다.**

★
7. **무효인 법률행위**의 내용에 따른 법률효과를 침해하는 것처럼 보이는 위법행위가 있더라도 그로 인한 **손해배상을 청구할 수 없다.**

8. **무효인 법률행위**에 따른 법률효과를 침해하는 것처럼 보이는 채무불이행이 있다면 채무불이행으로 인한 **손해배상을 청구할 수 있다.** (×)

• 일부무효(일부취소)
① 원칙 ⇨ 전부 무효
② 분할가능성 + 가상적(가정적) 의사 ⇨ 나머지는 유효

---

9. 법률행위의 **일부분이 무효**인 경우, 원칙적으로 **그 일부분만 무효**이다. (×)

10. **가분적인** 법률행위의 **일부에 취소사유가 존재**하고 나머지 부분을 유지하려는 당사자의 **가정적 의사가 있는 경우**, 일부만의 취소도 가능하다.

• 무효행위의 추인
① 묵시적으로 가능
② 질서위반 ○ ⇨ 추인 ⇨ 무효
③ 질서위반 × ⇨ 무효임을 알고 추인 ⇨ 새로운 법률행위 ⇨ 소급 ×

---

11. 무효행위의 추인은 **명시적인 의사표시로 하여야 한다.** (×)

★★
12. 무효행위의 추인은 그 **무효원인이 소멸한 후에 하여야** 효력이 있다.

★
13. **강행규정을 위반**하여 무효인 행위는 **추인하면 유효로 될 수 있다.** (×)

★
14. **불공정한 법률행위**로서 무효인 경우에는 **추인에 의하여 유효로 될 수 없다.**

★
15. **반사회적 법률행위**도 당사자가 무효임을 알고 **추인하면 새로운 법률행위를 한 것으로 본다.** (×)

★
16. 무효행위의 당사자가 **무효임을 알고 추인**하면 새로운 법률행위로 본다.

★★
17. **무효**인 가등기를 **유효**한 등기로 **전용**하기로 약정하였다면, 가등기는 **소급하여** 유효한 등기로 된다. (×)

★★
18. 매도인이 **통정한 허위의 매매를 추인**한 경우, 다른 약정이 없으면 **계약을 체결한 때로부터** 유효로 된다. (×)

> • 취소할 수 있는 법률행위를 취소한 후 ⇨ 추인
> ① 취소할 수 있는 법률행위의 추인 ×
> ② 무효행위의 추인 ○

19. 취소할 수 있는 법률행위를 **취소한 후**에는 취소할 수 있는 법률행위의 **추인을 다시 할 수 없다.**

20. 취소할 수 있는 법률행위를 **취소한 후**에는 **무효행위의 추인도 할 수 없다.** (×)

21. 취소의 원인이 소멸한 후에 **취소된 계약을 다시 추인**하게 되면 **새로운 계약을 한 것으로** 본다.

22. 취소의 원인이 소멸한 후에 **취소된 계약을 다시 추인**하게 되면 계약체결시에 **소급해서 유효로 된다.** (×)

> • 취소권자 ⇨ 제한능력자, 착오 · 사기 · 강박에 의해 의사표시를 한 자, 대리인, 승계인

23. **미성년자가** 한 법률행위는 그가 **단독으로** 유효하게 **취소할 수 있다.**

24. **제한능력자가** 제한능력을 이유로 자신의 법률행위를 **취소하기 위해서는 법정대리인의 동의를 받아야 한다.** (×)

25. 강박에 의한 의사표시를 한 자는 **강박상태를 벗어나기 전에도** 이를 **취소할 수 있다.**

26. 착오로 인하여 취소할 수 있는 법률행위를 한 자의 **포괄승계인**은 그 법률행위를 **취소할 수 있다.**

> • 취소의 상대방

27. 취소할 수 있는 법률행위의 상대방이 확정된 경우, 그 **취소는 그 상대방에 대한 의사표시로** **하여야 한다.**

28. 취소할 수 있는 법률행위의 상대방이 확정되었더라도 상대방이 그 법률행위로부터 취득한 권리를 제3자에게 양도하였다면 **취소의 의사표시는 그 제3자에게 해야 한다.** (×)

> • 취소 ⇨ 소급 무효

29. **취소**된 법률행위는 원칙적으로 **처음부터** 무효인 것으로 본다.

30. 법률행위가 **취소**되면, 그 법률행위는 **취소한 때부터** 무효가 된다. (×)

> • 제한능력을 이유로 취소 ⇨ 현존이익만 반환, 절대적 취소

31. **제한능력자 甲이** 乙과 체결한 계약을 **취소**한 경우, 甲은 악의인 때에도 자신이 받은 **이익이 현존하는 한도에서만 상환할 책임이** 있다.

32. **제한능력**을 이유로 **취소**한 경우에는 **선의의 제3자에게 대항할 수** 있다.

> • 추인요건
> ① 취소의 원인이 소멸한 후 ⇨ 능력자가 된 후, 착오와 사기를 안 후, 강박상태에서 벗어난 후
> ② 법정대리인 ⇨ 취소의 원인이 소멸하기 전 ⇨ 추인 ○

33. 취소할 수 있는 법률행위를 **추인한 후**에는 이를 **다시 취소하지 못한다.**

34. **법정대리인은** 취소의 원인이 **소멸하기 전에도 추인할 수 있다.**

35. **법정대리인은** 취소의 원인이 소멸하기 전에는 **추인할 수 없다.** (×)

36. 제한능력자의 법률행위에 대한 **법정대리인의 추인**은 취소의 원인이 **소멸된 후에 하여야** 그 효력이 있다. (×)

> • 법정추인
> ① 추인요건 ○
> ② 취소권자가 취소하지 않을 것처럼 행동한 경우 ⇨ 상·청·양 ×
> ③ 이의를 보류한 때(추인하는 것이 아니라고 명시한 때) ⇨ 법정추인 ×

37. **취소권자가 이의보류 없이** 상대방으로부터 일부의 **이행을 수령한 경우**에는 **법정추인이 된다.**

38. 채무자가 **사기를** 당했음을 **알지 못하고** 채권자에게 계약상의 채무를 이행한 경우에는 그 계약을 **추인한 것으로 볼 수 없다.**

39. 미성년자가 스스로 취소할 수 있는 법률행위로부터 생긴 채무를 **이행한 경우 법정추인이 된다.** (×)

★★
40. 취소권자가 **상대방**으로부터 **이행청구**를 받은 경우에는 **법정추인이 되지 않는다.**

★★
41. 취소할 수 있는 법률행위에서 취소권자의 **상대방이** 그 취소할 수 있는 행위로 취득한 권리를 **양도**하는 경우 **법정추인이 된다.** (×)

> • 취소권 행사기간 ⇨ 추인 3년, 법률행위 10년

★
42. 취소권은 **추인**할 수 있는 날로부터 **3년** 내에, **법률행위**를 한 날로부터 **10년** 내에 행사하여야 한다.

43. 취소권자의 단기제척기간은 **취소**할 수 있는 날로부터 **3년**이다. (×)

44. 취소권은 추인할 수 있는 날로부터 **10년이 경과**하더라도 **행사할 수 있다.** (×)

16 | 조건과 기한

> • 조건부 권리, 기한부 권리 ⇨ 처분 ○

★★
1. 조건의 성취가 미정인 권리도 **처분할 수 있다.**

★★
2. 기한의 도래가 미정한 권리의무는 일반규정에 의해 **처분하거나 담보로 할 수 없다.** (×)

> • 조건 ⇨ 소급 × ⇨ 의사 소급 ○

★★
3. 정지조건부 법률행위는 조건이 성취되면 **법률행위를 한 때로부터** 효력이 발생하는 것이 원칙이다. (×)

4. 해제조건부 증여로 인한 부동산소유권이전등기를 마쳤다 하더라도 그 **해제조건이 성취되면** 그 소유권은 증여자에게 **소급하여** 복귀한다. (×)

★
5. 당사자가 **조건성취의 효력을** 그 성취 전에 **소급**하게 할 **의사를** 표시한 때에는 **그 의사에 의한다.**

6. 당사자가 **조건성취의 효력을** 그 성취 전에 **소급**하게 할 **의사를** 표시한 경우에도 그 효력은 **조건이 성취된 때부터** 발생한다. (×)

7. 당사자가 **조건성취의 효력을** 그 성취 전에 **소급**하게 할 **의사를** 표시한 경우, 그 **의사표시는 무효이다.** (×)

> • 기한 ⇨ 소급 × ⇨ 의사 소급 ×

★
8. **기한의 효력은** 기한 도래시부터 생기며 당사자가 **특약을 하더라도 소급효가 없다.**

> • 정지조건 ⇨ 효력 발생 / 해제조건 ⇨ 효력 소멸

★★
9. **기성**조건이 **해제**조건이면 **조건 없는 법률행위**로 한다. (×)

★★
10. **불능**조건이 **정지**조건이변 **조건 없는 법률행위**로 한다. (×)

★★
11. 조건이 법률행위 당시 **이미 성취**한 경우, 그 조건이 **정지조건**이면 법률행위는 **무효**가 된다. (×)

12. **정지조건**이 법률행위 당시 **성취할 수 없는** 것인 경우에는 법률행위는 **무효**이다.

13. 조건이 법률행위 당시 **이미 성취**한 것인 경우, 그 조건이 **해제조건**이면 그 법률행위는 **무효**로 한다.

14. **해제조건부** 법률행위는 조건이 **성취되지 않으면** 법률행위의 효력은 **소멸하지 않는다.**

> • 시기 ⇨ 효력 발생 / 종기 ⇨ 효력 소멸

15. **시기** 있는 법률행위는 기한이 도래한 때부터 그 **효력을 잃는다.** (×)

> • 불법조건 ⇨ 법률행위 전체가 무효 ⇨ 조건만 무효 ×

16. 사회질서에 반하는 조건을 붙인 법률행위는 그 **조건만이 무효**이다. (×)

17. **부첩관계의 종료를 해제조건으로 하는 증여계약**에서 그 조건은 무효이므로 그 증여계약은 **조건 없는 법률행위가 된다.** (×)

> • 조건을 붙일 수 없는 법률행위에 조건을 붙인 경우 ⇨ 법률행위 전체가 무효

18. 조건을 붙이는 것이 허용되지 않는 법률행위에 조건을 붙인 경우, 다른 정함이 없으면 그 **조건만 분리하여 무효로 할 수 있다.** (×)

19. **상계**의 의사표시에는 조건과 기한을 붙일 수 **없다.**

> • 조건성취를 방해한 경우
> ⇨ 조건이 성취되었을 것으로 추산되는 시점 ⇨ 성취 주장 ○

20. 조건성취로 불이익을 받을 자가 고의가 아닌 **과실**로 신의성실에 반하여 **조건의 성취를 방해한 경우**, 상대방은 조건이 **성취된 것으로 주장할 수 있다.**

21. 조건성취로 인하여 불이익을 받을 당사자가 신의성실에 반하여 **조건의 성취를 방해한 경우**, 조건이 성취된 것으로 의제되는 시점은 **조건의 성취를 방해한 때이다.** (×)

22. 조건의 성취로 불이익을 받을 당사자가 신의성실에 반하여 **조건의 성취를 방해한 경우**, **처음부터 조건 없는 법률행위로 본다.** (×)

> • 입증책임

23. 법률행위의 조건은 그 **조건의 존재를 주장하는 사람이 증명**하여야 한다.

24. 법률행위에 **정지조건이 붙어 있다는 사실**은 그 법률행위의 **효력발생을 다투려는 자가 증명**하여야 한다.

25. **정지조건부** 법률행위에서 **조건성취의 사실은 권리를 취득하는 자가 증명**책임을 진다.

> • 사실의 발생 유무에 상관없이 그 채무를 이행해야 하는 경우 ⇨ 기한

26. 부관이 붙은 법률행위에 있어서 부관에 표시된 **사실의 발생 유무에 상관없이** 그 채무를 **이행해야 하는 경우**에는 **기한**으로 보아야 한다.

> • 불확정기한 ⇨ 발생이 불가능 ⇨ 기한 도래

★
27. **불확정**한 사실이 발생한 때를 이행**기한**으로 정한 경우, **그 사실의 발생이 불가능**하게 되더라도 **이행기한이 도래한 것으로 볼 수 없다.** (×)

> • 기한의 이익
> ① 채무자를 위한 것으로 추정
> ② 포기 ○

★
28. 기한은 특별한 사정이 없는 한 **채권자의 이익**을 위한 것으로 **추정한다.** (×)

29. 기한의 이익은 이를 **포기**할 수 있지만, **상대방의 이익을 해하지 못한다.**

> • 기한이익 상실의 특약

30. **기한이익 상실의 특약은** 특별한 사정이 없는 한 **형성권적** 기한이익 상실의 특약으로 추정된다.

★
31. **기한이익 상실의 특약은** 특별한 사정이 없는 한 **정지조건부** 기한이익 상실의 특약으로 추정된다. (×)

MEMO

PART

02

물권법

01 | 물권적 청구권

> • 물권적 청구권 ⇨ 물권 보호청구 ⇨ 손해배상청구 ×, 비용청구 ×

1. 손해배상청구권은 물권적 청구권의 행사 내용에 당연히 **포함되는 것은 아니다.**

★
2. 소유자는 **물권적 청구권**에 의하여 방해제거비용 또는 방해예방**비용을 청구할 수 없다.**

> • 방해예방청구 ⇨ 방해예방 또는 손해배상담보청구

★
3. 점유의 방해를 받을 **염려**가 있을 때 점유자는 방해의 예방과 손해배상의 담보를 **함께 청구할 수 있다.** (×)

> • 행사자 ⇨ 현재 물권자

★
4. 소유자가 제3자에게 그 소유물에 대한 처분권한을 유효하게 수여하면 제3자의 처분이 없더라도 **소유자는** 그 제3자 이외의 자에 대해 **소유권에 기한 물권적 청구권을 행사할 수 없다.** (×)

★★
5. 미등기건물의 양수인도 그 건물의 불법점유자에 대하여 직접 자신의 **소유권에 기한 건물의 반환을 청구할 수 있다.** (×)

★★
6. 전(前)소유자는 불법점유자에 대하여 **소유권에 기한 물권적 청구권을 행사할 수 없다.**

★
7. 물건의 양도시 소유권에 기한 **물권적 청구권을** 소유권과 분리하여 이를 소유권을 상실한 **전(前)소유자에게 유보하여 행사시킬 수 있다.** (×)

> • 상대방 ⇨ 현재 침해자 ⇨ 점유할 정당한 권리가 있는 자에게 행사 ×

8. 甲소유의 건물에 乙명의의 저당권등기가 불법으로 경료된 후 丙에게 **저당권이전등기가** 되었다면, 甲은 丙에게 저당권등기의 **말소를 청구할 수 있다.**

★
9. 타인의 점유를 침탈한 뒤 **제3자에 의해 점유를 침탈당한 자는** 점유물반환청구권의 **상대방이 될 수 있다.** (×)

★
10. 乙이 소유자 甲으로부터 토지를 **매수하고 인도**받았으나 등기를 갖추지 않고 丙에게 **전매하고 인도**한 경우, 甲은 丙에게 소유물반환청구를 할 수 **없다.**

> • 행사자 및 상대방 ⇨ 간접점유자 ○, 점유보조자 ×

★
11. 제3자에 의해 **직접점유가 침탈**된 경우에는 **간접점유자도 점유물반환청구권을 행사할 수 있다.**

12. **임대차목적물 침해자에 대하여** 임차인은 점유보호청구권을 행사할 수 있으나, 소유자인 **임대인은 점유보호청구권을 행사할 수 없다.** (×)

13. **점유보조자가** 그 물건의 사실적 지배를 가지는 이상 물권적 청구권의 **상대방이 된다.** (×)

> • 물권적 청구권 ⇨ 대위행사 ○

14. **임차인은** 임차목적물에 관한 **임대인의** 소유권에 기한 **물권적 청구권을 대위행사할 수 있다.**

> • 甲소유의 토지 위에 乙이 무단으로 건물을 신축한 경우
> ① 건물은 乙소유 ⇨ 甲은 乙에게 건물 퇴거 청구 ×
> ② 乙이 丙에게 건물을 임대 ⇨ 乙 철거, 丙 나가
> ③ 乙이 丙에게 건물을 매도 ⇨ 丙 철거

★
15. 甲소유의 토지 위에 乙이 무단으로 건물을 신축하였다.
　① 甲은 乙을 상대로 그 건물에서 **퇴거할 것을 청구할 수는 없다.**
　② 乙이 건물을 丙에게 **임대차**한 경우, **철거청구의 상대방은** 여전히 乙이다.
　③ ②의 경우, 건물 철거를 실행하기 위해서 甲은 대항력이 있는 **丙에게** 건물에서 **퇴거할 것을 청구할 수 없다.** (×)
　④ 乙이 丙에게 건물을 미등기 **매매**한 경우, 甲은 아직 건물소유권을 취득하지 못한 **丙에게 철거를 청구할 수 없다.** (×)

> • 점유물반환청구권
> ① 침탈 ⇨ 사기 ×
> ② 선의의 제3자에게 행사 ×
> ③ 1년(출소기간)

★★
16. 점유자가 **사기**를 당해 점유를 이전한 경우, **점유물반환을 청구할 수 없다.**

17. 乙이 甲을 **기망**하여 甲으로부터 점유물을 인도받은 경우, 甲은 乙에게 **점유물반환청구권을 행사할 수 있다.** (×)

★
18. **甲이 점유**하고 있는 물건을 乙이 **침탈**하여 **선의**의 丙에게 양도하고, 다시 丙이 **악의**의 丁에게 양도한 때에는 甲은 丁에게 **점유물반환청구권을 행사할 수 없다.**

19. 점유물반환청구권은 침탈을 당한 날로부터 **1년 이내에 행사**하여야 한다.

> • 직접점유자가 점유물을 제3자에게 양도한 경우 ⇨ 점유물반환청구 ×

20. **직접점유자가** 임의로 점유를 타인에게 **양도한 경우**에는 그 점유이전의 간접점유자의 의사에 반하더라도 **간접점유자의 점유가 침탈된 경우에 해당하지 않는다.**

★
21. **직접점유자가** 임의로 점유물을 **제3자에게 양도**한 경우, **간접점유자는** 제3자에게 **점유물 반환을 청구할 수 있다.** (×)

> • 지역권, 저당권 ⇨ 반환청구 ×, 방해제거 ○, 방해예방 ○

★★
22. **저당권자는** 목적물에서 임의로 분리, 반출된 물건을 **자신에게 반환할 것을 청구할 수 없다.**

★★
23. 소유권에 기한 **소유물반환청구권**에 관한 규정은 **지역권에 준용된다.** (×)

24. **지역권자는** 지역권을 방해하는 자에 대하여 **방해의 제거를 청구할 수 있다.**

> • 유치권 ⇨ 유치권에 기한 물권적 청구권 ×

★
25. 甲의 자전거를 수리하여 생긴 수리비채권을 확보하기 위하여 乙이 자전거를 유치하던 중 丙이 그 자전거를 절취한 경우, 乙은 **유치권에 기한** 반환청구권을 **행사할 수 있다.** (×)

26. 유치권자는 점유의 **침탈**을 당한 때에는 **점유권에 기한** 반환청구권을 **행사할 수 있다.**

02 | 부동산물권변동

• 등기를 요하는 부동산물권변동
① 법률행위   ② 점유취득시효완성

---

1. **매매**를 원인으로 한 소유권이전등기청구소송에서 **승소판결이 확정**된 경우에도 **등기하여야** 소유권을 취득한다.

2. 소유권이전을 내용으로 하는 **화해조서**가 작성된 경우, **등기 없이도** 소유권을 취득한다. (×)

3. 부동산에 대한 합유지분의 **포기**는 형성권의 행사이므로 **등기하지 않더라도** 포기의 **효력이 생긴다.** (×)

4. 강제경매로 인해 성립한 관습법상 법정지상권을 법률행위에 의해 **양도**하기 위해서는 **등기가 필요하다.**

5. 공유물분할의 조정절차에서 **협의에 의하여** 조정조서가 작성되더라도 그 **즉시** 공유관계가 **소멸하지는 않는다.**

6. 미등기부동산의 점유자는 **취득시효완성만으로 즉시** 부동산의 **소유권을 취득한다.** (×)

7. **공유물분할판결**에 의해 물권변동의 효력이 생기기 위해서는 **등기를 요하지 않는다.**

8. **등기를 요하지 않는** 물권취득의 원인인 **판결**이란 **이행판결**을 의미한다. (×)

9. **상속인은** 상속재산인 부동산에 대한 **등기를 한 때** 소유권을 취득한다. (×)

10. **경매**의 매수인은 **대금완납시에 등기 없이도** 소유권을 취득한다.

11. **신축**에 의한 건물소유권취득에는 소유권**보존등기를 요하지 않는다.**

12. 전세권의 **존속기간이 만료**되면 전세권의 **용익물권적 권능은 말소등기 없이도 소멸한다.**

13. 피담보**채권이 소멸**하면 저당권은 **말소등기 없이도** 소멸한다.

14. 전세권이 **법정갱신**된 경우, 전세권자는 **등기 없이** 전세권설정자로부터 목적물을 취득한 제3자에 대하여 갱신된 권리를 **주장할 수 없다.** (×)

15. **법정지상권자는** 그에 관한 **등기 없이도** 토지소유권을 취득한 선의의 제3자에게 **지상권을** 주장할 수 있다.

> • 매수인의 등기청구권 ⇨ 채권적 청구권
> 1. 통상의 채권양도의 법리에 따라 양도 ×
> 2. 제3자에게 처분하고 점유를 승계하여 준 경우 ⇨ 소멸시효 진행 ×
> 3. 제3자의 점유침탈에 의해 점유를 상실한 경우 ⇨ 소멸시효 진행 ○

★★
16. 부동산 **매매로 인한** 소유권이전**등기청구권**은 특별한 사정이 없는 한 그 권리의 성질상 양도가 제한되고 **그 양도에 채무자의 동의를 요한다.**

★★
17. **매수인의** 매도인에 대한 소유권이전**등기청구권의 양도**는 매도인에 대한 **통지만으로 대항력이 생긴다.** (×)

★★
18. **매수인이** 부동산을 인도받아 **사용·수익**하고 있는 이상 매수인의 이전등기청구권은 **시효로 소멸하지 않는다.**

★★
19. 매수인이 부동산을 인도받아 **점유**하고 있다가 **제3자에게 처분하고 점유를 승계하여 준 경우**에는 매수인의 등기청구권은 **소멸시효에 걸리지 않는다.**

20. 제3자에 의해 매수인이 **점유를 침탈당한 경우**에는 **점유상실시부터** 매수인의 등기청구권은 **소멸시효가 진행한다.**

> • 시효완성자의 등기청구권 ⇨ 채권적 청구권
> 1. 통상의 채권양도의 법리에 따라 양도 ○
> 2. 시효완성자가 점유를 계속 ⇨ 소멸시효 진행 ×
> 3. 시효완성자가 점유를 상실 ⇨ 소멸시효 진행 ○ ⇨ 바로 소멸 ×

★★
21. **취득시효완성으로 인한** 소유권이전**등기청구권의 양도**는 특별한 사정이 없는 한 등기의무자에게 **통지함으로써 그에게 대항할 수 있다.**

★★
22. **취득시효완성으로 인한** 소유권이전**등기청구권**은 시효완성 당시의 등기명의인이 **동의해야만 양도할 수 있다.** (×)

23. **점유취득시효 완성**으로 인한 이전등기청구권은 **점유가 계속**되는 동안에는 **시효로 소멸하지 않는다.**

★★
24. **점유취득시효완성자가** 그 토지에 대한 **점유를 상실한 경우**, 특별한 사정이 없는 한 시효완성을 원인으로 한 **등기청구권도 즉시 소멸한다.** (×)

> • 위조, 무효, 취소, 해제, 합의해제, 해제조건성취 ⇨ 물권적 청구권 ⇨ 소멸시효 ×

25. 甲소유의 부동산을 乙이 등기에 필요한 문서를 **위조**하여 乙명의로 등기한 경우, 甲**의 말소등기청구권은 물권적 청구권이다.**

26. 가등기에 기한 소유권이전등기청구권이 시효완성으로 소멸된 후 그 부동산을 취득한 제3자가 가등기권자에 대해 갖는 **등기말소청구권은 채권적 청구권이다.** (×)

27. 부동산 양도담보의 피담보채무가 전부 변제되었음을 이유로 **양도담보권설정자가 행사하는** 소유권이전등기**말소청구권은 소멸시효에 걸린다.** (×)

28. 특별한 사정이 없는 한 **합의해제**에 따른 부동산 **매도인의 원상회복청구권**은 소유권에 기한 물권적 청구권으로서 **소멸시효의 대상이 되지 않는다.**

> • 중간생략등기
> ① 이미 등기가 경료된 경우 ⇨ 중간생략등기의 합의가 없더라도 유효
> ② 중간생략등기의 합의가 없는 경우 ⇨ 대위 청구만 가능
> ③ 중간생략등기의 합의가 있는 경우 ⇨ 대위 청구, 직접 청구 선택 가능
> ④ 토지거래허가구역 ⇨ 중간생략등기 ⇨ 무효

29. 중간생략등기가 적법한 등기원인에 기하여 **이미 경료**되었다면, 중간생략등기의 합의가 없었음을 들어 그 **등기의 말소를 구할 수는 없다.**

30. 甲은 자신의 X토지를 乙에게 매도하였고, 乙은 X토지를 丙에게 전매하였다.

① 甲, 乙, 丙 사이에 **중간생략등기에 관한 합의가 있다면**, 乙의 甲에 대한 소유권이전**등기청구권은 소멸한다.** (×)

② 甲, 乙, 丙 사이에 **중간생략등기에 관한 합의가 있은 후** 甲·乙 간의 특약으로 **매매대금을 인상한 경우**, 甲은 인상된 **매매대금의 미지급을 이유로** 丙에 대한 소유권이전등기의무의 이행을 **거절할 수 있다.**

③ 甲과 乙, 乙과 丙이 중간등기 생략의 합의를 순차적으로 한 경우, 丙은 甲**의 동의가 없더라도** 甲을 상대로 **중간생략등기청구를 할 수 있다.** (×)

④ 乙이 丙에게 소유권이전**등기청구권을 양도하고 그 사실을** 甲**에게 통지한 경우**, 그 사실만으로는 丙은 **직접** 甲**에게 이전등기를 청구할 수 없다.**

⑤ 만약 X토지가 **토지거래허가구역**에 소재한다면, 甲, 乙, 丙 사이에 중간생략등기에 관한 합의가 있더라도 丙은 **직접** 甲**에게 허가신청절차의 협력을 구할 수 없다.**

03 | 등 기

> • 등기 ⇨ 효력발생요건 ○, 효력존속요건 × ⇨ 불법말소 ⇨ 물권은 효력 ○

★
1. **등기는** 물권의 효력발생요건이고 **효력존속요건이다.** (×)

2. 乙소유의 부동산에 대한 甲**의 등기부취득시효가 완성된 후** 甲명의의 등기가 적법한 **원인 없이 말소되더라도** 甲은 **소유권을 상실하지 않는다.**

3. 소유권이전등기가 **불법말소**된 경우, 말소된 등기의 최종명의인은 그 **회복등기가 경료되기 전**이라도 **적법한 권리자로 추정된다.**

> • 저당권 불법말소 ⇨ 경매 ⇨ 말소회복청구 ×

★
4. 甲소유 부동산에 설정된 **저당권이 불법으로 말소된 후 경매**로 乙에게 소유권이 이전된 경우, 배당받지 못한 저당권자는 甲을 상대로 **말소회복을 청구할 수 있다.** (×)

> • 미등기건물 매수인 ⇨ 보존등기 ⇨ 유효

★
5. **미등기건물의 승계취득자가** 원시취득자와의 합의에 따라 **직접 소유권보존등기를 마친 경우,** 그 등기는 실체관계에 부합하는 등기로서 **유효하다.**

> • 이중보존등기 ⇨ 선등기 유효, 후등기 무효

★
6. **중복된 소유권보존등기**의 등기명의인이 동일인이 아닌 경우, 선등기가 원인무효가 아닌 한 **후등기는 무효이다.**

> • 위조 ⇨ 실체관계에 부합 ⇨ 유효

7. **위조문서에 의한** 등기신청에 의하여 이루어진 **등기**라 하더라도 **실체관계에 부합하면 유효하다.**

> • 등기의 공신력 ×

8. **무효인 소유권이전등기에 터 잡아** 이루어진 근저당권설정등기는 무효이지만, 무효인 근저당권에 기한 경매절차에서 **경락받은 자는 그 소유권을 취득할 수 있다.** (×)

9. **피담보채권의 소멸 후** 저당권의 말소등기가 경료되기 전에 그 저당권부 채권의 압류 및 전부명령을 받아 저당권이전등기를 경료한 자는 그 **저당권을 취득할 수 있다.** (×)

> • 무효등기의 유용
> ① 표제부 × ⇨ 보존등기의 유용 ×
> ② 사항란 ○ ⇨ 등기상 이해관계인이 없는 경우

10. 기존건물이 전부 멸실된 후 그곳에 새로이 건축한 건물의 물권변동에 관한 등기를 위해 **멸실된 건물의 보존등기를 유용할 수 있다.** (×)

11. **사항란** 등기의 유용은 **등기유용합의 이전에 등기상 이해관계 있는 제3자가 나타나지 않는 경우에 한하여** 허용된다.

> • 가등기
> ① 본등기 전 ⇨ 아무 효력 × ⇨ 추정력 ×, 대항력 ×
> ② 본등기 후 ⇨ 순위는 소급 ○, 물권변동의 시기는 소급 ×

12. **가등기는 물권적 청구권을** 보전하기 위하여는 **할 수 없다.**

13. 가등기가 경료된 후 소유자가 변경된 경우, 가등기에 기한 **본등기는** 가등기의무자가 아닌 **현재소유자에게 청구해야 한다.** (×)

14. 가등기에 기한 본등기가 경료되면, 등기공무원은 그 가등기 후에 한 제3자 명의의 소유권이전등기를 **직권으로 말소하여야 한다.**

15. 가등기에 기하여 본등기가 경료되면 **물권변동의 효력은 가등기한 때로 소급하여 발생한다.**
(×)

16. **가등기된 권리의 이전등기는** 가등기에 대한 **부기등기의** 형식으로 할 수 있다.

> • 등기의 추정력
> ① 가등기 ⇨ 추정력 ×
> ② 소유권보존등기 ⇨ 원시취득한 사실이 추정
> ③ 소유권이전등기 ⇨ 승계취득한 사실이 추정

★★
1. 소유권이전청구권 보전을 위한 **가등기**가 있으면, 소유권이전등기를 청구할 어떠한 법률관계가 있다고 **추정된다.** (×)

★★
2. **소유권보존등기의 명의자가 건물을 신축한 것이 아니더라도** 등기의 **추정력은 인정된다.** (×)

★★
3. **소유권보존등기의 명의인이** 부동산을 **양수받은 것이라 주장**하고 전소유자는 양도사실을 부인하는 경우에도 그 보존등기의 **추정력은 인정된다.** (×)

4. 「임야소유권 이전등기에 관한 **특별조치법**」에 의한 **소유권보존등기**가 경료된 임야에 관하여는 그 임야를 **사정받은 사람이 따로 있는 것이 사후에 밝혀진 경우라도**, 그 등기는 실체적 권리관계에 부합하는 등기로 **추정된다.**

★
5. 소유권이전등기의 원인으로 주장된 **계약서가 진정하지 않은 것으로 증명된 경우**에는 그 등기의 **추정력은 깨진다.**

★
6. **소유권이전등기명의자는** 제3자뿐만 아니라 그 **전소유자에 대하여도** 적법한 등기원인에 의하여 소유권을 취득한 것으로 **추정된다.**

7. **매매를 원인으로 하여** 甲에게서 乙 앞으로 마쳐진 **소유권이전등기**에 대해 甲이 말소를 청구하는 경우, 乙은 등기의 **추정력을 주장할 수 없다.** (×)

★
8. **등기명의인이 등기원인을 다소 다르게 주장**한다고 하여 이로써 **추정력이 깨어지는 것은 아니다.**

9. **매매로** 인한 소유권**이전등기**에서 **등기명의자가** 등기원인을 **증여로 주장**하였다면 등기의 **추정력은 깨진다.** (×)

10. 등기명의자가 **허무인으로부터 소유권이전등기를 이어받았다는 사실만으로는** 그 등기의 **추정력은 깨지지 않는다.** (×)

11. **사망자 명의로 신청**하여 이루어진 소유권이전등기는 **추정력이 인정될 수 없으나**, 등기 의무자의 **사망 전에 그 등기원인이 이미 존재하는 때에는** 추정력이 인정된다.

12. 근저당권등기가 행해지면 **피담보채권**뿐만 아니라 그 피담보채권을 성립시키는 **기본계약의 존재도 추정된다.** (×)

04 | 혼 동

• 점유권 ⇨ 혼동으로 소멸 ×

★
1. 甲소유의 토지를 지상권자 乙이 점유하고 있던 중 乙이 토지소유권을 취득한 경우, **乙의 점유권은 혼동으로 소멸한다.** (×)

• 제3자 권리 ○ ⇨ 소멸 ×

★
2. 甲의 토지 위에 乙이 1번 저당권, 丙이 **2번 저당권**을 가지고 있다가 乙이 증여를 받아 토지 소유권을 취득하더라도 **1번 저당권은 소멸하지 않는다.**

3. 토지 위에 甲이 1번 저당권, 乙이 **2번 저당권**을 취득하고, **丙이 토지를 가압류한 후** 乙이 토지를 매수하여 소유권을 취득한 경우, **乙의 저당권은 소멸하지 않는다.**

4. **후순위 저당권이 있는** 부동산의 **소유권을 선순위 저당권자가** 아무런 조건 없이 증여 받아 **취득한 경우,** 혼동에 의해 **저당권은 소멸한다.** (×)

5. **후순위 저당권이 존재**하는 주택을 대항력을 갖춘 임차인이 **경매절차에서 매수한 경우,** **임차권은 혼동으로 소멸한다.**

★
6. 乙이 甲의 토지 위에 지상권을 설정받고, **丙이 그 지상권 위에 저당권을 취득한 후** 乙이 甲으로부터 그 토지를 매수한 경우, **乙의 지상권은 소멸하지 않는다.**

★
7. 乙이 甲의 토지 위에 지상권을 설정받고, 丙이 그 지상권 위에 저당권을 취득한 후 丙이 乙로부터 지상권을 취득한 경우, **丙의 저당권은 소멸한다.**

• 가등기에 기한 본등기청구권

8. 가등기에 기한 본등기절차에 의하지 않고 별도의 이전등기를 경료받은 경우, **제3자 명의로 중간처분의 등기가 있으면** 가등기에 기한 **본등기를 청구할 수 있다.**

9. 가등기에 기한 본등기절차에 의하지 않고 별도의 이전등기를 경료받은 경우, **제3자 명의로 중간처분의 등기가 없으면** 가등기에 기한 **본등기를 청구할 수 없다.**

> • 혼동 ⇨ 등기 ×

10. **혼동**으로 인한 물권소멸의 효력은 **등기 없이도** 발생한다.

11. 혼동의 원인인 매매계약이 **취소되면**, 소멸된 물권은 **말소회복등기 없이도 당연히 부활한다.**

12. 부동산 근저당권자가 그 소유권을 취득하여 근저당권이 혼동으로 소멸한 경우, 그 **소유권 취득이 무효인 것이 밝혀졌더라도** 소멸하였던 **근저당권은 부활하지 않는다.** (×)

05 | 점유권

• 불법점유자 ⇨ 점유보호청구권 ○

---

1. **불법점유자**는 그 점유가 **방해**되어도 **방해배제를 청구할 수 없다.** (×)

2. **점유권**에 기인한 소는 **본권**에 관한 이유로 **재판할 수 없다.**

• 건물소유자 ⇨ 토지점유자

★
3. 건물 공유자 중 일부만이 당해 건물을 점유하고 있는 경우, 그 **건물의 부지는 건물 공유자 전원이 공동으로 점유하는 것으로 볼 수 있다.**

★
4. **건물소유자가 아닌 자는** 건물을 점유하고 있더라도 특별한 사정이 없는 한 **토지를 점유하는 자라고 볼 수 없다.**

• 건물소유자 ×, 건물에 대한 처분권 ○ ⇨ 토지점유자

★
5. **미등기건물의 양수인은** 그 건물에 대한 사실상의 처분권을 보유하고 있으므로, **건물부지를 점유하는 것으로 볼 수 있다.**

6. 미등기건물에 대한 **양도담보**계약상의 채권자의 지위를 승계하여 건물을 관리하고 있는 자는 건물에 대한 **철거처분권을 가진 자에 해당한다.** (×)

• 간접점유자 ⇨ 점유매개관계 ⇨ 점유권 ○

---

7. 간접점유의 **점유매개관계**는 **중첩적**으로 있을 수 **있다.**

8. 간접점유의 요건이 되는 **점유매개관계**는 법률행위가 아닌 **법률규정에 의해서는 발생할 수 없다.** (×)

★
9. 점유매개자의 점유를 통한 **간접점유**에 의해서도 점유에 의한 **시효취득이 가능하다.**

• 점유자 ⇨ 무과실 ⇨ 추정 × ⇨ 스스로 입증

★
10. **점유자**는 소유의 의사로 선의, 평온, 공연, **무과실**로 점유한 것으로 **추정된다.** (×)

★
11. **점유자**는 스스로 **자주점유**임을 **증명**하여야 한다. (×)

• 등기를 신뢰 ⇨ 무과실 추정 ○
---

12. 부동산 **등기**명의인을 소유자로 **믿고** 그 부동산을 매수하여 점유하는 자는 특별한 사정이 없는 한 **과실 없는 점유자에 해당한다.**

• 점유자 ⇨ 권리 추정 ⇨ 동산 ○, 부동산 ×
---

13. 점유자가 **점유물**에 대하여 행사하는 **권리**는 **적법**하게 보유한 것으로 **추정**된다.

★
14. **점유자**의 권리적법추정은 특별한 사정이 없는 한 **등기된 부동산물권에도 적용된다.** (×)

• 전후 양 시점의 점유자가 다른 경우 ⇨ 점유의 승계가 입증 ⇨ 점유계속은 추정

★
15. 전후 양 시점의 점유자가 다른 경우에는 **점유의 승계가 증명**되더라도 점유가 **계속된 것으로 추정되지 않는다.** (×)

• 자주점유와 타주점유 ⇨ 권원의 성질에 의하여 객관적으로 결정

★
16. 점유자의 점유가 자주점유인지 타주점유인지의 여부는 점유자의 **내심의 의사에 의하여 결정된다.** (×)

★
17. **점유매개자**의 점유는 **자주점유**이다. (×)

18. 타인의 토지에 분묘를 설치하고 점유하는 **분묘기지권자는 타주점유자**이다.

19. ★ **매수인이 착오로 인접 토지의 일부를 그가 매수한 토지에 속하는 것으로 믿고 점유한 경우**, 그 점유방법이 분묘를 설치관리하는 것이라도 **자주점유이다.**

20. ★ 매매대상 토지의 면적이 공부상 면적을 **상당히 초과**하는 경우 그 초과부분에 대한 점유는 **타주점유이다.**

21. **공유자 1인이** 공유토지 전부를 점유하고 있는 경우, 다른 특별한 사정이 없는 한 토지 **전부에 대한 자주점유가 인정된다.** (×)

22. 피상속인의 점유가 **타주점유**라 하더라도 **선의의 상속인은 자주점유로 인정된다.** (×)

23. **타주**점유자인 피상속인을 **상속**한 자가 **새로운 권원에 의하여** 다시 소유의 의사로 점유한 경우에는 **자주점유로 전환된다.**

24. ★ 전점유자의 점유가 타주점유라 하더라도 **점유자의 승계인은 자기의 점유만을 주장할 수 있으며**, 이 경우 승계인의 점유는 **자주점유로 추정된다.**

25. **점유자의 승계인이 자기의 점유만을 주장하는 경우에도**, 전 점유자의 점유가 타주점유라면 **현 점유자의 점유는 타주점유로 추정된다.** (×)

26. **양자간 등기명의신탁**에 있어서 부동산의 **명의수탁자의 상속인**에 의한 점유는 특별한 사정이 없는 한, **타주점유에 해당한다.**

27. **계약명의신탁**약정에 따라 명의수탁자 명의로 등기된 부동산을 명의신탁자가 점유하는 경우, 특별한 사정이 없는 한, **명의신탁자의 점유는 타주점유에 해당한다.**

• 자주점유의 추정
① 소유자가 소제기 ⇨ 점유자 패소 ⇨ 판결확정시부터 타주점유로 전환 ○
② 점유자가 소제기 ⇨ 점유자 패소 ⇨ 자주점유 추정 ○

---

28. ★ **부동산의 점유자가** 지적공부 등의 관리주체인 **국가나 지방자치단체인 경우에는 자주점유로 추정되지 않는다.** (×)

★★
29. **진정한 소유자가 제기한** 소유권이전등기의 **말소소송에서 점유자가 패소한 경우,** 패소판결 **확정 후부터** 점유자의 점유는 **타주점유로 전환된다.**

★★
30. **토지점유자가** 소유자를 상대로 소유권이전등기말소청구의 **소를 제기하였다가 패소한 경우,** 자주점유의 추정이 번복되어 **타주점유로 전환된다고 할 수 없다.**

★★
31. **점유자가 스스로** 매매 등과 같은 자주점유의 권원을 **주장하였으나** 이것이 인정되지 않는 경우, 이 이유만으로도 **자주점유의 추정은 깨진다.** (×)

★
32. 점유자가 부동산을 **증여받아 점유를 개시한 이후에** 그 증여가 무권리자에 의한 것임을 **알았더라도** 그 점유가 **타주점유가 된다고 볼 수 없다.**

33. 부동산의 **매매당시에는 그 무효를 알지 못하였으나** 이후 매매가 무효임이 밝혀지더라도 특별한 사정이 없는 한, **매수인의 점유는 여전히 자주점유이다.**

34. 타인소유의 토지를 자기소유 토지의 일부로 알고 이를 점유하게 된 자가 **나중에 그러한 사정을 알게 되었다면** 그 점유는 그 사정만으로 **타주점유로 전환된다.** (×)

• 선의의 자주점유자가 본권의 소에서 패소한 경우
① 선의 ⇨ 악의 ⇨ 소제기시
② 자주 ⇨ 타주 ⇨ 판결확정시

★★
35. **선의**의 점유자라도 본권에 관한 소에서 패소한 때에는 **그 판결이 확정된 때로부터 악의**의 점유자로 본다. (×)

36. **진정한 소유자가** 점유자를 상대로 소유권이전등기의 말소청구소송을 **제기하여** 점유자의 패소가 확정된 경우, 그 **소가 제기된 때부터** 점유자의 점유는 **타주점유로 전환된다.** (×)

06 | 점유자와 회복자의 관계

> • 선의 점유자 과실취득
> ① 부당이득반환 ×
> ② 소제기 후 과실은 반환 ○
> ③ 사용이익 ⇨ 과실에 포함 ○
> ④ 매매계약이 해제된 경우 ⇨ 선의 점유자 과실취득 ×

★★
1. 타인의 건물을 **선의로 점유한 자는** 비록 법률상 원인 없이 사용하였더라도 이로 인한 **이득을 반환할 의무가 없다.**

★★
2. **선의의 점유자가 과실을 취득**함으로써 타인에게 **손해**를 입힌 경우, 그 과실취득으로 인한 이득을 그 타인에게 **반환할 의무가 있다.** (×)

★
3. **선의의 점유자**가 본권에 관한 소에서 패소한 때에는 **소제기시부터 그 이후의 과실은 반환해야 한다.**

★
4. 타인 소유물을 권원 없이 점유함으로써 얻은 사용이익을 반환하는 경우, **악의의 점유자는 사용이익뿐만 아니라 그 이자도 반환해야 한다.**

5. **악의의 점유자**는 그의 **귀책사유로** 과실을 수취하지 못한 경우에는 그 **과실의 대가를 보상하여야 한다.**

6. **악의의 점유자가** 과실을 수취하지 못한 경우, 이에 대한 **과실이 없더라도 그 과실의 대가를 보상하여야 한다.** (×)

7. **은비(隱秘)**에 의한 점유자는 점유물의 **과실을 수취할 권리가 있다.** (×)

★
8. 이행지체로 인해 매매계약이 **해제**된 경우, **선의의 점유자인 매수인에게 과실취득권이 인정된다.** (×)

> • 선의 자주 점유자 ⇨ 현존이익 한도에서 배상

★★
9. 점유물이 점유자의 책임 있는 사유로 인하여 멸실 또는 훼손된 경우, **선의의 자주점유자**는 그 이익이 **현존하는 한도에서 배상하여야 한다.**

★★
10. 점유물이 **타주점유자**의 책임 있는 사유로 멸실된 경우, 그가 선의의 점유자라면 **현존이익의 범위에서 손해배상책임을 진다.** (×)

★★
11. 점유물이 점유자의 책임 있는 사유로 멸실된 때, **악의의 점유자**라 하더라도 **자주점유**인 경우는 **타주점유에 비하여 책임이 경감된다.** (×)

• 비용상환청구
① 악의 점유자 ⇨ 비용상환청구 ○
② 과실수취한 점유자 ⇨ 통상 필요비 청구 ×
③ 유익비 ⇨ 현존 ⇨ 회복자의 선택

★★
12. **악의의 점유자**는 원칙적으로 **필요비 전부**의 상환을 **청구할 수 있다.**

13. **악의의 점유자**는 특별한 사정이 없는 한 점유물에 지출한 **통상의 필요비의 상환을 청구할 수 없다.** (×)

★★
14. 점유자가 **과실을 수취**한 경우에는 **통상의 필요비는 청구하지 못한다.**

15. **선의의 점유자**는 **과실을 취득**하더라도 **통상의 필요비**의 상환을 **청구할 수 있다.** (×)

16. **과실을 취득한 점유자**는 그가 지출한 **비용 전부를 청구할 수 있다.** (×)

★★
17. **유익비**에 관하여는 그 가액의 증가가 **현존**한 경우에 한하여 **점유자의 선택**에 좇아 그 지출금액이나 증가액의 상환을 청구할 수 있다. (×)

18. 점유자가 **필요비**를 지출한 경우, 그 가액의 증가가 **현존한 경우에 한하여** 상환을 청구할 수 있다. (×)

• 상환기간 허여청구 ⇨ 필요비 ×, 유익비 ○

---

19. **필요비**상환청구권에 대하여 회복자는 법원에 **상환기간의 허여를 청구할 수 있다.** (×)

20. 법원이 **유익비**의 상환을 위하여 상당한 **기간을 허여한 경우**, 유치권은 **성립하지 않는다.**

> • 본권 없는 점유자 ⇨ 현재 소유자 ⇨ 반환할 때 청구

★
21. **무효인 매매계약**의 매수인이 점유목적물에 필요비 등을 지출한 후 매도인이 그 목적물을 제3자에게 양도한 경우, **점유자인 매수인은 양수인에게 비용상환을 청구할 수 있다.**

22. 점유물의 소유자가 변경된 경우, **점유자는** 유익비 지출 당시의 **전 소유자에게 유익비 상환을 청구해야 한다.** (×)

★
23. 회복자로부터 점유물의 **반환을 청구** 받은 점유자는 **유익비의 상환을 청구할 수 있다.**

24. 점유자가 점유물을 개량하기 위하여 **유익비**를 지출한 경우는 점유자가 점유물을 **반환할 때에** 그 상환을 청구할 수 있으나, **필요비**를 지출한 경우에는 **즉시 상환을 청구할 수 있다.**

(×)

07 | 소유권

• 상린관계
① 지상권자, 전세권자, 임차인 ⇨ 적용 ○
② 측량비용 ⇨ 면적에 비례 / 설치비용 ⇨ 절반
③ 가지 ⇨ 제거청구 / 뿌리 ⇨ 임의로 제거

---

1. 건물의 사용을 목적으로 하는 **전세권에는 상린관계에 관한 규정이 준용되지 않는다.** (×)

2. 인접토지 소유자들은 공동비용으로 경계표나 담을 설치할 수 있는데, 이때 소요되는 **설치비용 및 측량비용은 쌍방이 절반씩 부담한다.** (×)

3. 인접지에 있는 수목의 **가지와 뿌리**가 경계를 넘은 경우에는 **임의로 제거할 수 있다.** (×)

• 주위토지통행권
① 현재, 최소한 인정
② 분할, 일부양도 ⇨ 무상통행권 ⇨ 직접 당사자 간에만 적용

---

4. **기존의 통로가 있더라도** 당해 토지의 이용에 부적합하여 실제로 **통로로서 충분한 기능을 하지 못하고 있는 경우**에도 주위토지통행권이 **인정된다.**

5. 주위토지통행권은 장래의 이용을 위하여 인정될 수 있으므로, 그 범위와 관련하여 **장래의 이용상황까지 미리 대비하여** 통행로를 정할 수 있다. (×)

6. 통행로가 정해진 후에도 주위토지의 **구체적 이용상황에 변동이 생긴 경우**에는, 통행지소유자는 **다른 곳으로 옮겨 통행할 것을 요구할 수 있다.**

7. 통행로를 정함에 있어서 **건축법에** 도로의 폭에 관한 제한규정이 있으면 이에 **따라 결정하여야 한다.** (×)

8. 통행지소유자는 **통행권자의** 허락을 얻어 **사실상 통행하는** 자에게는 **손해보상을 청구할 수 없다.**

9. **토지의 분할 및 일부양도의** 경우, **무상주위통행권에** 관한 민법의 규정은 포위된 토지 또는 피통행지의 **특정승계인에게 적용되지 않는다.**

10. **토지의 분할**로 주위토지통행권이 인정되는 경우, 통행권자는 분할당사자인 통행지 소유자의 **손해를 보상하여야 한다.** (×)

11. **토지분할**로 인한 **무상통행권**은 피통행지 또는 통행지의 **특정승계인에게 승계된다.** (×)

• 부동산에의 부합
① 건물, 농작물 ⇨ 토지에 부합 ×
② 수목 ⇨ 권원이 있으면 부합 ×, 권원이 없으면 부합 ○
③ 건물증축 ⇨ 독립성이 있으면 부합 ×, 독립성이 없으면 부합 ○

---

1. 토지 위에 건물이 신축 완공된 경우에 **건물은 토지에 부합하지 않는다.**

2. 적법한 권원 없이 타인의 토지에 경작한 성숙한 **배추의 소유권은 경작자에게 속한다.**

★
3. **토지임차인의 승낙만을 받아** 임차 토지에 **나무를 심은 사람은** 다른 약정이 없으면 **토지 소유자에 대하여 그 나무의 소유권을 주장할 수 없다.**

4. 토지의 **사용대차권에 기하여 식재된 수목은** 그 토지가 경매에 의하여 낙찰된 경우에도 그 **낙찰인에게 귀속되지 않는다.**

5. 乙이 **권원 없이 甲소유의 토지에 잣나무를** 식재한 후 잣을 수확한 경우, 甲은 乙에게 **잣에 대한 소유물반환을 청구할 수 없다.** (×)

★
6. **건물임차인이** 권원에 기하여 **증축한 부분은** 구조상·이용상 독립성이 없더라도 임차인의 **소유에 속한다.** (×)

★
7. 건물의 **증축부분이** 기존건물에 **부합된 경우**, 기존건물에 대한 경매절차에서 **경매목적물로 평가되지 않았더라도 경락인은 증축부분의 소유권을 취득한다.**

8. 경매절차의 매수인이 증축부분의 소유권을 취득하기 위해서는 **부합된 증축부분이** 기존건물에 대한 경매절차에서 **경매목적물로 평가되어야 한다.** (×)

08 | 부동산소유권시효취득

• 소유권점유취득시효 ⇨ 자주점유 ○, 무과실 불요
---

1. **타주점유자는** 자신이 점유하는 부동산에 대한 **소유권을 시효취득할 수 없다.**

2. **무과실은** 점유취득시효의 **요건이 아니다.**

• 취득시효의 대상
---

3. 1필의 토지 **일부에** 대한 **점유취득시효는 인정될 여지가 없다.** (×)

4. **성명불상자의 소유물도** 시효취득의 대상이 **된다.**

★
5. **집합건물의 공용부분은** 별도로 취득시효의 대상이 **될 수 있다.** (×)

6. 취득시효 **완성 당시**에는 **일반재산**이었으나 취득시효 **완성 후에 행정재산으로 변경**된 경우, 국가를 상대로 소유권이전**등기청구를 할 수 없다.**

7. **저당권은** 취득시효의 대상이 **될 수 없다.**

• 기산점 선택
---

8. 취득시효기간 중 계속해서 **등기명의자가 동일한 경우**, 점유개시 후 **임의의 시점을** 시효기간의 **기산점으로 삼을 수 있다.**

★
9. 취득시효기간이 중에 **등기명의인이 변동된 경우**, 취득시효기간의 **기산점을 임의로 선택할 수 없다.**

• 완성당시 소유자 ⇨ 시효완성자 ⇨ 부당이득반환청구, 손해배상청구 ×

★★
10. **시효완성 당시의 소유자는** 시효완성자가 등기를 마치지 않았다면 그에 대하여 점유로 인한 **부당이득반환청구를 할 수 있다.** (×)

★★
11. **시효완성 당시의 소유자는** 시효완성자가 등기를 마치지 않았더라도 그에 대하여 불법점유임을 이유로 그 부동산의 **인도를 청구할 수 없다.**

> • 시효완성자 ⇨ 완성당시 소유자 ⇨ 등기청구권(채권적 청구권)

12. **등기부상 소유명의자가 진정한 소유자가 아니면** 원칙적으로 **그를 상대로** 취득시효완성을 원인으로 소유권이전등기를 **청구할 수 없다.**

13. **시효완성 전에** 등기명의인이 **바뀐 경우**에는 시효완성자는 **시효완성 당시의 등기명의인에게** 취득시효를 **주장할 수 있다.**

14. **시효완성 후에** 등기명의인이 **변경되면** 등기원인이 시효완성 전에 존재하였더라도, 시효완성자는 **변경된 등기명의인에게** 취득시효를 **주장할 수 없다.**

15. 시효완성자는 완성 전에 이미 설정되어 있던 가등기에 기하여 **시효완성 후에** 소유권이전의 **본등기를 마친 자에게** 시효완성을 **주장할 수 있다.** (×)

16. **시효완성 후에** 등기명의인이 **바뀐 경우**, 등기명의가 **바뀐 시점으로부터 다시** 시효기간이 **경과**하더라도 시효완성을 **주장할 수 없다.** (×)

17. **시효완성 후** 등기 전에 소유자가 파산선고를 받은 때에는 점유자는 **파산관재인을 상대로** 취득시효를 이유로 소유권이전등기를 **청구할 수 없다.**

18. 시효완성자의 **시효이익의 포기는** 특별한 사정이 없는 한 **완성 당시의 소유자에게 하여야** 그 **효력이 있다.**

19. 시효완성자가 **완성당시 무효등기의 등기부상 소유명의자에게** 시효이익을 **포기한 경우**에도 시효이익 **포기의 효력이 발생한다.** (×)

20. 시효완성 후 소유자가 **명의신탁을 하여** 명의수탁자에서 소유권이전등기를 한 경우, 시효완성자는 특별한 사정이 없는 한 명의수탁자에게 **시효완성을 주장할 수 있다.**

21. 시효완성 후 **명의신탁 해지를** 원인으로 명의수탁자에서 명의신탁자로 소유권이전등기가 된 경우, 시효완성자는 특별한 사정이 없는 한 명의신탁자에게 **시효완성을 주장할 수 없다.**

> • 점유를 중단 ⇨ 점유취득시효 중단

22. 부동산에 대한 **압류** 또는 **가압류는 점유취득시효를 중단시킨다.** (×)

> • 법률규정에 의한 채권관계 ○ ⇨ 채무불이행책임 ×, 불법행위책임 ○

23. 시효완성으로 인한 소유권이전등기청구권이 발생하면 부동산소유자와 시효완성자 사이에 **계약상의 채권관계**가 성립한 것으로 본다. (×)

★
24. 시효완성 후 소유자가 부동산을 처분하면 시효완성자에 대하여 **채무불이행책임을 진다.**
(×)

25. 시효완성을 **알고 있는 소유자**가 부동산을 제3자에게 **처분한 경우**, 그 소유자는 시효완성자에게 **불법행위로 인한 손해배상책임을 진다.**

> • 소유권취득의 효과 ⇨ 점유를 개시한 때로 소급 ⇨ 제3자 보호 ○

★
26. 시효완성을 이유로 한 **소유권취득의 효력은** 점유를 개시한 때로 **소급하지 않으며** 등기를 함으로써 **장래를 향하여 발생한다.** (×)

★
27. **시효완성 후** 그로 인한 등기 전에 **소유자가 저당권을 설정한 경우**, 시효완성자는 등기를 함으로써 **저당권의 부담이 있는 소유권을 취득한다.**

★
28. **시효완성 후** 등기 전에 **소유자가 저당권을 설정**하였고, 등기를 마친 **시효완성자가 피담보 채무를 변제한 경우**, 소유자에게 **부당이득반환을 청구할 수 있다.** (×)

> • 등기부취득시효
> ① 무효등기도 가능 ⇨ 이중보존등기에 해당하여 무효인 등기 ×
> ② 선의 무과실의 점유 ⇨ 선의는 추정 ○, 무과실은 추정 ×

29. 소유권등기가 **무효**인 경우에도 등기부취득시효는 **가능하다.**

30. 이중보존등기에 해당하여 무효인 등기에 기해서는 등기부취득시효가 **불가능하다.**

31. 등기부취득시효에서 점유자의 **무과실**은 시효완성을 **주장하는 자가 입증하여야 한다.**

32. 등기부취득시효에서 점유자의 **무과실은 전 시효기간을 통하여 인정되어야 하는 것은 아니다.**

09 | 공동소유

• 공유지분
① 지분 처분 ⇨ 자유
② 공유자가 지분포기, 상속인 없이 사망 ⇨ 다른 공유자에게 귀속

---

1. 공유자는 다른 공유자의 동의 없이 자신의 **지분을 처분할 수 없다.** (×)

2. 공유자가 상속인 없이 사망한 때에는 그 지분은 **국가에 귀속한다.** (×)

3. 공유자 1인이 **포기한 지분은 다른 공유자에게 각 지분의 비율로 귀속한다.**

4. 부동산 공유자의 지분 **포기의 의사표시가** 다른 공유자에게 **도달하면** 이로써 곧바로 포기에 따른 **물권변동의 효력이 발생한다.** (×)

5. 공유자는 자신의 지분에 관하여 **단독으로** 제3자의 취득시효를 **중단시킬 수 없다.** (×)

6. 공유자 중 1인은 **다른 공유자의 지분권을** 대외적으로 **주장할 수 없다.**

• 제3자가 불법점유
① 보존행위 ⇨ 공유자 1인 ⇨ 공유물 전부에 행사 ○
② 손해배상금, 부당이득금 청구 ⇨ 자기 지분만 청구 ○

---

7. **제3자가** 공유물을 **불법점유**하는 경우, **공유자는** 단독으로 공유물 **전부의 반환을 청구할 수 있다.**

8. 공유물을 손괴한 자에 대하여 **공유자 중 1인은** 특별한 사유가 없는 한 공유물에 발생한 **손해의 전부를 청구할 수 있다.** (×)

9. 공유물 무단점유자에 대한 차임 상당 **부당이득반환청구권은** 특별한 사정이 없는 한 **각 공유자에게 지분 비율만큼 귀속된다.**

• 공유물에 대하여 제3자 명의로 무효등기 ⇨ 전부말소청구 ○

---

10. **공유물**에 대하여 **제3자 명의로 원인무효의 등기**가 이루어진 경우, **공유자 1인은** 보존행위로 **등기 전부의 말소를 청구할 수 있다.**

11. 공유토지에 대해 **공유자 중 1인의 단독명의로 소유권등기가 된 경우**, 다른 공유자는 **등기 전부의 말소**를 청구할 수 있다. (×)

12. **공유자 중 1인**이 다른 공유자의 동의 없이 **제3자에게 공유물을 처분한 경우**, 다른 공유자는 제3자에게 **등기 전부의 말소를 청구할 수 없다.**

> • 과반수지분권자가 배타적 점유 ⇨ 적법한 관리행위

★★
13. **과반수지분권자가** 단독으로 공유토지를 **배타적으로 점유**하는 경우, 소수지분권자는 공유토지의 **반환이나 방해배제를 청구할 수 없다.**

> • 소수지분권자가 배타적 점유 ⇨ 다른 소수지분권자 ⇨ 반환청구 ×

★★
14. **소수지분권자는** 공유물을 협의 없이 점유하는 다른 소수지분권자에게 공유물의 **인도를 청구할 수 있다.** (×)

★
15. **소수지분권자는** 공유물을 협의 없이 점유하는 다른 소수지분권자에게 **방해제거를 청구할 수 있다.**

> • 과반수지분권자가 임대차(사용허락)한 경우

★★
16. 공유물의 **과반수지분권자로부터** 사용·수익을 **허락받은 점유자에 대하여 소수지분권자는** 공유물에 대한 **점유배제를 청구할 수 없다.**

★★
17. **과반수지분권자로부터** 공유물의 사용·수익을 **허락받은 제3자는 소수지분권자에 대해** 점유로 인하여 **부당이득을 얻은 것으로 볼 수 있다.** (×)

18. **과반수지분권자가** 단독으로 공유토지를 **임대한 경우**, 소수지분권자는 **과반수지분권자에게 부당이득반환을 청구할 수 있다.**

> • 관리에 관한 특약

19. 공유자간의 공유물에 대한 **관리에 관한 특약**은 공유지분권의 **본질적 부분**을 침해하지 **않는 경우**라면 공유자의 **특정승계인**에 대하여도 당연히 승계된다.

20. 지분권자로서의 **사용권**을 사실상 포기하는 공유자 사이의 특약은 그 사실을 알지 못하고 공유지분을 **취득한 특정승계인**에게 승계되지 않는다.

> • 공유물 처분행위 ⇨ 전원 동의

21. 공유토지에 **건물을 신축**하기 위해서는 공유자 **전원의 동의**가 있어야 한다.

22. **과반수지분권자**는 공유토지에 대한 관리방법으로 **건물을 신축할 수 있다.** (×)

> • 계약은 유효

23. 공유자 1인이 다른 공유자의 동의 없이 공유물 전부를 제3자에게 매도한 경우, 그 **매매계약은 유효하다.**

24. 소수지분권자가 단독으로 공유물을 제3자에게 임대한 경우, 그 **임대차계약은 무효이다.** (×)

> • 공유물분할
> ① 5년 내 공유물분할금지특약 ○ ⇨ 5년 내 갱신 ○
> ② 공유물분할금지특약 ⇨ 등기 ○ ⇨ 대항 ○
> ③ 협의분할 ⇨ 등기를 해야 분할의 효과 발생
> ④ 협의가 성립 × ⇨ 재판상 분할 ⇨ 현물분할이 원칙
> ⑤ 협의분할, 재판상 분할 ⇨ 반드시 공유자 전원이 참가

25. 공유자는 **5년** 범위 내에서 **공유물분할금지특약**을 할 수 있으며, 특약을 **갱신할 수 있다.**

26. 공유물분할금지**특약**은 **등기 없이도** 공유지분의 특정승계인에게 **대항할 수 있다.** (×)

27. 공유물분할의 조정절차에서 공유자 사이에 현물분할의 **협의가 성립**하여 조정조서가 작성된 때에는 그 즉시 **공유관계가 소멸한다.** (×)

28. **공유물분할협의가 성립한 후**에 공유자 일부가 분할에 따른 이전등기에 협력하지 않으면, **재판상 분할을 청구할 수 있다.** (×)

29. 재판에 의하여 공유물을 분할하는 경우에는 **대금분할이 원칙**이다. (×)

30. 공유자 **전원이** 분할절차에 **참가하지 않은 공유물분할은 무효**이다.

31. 공유물분할청구의 소에서 **법원은** 원칙적으로 공유물분할을 청구하는 원고가 구하는 방법에 구애받지 않고 **재량에 따라** 합리적 방법으로 **분할을 명할 수 있다.**

32. 공유자는 다른 공유자가 분할로 인하여 취득한 물건에 대하여 그 지분의 비율로 매도인과 동일한 **담보책임이 있다.**

• 지분 위에 설정된 저당권 ➡ 공유물 전부에 효력 ○

★
33. 공유자 중 1인의 **지분 위에 설정된 저당권은** 특별한 사정이 없는 한 공유물분할로 인하여 **저당권설정자 앞으로 분할된 부분에 집중된다.** (×)

• 합 유
① 합유지분 처분 ➡ 전원 동의
② 합유지분 ➡ 상속 ×

★
34. 합유자는 자신의 **지분을** 합유자 **전원의 동의 없이 처분할 수 없다.**

★
35. 부동산의 **합유자가 사망**한 경우에는 그 **상속인이 합유자로서의 지위를 승계한다.** (×)

★
36. 부동산의 **합유자 중 일부가 사망**한 경우, 합유자 사이에 특별한 약정이 없는 한 해당 부동산은 잔존 합유자가 2인 이상일 때에는 **잔존 합유자의 합유로 귀속된다.**

37. 합유물의 **보존행위는** 각자가 할 수 있다.

• 총유 ➡ 총유물의 보존행위 ➡ 총회의 결의

★
38. **총유물**에 대한 **보존행위는** 구성원 각자가 단독으로 할 수 없고, 특별한 사정이 없는 한 **사원총회의 결의를 거쳐야 한다.**

10 | 지상권

- 지료 ⇨ 지상권의 성립요소 × ⇨ 무상 가능

★
1. **지료의 지급은** 지상권의 **성립요소이다.** (×)

2. 지상권설정계약에서 **지료지급에 대한 약정이 없더라도** 지상권의 **성립에는 영향이 없다.**

- 지상권과 지상물 ⇨ 부종성 × ⇨ 분리 처분 ○

★
3. 지상권설정의 목적이 된 **건물이 전부 멸실하면 지상권은 소멸한다.** (×)

★★
4. 지상권자는 지상물의 소유권과 분리하여 **지상권만 양도할 수 있다.**

- 지상권 양도 자유 ⇨ 지상권 양도금지특약 ⇨ 무효

★★
5. 지상권자는 토지소유자의 의사에 반하여 **지상권을 양도할 수 없다.** (×)

6. 지상권자는 지상권설정자의 **동의 없이도** 토지를 타인에게 **임대할 수 있다.**

7. **지상권 양도금지특약은** 지상권자에게 불리하므로 그 **효력이 없다.**

- 소유자가 변경 ⇨ 지료연체의 효과 승계 ×

★★
8. 지상권의 **지료지급 연체가** 토지소유권의 **양도 전후에 걸쳐 이루어진 경우**, 토지양수인에 대한 **연체기간이 2년 이상이면** 토지양수인은 지상권의 **소멸을 청구할 수 있다.**

★★
9. **지료체납 중** 토지소유권이 **양도된 경우, 양도 전·후를 통산하여 2년에 이르면** 지상권 **소멸청구를 할 수 있다.** (×)

★★
10. 지상권의 지료가 1년 연체된 상태에서 **토지가 제3자에게 양도되고 다시 그 지료가 1년 6개월 연체된 경우**, 토지의 새로운 소유자는 지상권의 **소멸을 청구할 수 있다.** (×)

> • 채권의 담보를 위하여 지료 없는 지상권을 설정한 경우
> ① 제3자가 건물을 신축한 경우 ⇨ 건물철거청구 ○, 손해배상청구 ×
> ② 채권 소멸 ⇨ 저당권 소멸 ⇨ 지상권 소멸

★★
11. **금융기관이** 토지에 저당권과 함께 **지료 없는 지상권을 설정** 받으면서 채무자의 사용수익권을 배제하지 않은 경우, 금융기관은 그 토지의 **무단점유자에 대해** 지상권침해를 근거로 임료 상당의 **손해배상을 청구할 수 있다.** (×)

★★
12. 저당권설정자가 **담보가치의 하락을 막기 위해** 저당권자에게 **지상권을 설정**해 준 경우, 피담보**채권이 소멸**하면 그 **지상권도 소멸**한다.

> • 지상물매수청구권
> ① 지상권자 ⇨ 존속기간 만료, 현존 ⇨ 갱신청구 ⇨ 거절 ⇨ 매수청구
> ② 지료연체 ⇨ 지상권 소멸 ⇨ 지상권자는 매수청구 ×
> ③ 지상권설정자가 매수청구 ⇨ 지상권자는 정당한 이유 없이 거절 ×

★
13. **기간만료로** 지상권이 **소멸**한 경우, 지상권자는 **지상물매수청구를 하기 위해서** 지상권설정자에게 **갱신청구를 먼저 하여야 한다.**

14. 지상권자는 존속기간이 만료한 때에 지상물이 현존하는 경우, 지상권설정자에 대해 **선택적으로** 지상권의 **갱신청구 또는** 지상물의 **매수청구를 할 수 있다.** (×)

★
15. **지료연체를 이유로 한** 지상권소멸청구에 의해 지상권이 **소멸**하더라도 지상권자의 지상물 **매수청구권은 인정된다.** (×)

16. 지상권이 소멸한 경우에 **지상권설정자가** 상당한 가액을 제공하여 **지상물매수를 청구한 때에는** 지상권자는 정당한 이유 없이 이를 **거절하지 못한다.**

> • 존속기간 약정 × ⇨ 최단기간

17. **수목의 소유를 목적으로 한** 지상권의 최단존속기간은 **30년**이다.

18. 지상권의 **존속기간을 정하지 않은 경우**, 지상권설정자는 **언제든지 지상권소멸을 청구할 수 있다.** (×)

> • 기존의 건물을 사용할 목적 ⇨ 최단기간 적용 ×

19. **기존의 건물을 사용할 목적**으로 지상권을 설정한 경우에는 **최단기간**에 관한 규정은 **적용되지 않는다.**

> • 2년 이상 지료연체 ⇨ 소멸청구 ⇨ 편면적 강행규정

20. 지상권자가 **2년 이상**의 지료를 지급하지 않으면 지상권설정자는 **소멸청구를 할 수 있으나,** 당사자의 **약정으로 그 기간을 단축할 수 있다.** (×)

> • 구분지상권 ⇨ 공간 ⇨ 수목 ×

21. **구분지상권**은 **건물 기타 공작물**의 소유를 위해 설정할 수 있다.

22. **구분지상권**은 건물 기타 공작물 및 **수목**의 소유를 위해 설정할 수 **있다.** (×)

> • 분묘기지권을 취득한 경우 ⇨ 지료지급의무 발생시기

23. 토지소유자의 **승낙을 얻어** 분묘를 설치함으로써 분묘기지권을 **취득한 경우**, 설치할 당시 토지소유자와의 **합의에 의하여 정한 지료지급의무는** 그 토지의 승계인에게도 미친다.

24. 「장사 등에 관한 법률」 시행 **이전에 설치된 분묘**에 관한 분묘기지권의 시효취득은 법적 규범으로 유지되고 있다.

★
25. 분묘기지권을 **시효로 취득**한 경우, 분묘기지권자는 토지소유자가 분묘기지에 관한 지료를 청구하면 그 **청구한 날부터 지료를 지급할 의무가** 있다.

★
26. 자기 소유 토지에 분묘를 설치한 사람이 그 **토지를 양도하면서** 분묘를 이장하겠다는 특약을 하지 않음으로써 **분묘기지권을 취득한 경우**, 특별한 사정이 없는 한 분묘기지권자는 **분묘기지권이 성립한 때부터** 토지소유자에게 **지료를 지급할 의무가** 있다.

11 | 법정지상권

• 전세권 ⇨ 전세권설정자 ○, 전세권자 ✕

---

1. 대지와 건물을 소유한 자가 **건물에 대해서만 전세권을 설정한 후** 대지를 제3자에게 양도한 경우, 제3자는 **전세권설정자에 대하여** 대지에 대한 **지상권을 설정한 것으로 본다.**

2. 대지와 건물을 소유한 자가 건물에 대해서만 전세권을 설정한 후 대지를 제3자에게 양도한 경우, 제3자는 **전세권자에 대하여** 대지에 대한 지상권을 설정한 것으로 본다. (✕)

• 저당물의 경매 ⇨ 설정당시 동일인 소유 ⇨ 공동저당 후 신축 ✕

---

3. 토지에 관한 저당권설정 당시 해당 토지에 일시사용을 위한 **가설건축물**이 존재하였던 경우, **법정지상권은 성립하지 않는다.**

4. **나대지**에 1번 저당권을 설정한 후 건물이 신축되었고 그 후에 설정된 2번 저당권이 실행된 경우, **법정지상권은 발생할 수 없다.**

5. **토지에 저당권이 설정된 후에** 저당권자의 동의를 얻어 건물이 **신축된 경우라도 법정지상권이 성립한다.** (✕)

6. 甲소유의 토지 및 그 지상건물에 乙이 **공동저당권을 취득한 후** 甲이 건물을 철거하고 그 토지에 건물을 **신축한 경우**, 특별한 사정이 없는 한 저당권의 실행으로 토지와 신축 건물의 소유자가 다르게 되면 신축 건물을 위한 **법정지상권이 발생한다.** (✕)

7. 甲소유의 토지에 설정된 저당권이 실행된 경우, **저당권설정 전부터 乙이 건물을 소유**하고 있었다면 乙은 **법정지상권을 취득하지 못한다.**

8. 토지에 저당권이 설정될 당시 그 지상에 건물이 **토지소유자에 의하여 건축 중이었던 경우에도**, 저당권이 실행되면 **법정지상권이 발생한다.**

9. 건물이 **무허가 미등기 건물**인 경우에는 법정지상권은 **발생할 수 없다.** (✕)

10. 乙 소유의 토지 위에 甲과 乙이 건물을 공유하면서 **토지에만 저당권을 설정**하였다가, 토지경매로 丙이 토지소유권을 취득한 경우에는 **법정지상권은 발생하지 않는다.** (✕)

11. **토지에 저당권을 설정할 당시 동일인 소유의 건물이 존재하고 있다가** 그 후 저당권의 실행으로 토지가 낙찰되기 전에 건물이 제3자에게 양도된 경우, 건물을 양수한 제3자는 **법정지상권을 취득한다.**

12. **동일인소유의 건물이 있는 토지에만 저당권을 설정한 후 그 건물을 철거하고 다시 신축한 때**에도 저당권의 실행으로 토지와 건물의 소유자가 달라지게 되면 **법정지상권이 발생한다.**

• 일괄매매 ⇨ 법정지상권 ×, 관습법상 법정지상권 ×

★★
13. 미등기건물을 그 대지와 **함께 매수**한 사람이 그 대지에 관하여만 소유권이전등기를 넘겨받고 건물에 대하여는 그 등기를 이전받지 못하고 있다가 대지에 설정된 저당권의 실행으로 대지가 경매되어 다른 사람의 소유로 된 경우에는 **법정지상권이 성립될 여지가 없다.**

★★
14. 乙이 甲으로부터 **甲소유 토지와 건물을 매수하여** 토지에 대해서만 이전등기를 받은 후 토지에 설정된 저당권이 실행되어 토지와 건물의 소유자가 다르게 된 경우, 乙은 **법정지상권을 취득한다.** (×)

• 법정지상권 ⇨ 배제특약 ×
• 관습법상 법정지상권 ⇨ 배제특약 ○

★
15. 저당목적물인 토지에 대하여 **법정지상권을 배제하는** 저당권설정 당사자 사이의 **약정은 효력이 없다.**

★
16. 대지상의 건물만을 매수하면서 **대지에 관한 임대차계약을 체결하였다면** 관습법상의 법정지상권을 **포기하였다고 본다.**

★
17. 토지와 건물의 소유자가 토지만을 타인에게 증여한 후 **구 건물을 철거하고 다시 신축하기로 합의한 경우**, 관습법상 법정지상권을 **포기한 것으로 볼 수 없다.**

> • 강제경매 ⇨ 동일인 소유 판단기준 ⇨ 매각대금 완납시 ×

★★
18. 가압류 후 본압류 및 **강제경매**가 된 경우, '토지와 건물이 동일인 소유'인지 여부는 **매각대금의 완납시를 기준으로 한다.** (×)

19. 가압류 후 본압류 및 **강제경매**가 된 경우, '토지와 건물이 동일인 소유'인지 여부는 **가압류의 효력 발생시를 기준으로 한다.**

20. 토지에 대한 **강제경매**를 위한 압류 전에 저당권이 설정되어 있는 경우, '토지와 건물이 동일인 소유'인지 여부는 **저당권 설정당시를 기준으로 한다.**

> • 법정지상권이 발생한 경우
> ① 등기 없이도 발생 ○
> ② 건물과 법정지상권 ⇨ 각각 분리 처분 ○
> ③ 법정지상권자 ⇨ 등기 × ⇨ 주장 ○
> ④ 건물양수인 ⇨ 등기 ○ ⇨ 주장 ○
> ⑤ 건물철거청구 ×
> ⑥ 지료결정 × ⇨ 소멸청구 ×
> ⑦ 지료결정 ○ ⇨ 소멸청구 ○

★★
21. 법정지상권자는 건물과 법정지상권을 **각각 분리하여 처분할 수 있다.**

★
22. **법정지상권자는** 그에 관한 **등기 없이도** 토지소유권을 취득한 선의의 제3자에게 **지상권을 주장할 수 있다.**

★
23. 법정지상권이 발생한 건물이 양도된 경우, **건물양수인은** 지상권 **등기 없이도** 토지소유자에게 **직접 지상권을 주장할 수 있다.** (×)

★★
24. 법정지상권이 발생한 건물이 양도된 경우, **지상권 등기가 없더라도** 토지소유자는 건물양수인에게 **건물철거를 청구할 수는 없다.**

★★
25. 법정지상권의 **지료를 정한 바가 없다면** 지료연체를 이유로 한 **소멸청구를 할 수 없다.**

★★
26. 법정지상권의 **지료가 판결에 의하여 정해진 경우**, 지체된 지료가 판결확정의 전후에 걸쳐 2년분 이상일 경우, 토지소유자는 **소멸청구를 할 수 있다.**

12 | 지역권

• 지역권 ⇨ 배타적 점유 × ⇨ 지역권에 기한 반환청구 ×
---

1. **지역권자에게** 방해제거청구권은 인정되지만, **반환청구권은 인정되지 않는다.**

2. 소유권에 기한 **소유물반환청구권**에 관한 규정은 **지역권에 준용된다.** (×)

• 지역권 시효취득
① 계속되고 표현된 경우에 한하여 가능
② 통로개설 ○ ⇨ 통행지역권 시효취득 가능
③ 통행지역권을 시효취득 ⇨ 승역지 소유자에게 손해 보상 ○
④ 불법점유자 ⇨ 시효취득 ×
---

3. 일정한 장소를 오랜 시일 통행한 사실이 있다면 **통로 개설이 없더라도** 지역권을 **시효취득할 수 있다.** (×)

4. **통행지역권을 주장하는 사람은** 통행으로 편익을 얻는 **요역지가 있음을 주장·증명하여야 한다.**

5. **통행지역권을 시효취득하였다면**, 특별한 사정이 없는 한 요역지 소유자는 도로설치로 인해 **승역지 소유자가 입은 손실을 보상하지 않아도 된다.** (×)

6. 요역지의 **불법점유자는** 지역권을 **시효취득할 수 없다.**

• 요역지 ⇨ 반드시 1필, 승역지 ⇨ 반드시 1필 ×
---

7. **요역지는** 한 필의 **토지 전부**여야 하나, **승역지는** 한 필의 **토지의 일부**일 수 있다.

8. 토지의 **일부를 위하여** 지역권을 설정할 수 **있다.** (×)

9. 토지의 **일부 위에** 지역권을 설정할 수 **있다.**

> • 지역권의 부종성, 수반성
> ① 요역지소유권 이전 ⇨ 지역권 이전
> ② 요역지와 분리 ⇨ 지역권만을 양도 ×, 저당권의 목적 ×
> ③ 요역지의 지상권자, 전세권자 ⇨ 지역권 행사 ○

★
10. **요역지의 소유권이 양도**되면 **지역권**은 원칙적으로 **이전되지 않는다.** (×)

★★
11. 요역지와 **분리**하여 지역권만을 양도할 수 **없다.**

★★
12. 지역권은 요역지와 **분리**하여 저당권의 목적이 될 수 **있다.** (×)

13. **요역지의 전세권자는** 특별한 사정이 없으면 **지역권을 행사할 수 있다.**

14. **지상권자는** 인접한 토지에 **통행지역권을 시효취득할 수 없다.** (×)

> • 지역권의 불가분성
> ① 유리한 경우 ⇨ 1인에게 생긴 사유 ⇨ 효력 ○
> ② 불리한 경우 ⇨ 전원에게 생긴 사유 ⇨ 효력 ○

★★
15. 요역지의 **공유자 1인이** 지역권을 **취득**한 때에는 **다른 공유자도** 이를 **취득**한다.

★★
16. 요역지의 **공유자 1인**은 그 토지 지분에 관한 **지역권을 소멸시킬 수 없다.**

17. 요역지 **공유자 중 1인**은 자신의 지분만에 대해서 **지역권을 소멸시킬 수 있다.** (×)

★
18. 요역지 공유자 중 **1인**에 대한 지역권 **소멸시효의 정지**는 다른 공유자를 위하여도 그 **효력이 있다.**

19. 요역지의 공유자 중 **1인**에 의한 지역권 **소멸시효의 중단**은 다른 공유자에게는 **효력이 없다.**
(×)

★
20. 지역권의 **취득시효 중단**은 지역권을 행사하는 **모든 공유자에 대한 사유가 아니면 효력이 없다.**

21. 요역지가 수인의 공유인 경우, 그 **1인**에 대한 지역권 **취득시효의 중단**은 시효중단의 **효력이 있다.** (×)

13 | 전세권

> • 전세권 ➡ 용익물권적 성질과 담보물권적 성질

1. 당사자가 주로 **채권담보의 목적을 갖는 전세권을 설정**하였더라도 장차 전세권자의 목적물에 대한 **사용수익권을 완전히 배제하는 것이 아니라면** 그 **효력은 인정된다.**

2. 전세목적물의 **인도는** 전세권의 **성립요건이 아니다.**

3. 전세권의 **존속기간이 시작되기 전에 마친 전세권설정등기는** 특별한 사정이 없는 한 **무효로 추정된다.** (×)

4. 전세권 설정계약의 당사자는 전세권의 **사용·수익권을 배제하고 채권담보만을 위한 전세권을 설정할 수 있다.** (×)

5. 전세권이 갱신 없이 그 **존속기간이 만료되면** 전세권의 **용익물권적 권능은** 전세권설정등기의 **말소 없이도** 당연히 **소멸한다.**

> • 전세금 ➡ 기존의 채권으로 갈음 ○

6. 전세권설정시 **전세금지급은** 전세권의 **성립요소이다.**

7. 전세금의 지급이 전세권의 성립요소이기는 하지만, **기존의 채권으로** 전세금의 지급에 **갈음할 수 있다.**

8. 전세금은 현실적으로 수수되어야 하므로 **임차보증금채권으로** 전세금의 지급에 **갈음할 수 없다.** (×)

> • 소유자가 변경 ➡ 전세금반환의무자는 신소유자

9. 전세권 존속 중 **전세목적물이 양도**된 경우, 새로운 소유자가 전세금반환의무를 진다.

10. 전세권이 성립한 후 전세목적물의 **소유권이 이전**된 경우, 구(舊) 소유자는 전세권이 소멸하는 때에 전세권자에 대하여 **전세금반환의무를 부담한다.** (×)

• 유지수선의무 ⇨ 전세권자 ⇨ 필요비청구 ×

★★
11. **전세권자가** 통상의 **필요비를 지출한 경우** 그 비용의 상환을 **청구하지 못한다.**

12. **전세권자는 필요비** 및 유익비의 상환을 청구할 수 **있다.** (×)

13. **전세권설정자는** 특약이 없는 한 목적물의 현상을 **유지하고 수선을 해야 한다.** (×)

• 최장기간 ⇨ 10년

★
14. 전세권의 존속기간을 **15년으로** 약정한 경우, 그 존속기간은 **10년으로 단축된다.**

15. 전세권의 존속기간이 만료된 경우, **10년을** 넘지 않는 기간으로 전세권을 **갱신할 수 있다.**

• 존속기간을 약정하지 않은 경우 ⇨ 언제든지 소멸통고 ○

---

16. 전세권의 **존속기간을 약정하지 않은 경우,** 각 당사자는 **언제든지** 전세권의 **소멸을 통고할 수 있다.**

• 건물전세권 적용 ○, 토지전세권 적용 ×
① 최단기간(1년)
② 법정갱신 ⇨ 기간약정 × ⇨ 등기 없이도 효력 ○

---

17. **건물전세권의** 존속기간을 1년 미만으로 정한 때에는 이를 **1년으로 한다.**

★
18. **토지전세권의 최단존속기간은** 1년이다. (×)

★
19. **토지전세권은 법정갱신이 인정되지 않는다.**

★★
20. 건물전세권이 **법정갱신된 경우,** 그 **존속기간은 1년**으로 본다. (×)

★★
21. 건물전세권이 **법정갱신된 경우,** 전세권자는 **등기 없이도** 전세목적물을 취득한 제3자에 대하여 전세권을 **주장할 수 있다.**

> • 전세권 양도 자유
> ① 소유자 동의 없이 양도, 저당권설정, 전전세, 임대 가능
> ② 양도금지특약은 가능

22. 원전세권자가 소유자 **동의 없이 전전세를 하면** 원전세권은 **소멸한다.** (×)

23. 전세권 **양도금지특약**은 이를 **등기하여야** 제3자에게 **대항할 수 있다.**

> • 건물 전세권 ⇨ 지상권, 토지임차권에 효력 ○

★★
24. **타인의 토지 위에 건물**을 신축한 자가 그 건물에 **전세권**을 설정한 경우, 전세권은 건물의 소유를 목적으로 하는 **토지임차권에도 그 효력이 미친다.**

★★
25. **타인의 토지에 있는 건물**에 **전세권**을 설정한 경우, 전세권의 효력은 그 건물의 소유를 목적으로 한 **지상권에는 미치지 않는다.** (×)

> • 전세권소멸시 ⇨ 동시이행관계

26. **전세권이 소멸된 경우,** 전세권자의 전세목적물의 인도는 전세금의 반환보다 **선이행되어야 한다.** (×)

> • 건물의 일부에 대한 전세권
> ① 건물의 경락대금 전부에 대한 우선변제권 ○
> ② 건물 전부에 대한 경매권 ×

★
27. **건물의 일부에 전세권**이 설정된 경우, 전세권자는 **건물 전부**에 대하여 후순위권리자보다 전세금의 **우선변제를 받을 권리가 있다.**

★★
28. **건물의 일부에 전세권**이 설정된 경우, 전세권자는 전세권의 목적이 된 부분이 독립성이 없다면 **건물 전체의 경매를 청구할 수 있다.** (×)

> • 전세권을 목적으로 저당권이 설정된 후 전세권이 소멸한 경우
> ⇨ 전세권 자체에 대한 경매 ×

29. **전세권을 목적으로 한 저당권**은 전세권의 **존속기간이 만료**되더라도 그 전세권 자체에 대하여 **저당권을 실행할 수 있다.** (×)

30. **전세권을 목적으로 저당권이 설정된 경우,** 전세권의 존속기간이 만료되면 저당권자는 전세금반환채권을 **압류하여 물상대위할 수 있다.**

31. 전세권저당권이 설정된 후 전세권이 기간만료로 소멸한 경우, 제3자의 **압류가 없으면** 전세권설정자는 **전세권자에게 전세금을 지급하여야 한다.**

> • 전세금반환채권과 전세권의 분리 양도 ⇨ 전세권소멸을 조건으로 가능

32. 전세권이 **존속하는 중에** 전세권자는 전세권을 그대로 둔 채 **전세금반환채권만을** 확정적으로 **양도하지 못한다.**

33. 전세권 존속 중이라도 장래에 그 **전세권이 소멸하는** 경우에 전세금 반환채권이 발생하는 것을 **조건으로** 그 장래의 **조건부 채권을** 유효하게 **양도할 수 있다.**

14 | 유치권

• 우선변제권 ×, 물상대위성 × ⇨ 불가분성 ○, 경매권 ○

1. **유치권자는** 채권의 변제를 받기 위하여 유치물을 경매할 수 있고, 매각대금에서 후순위 권리자보다 **우선변제를 받을 수 있다.** (×)

2. **유치권**에는 **물상대위성이 인정되지 않는다.**

3. **유치물이 소실**된 경우, 유치권은 소유자의 **화재보험금청구권 위에 미친다.** (×)

4. 유치권자는 채권의 **변제**를 받기 위하여 유치물을 **경매할 수 있다.**

5. 유치권의 **불가분성**은 그 목적물이 분할 가능하거나 수개의 물건인 경우에도 **적용된다.**

6. 유치물이 분할 가능한 경우, 채무자가 피담보채무의 **일부를 변제하면** 그 범위에서 **유치권은 일부 소멸한다.** (×)

• 법정담보물권 ⇨ 임의규정 ⇨ 배제특약은 유효

7. 유치권은 **법정담보물권**이지만 당사자 간의 **약정으로 배제할 수 있다.**

8. **유치권은 약정담보물권이므로** 당사자의 약정으로 그 성립을 배제할 수 있다. (×)

9. 유치권자와 유치물의 소유자 사이에 **유치권을 포기하기로 특약한 경우**, 제3자는 특약의 **효력을 주장할 수 없다.** (×)

10. 유치권배제특약에 따른 효력은 **특약의 상대방만 주장할 수 있다.** (×)

• 비용상환청구권, 공사대금채권, 수리비채권 ⇨ 유치권 ○

11. **필요비**상환채무의 불이행으로 인한 **손해배상청구권**을 담보하기 위하여 **유치권을 행사할 수 있다.**

12. **채권과 물건 사이에 견련관계가 있더라도**, 그 채무불이행으로 인한 손해배상채권과 그 물건 사이의 **견련관계는 인정되지 않는다.** (×)

> • 보증금, 권리금, 매매대금(건축자재대금, 외상대금) ⇨ 유치권 ×

13. 임대차 종료시 임차인은 임대인이 **보증금**을 반환할 때까지 **유치권을 행사할 수 있다.** (×)

14. 임차인은 **권리금**반환청구권을 담보하기 위해 임차목적물에 **유치권을 행사할 수 없다.**

15. 매도인이 **매매대금**을 다 지급받지 못하고 매수인에게 부동산 소유권을 이전해 준 경우, 매도인은 매매대금채권을 피담보채권으로 하여 자신이 점유하는 부동산의 **유치권을 주장할 수 있다.** (×)

16. **건축자재를 매도한 자는** 그 자재로 건축된 건물에 대해 자신의 **대금채권**을 담보하기 위하여 유치권을 행사할 수 있다. (×)

17. **임대인이 건물시설을 하지 않아** 임차인이 건물을 임대차목적대로 사용하지 못하였음을 이유로 하는 **손해배상청구권은 그 건물에 관하여 생긴 채권이다.** (×)

18. 건물신축공사를 도급받은 수급인이 사회통념상 **독립한 건물이 되지 못한 정착물**을 토지에 **설치한 상태에서 공사가 중단된 경우,** 수급인은 그 정착물에 대하여 **유치권을 행사할 수 없다.**

> • 채권 발생 후 점유를 취득 ⇨ 유치권 성립

19. 목적물에 관련되어 **채권이 발생한 후에 점유를 취득한 경우에도 유치권이 성립한다.**

> • 부동산의 일부에 대한 유치권

20. 부동산의 **일부를 점유**한 경우에도 **유치권이 성립할 수 있다.**

21. 다세대주택의 공사를 완성한 수급인이 다세대주택 중 **한 세대를 점유한 경우에도** 다세대주택 전체에 대한 **공사대금채권 전부가** 피담보채권으로 **유치권에 의하여 담보된다.**

> • 공사대금채권과 유치권
> ① 도급인 소유 ⇨ 유치권 ○
> ② 수급인 소유 ⇨ 유치권 ×

★
22. **수급인은** 특별한 사정이 없으면 **그의 비용과 노력으로 완공한 건물에 유치권을 가지지 못한다.**

23. **수급인은** 그가 완공하여 **원시취득한 건물에 관하여** 도급인으로부터 공사대금을 지급받을 때까지 **유치권을 행사할 수 있다.** (×)

> • 채권의 변제기 도래 × ⇨ 유치권 성립 ×

★
24. 피담보채권이 **변제기에 이르지 아니하면 유치권을 행사할 수 없다.**

25. 임대차종료 후 법원이 임차인의 **유익비**상환청구권에 **유예기간을 인정한 경우,** 임차인은 기간 내에는 임차목적물을 **유치할 수 없다.**

> • 유치권자 ⇨ 적법한 점유자로 추정 ○

★
26. 타인의 물건에 대한 **점유가 불법**행위로 인한 경우, 그 물건에 대한 **유치권은 성립하지 않는다.**

★
27. **소유자는** 그 물건을 점유하는 제3자가 비용을 지출할 때에 점유권원이 없음을 알았다는 사정 등을 **증명하여** 비용상환청구권에 기한 **유치권의 주장을 배척할 수 있다.**

28. **유치권을 주장하는 자는** 자신의 점유가 **불법점유가 아님을 증명해야 한다.** (×)

> • 유치권자의 간접점유
> ① 제3자를 직접점유로 하는 간접점유 ⇨ 유치권 ○
> ② 채무자를 직접점유로 하는 간접점유 ⇨ 유치권 ×

★
29. 유치권이 인정되기 위한 유치권자의 점유는 **직접점유이든 간접점유이든 관계없다.**

30. 유치권자가 **제3자와의 점유매개관계에 의해** 유치물을 **간접점유하는 경우, 유치권은 소멸하지 않는다.**

★★
31. 채권자가 **채무자를 직접점유자로 하여 간접점유**하는 경우에도 **유치권은 성립할 수 있다.**

(×)

> • 새로운 소유자 ⇨ 유치권 행사 ○, 변제청구 ×

★
32. 유치권의 목적부동산이 **제3자에게 양도**된 경우, **유치권자는** 특별한 사정이 없는 한 **제3자에게 유치권을 주장할 수 있다.**

★
33. 유치권이 경락인에게 인수된 경우, 유치권자는 **경락인에게 변제를 청구할 수 있다.** (×)

> • 경매개시결정등기(압류효력발생) 후에 성립한 유치권 ⇨ 경락인에게 대항 ×

★★
34. 경매절차에서 건물에 대한 **압류의 효력이 발생한 후에** 수급인이 건물의 **점유를 이전**받은 경우에는 수급인은 **유치권을 경락인에게 주장할 수 없다.**

★★
35. 수급인이 경매개시결정등기 전에 건물의 점유를 이전받았다면 **경매개시결정등기 후에 공사대금채권을 취득한 경우**에도 수급인은 **유치권을 경락인에게 주장할 수 있다.** (×)

★
36. 유치권자가 **경매개시결정등기 전에** 부동산에 관하여 **유치권을 취득**하였더라도 그 취득에 앞서 저당권설정등기가 먼저 되어 있었다면, **경매절차의 매수인에게** 자기의 **유치권으로 대항할 수 없다.** (×)

> • 유치권자 ⇨ 과실수취권 ×, 과실을 수취하여 변제에 충당 ○

---

37. **유치권자**에게는 원칙적으로 **수익목적의 과실수취권은** 인정되지 않는다.

★
38. **유치권자는** 유치물의 **과실을 수취하여** 유치권으로 담보된 **채권의 변제에 충당할 수 있다.**

39. 유치권자가 수취한 유치물의 **과실은 먼저** 피담보채권의 **원본에 충당**하고 그 잉여가 있으면 이자에 충당한다. (×)

> • 보존에 필요한 사용 ⇨ 승낙 없이도 가능 ⇨ 부당이득반환 ○

40. 유치권자가 유치물인 **주택에 거주하며 이를 사용**하는 경우, 특별한 사정이 없는 한 채무자는 **유치권소멸을 청구할 수 없다.**

41. 유치권자는 보존에 필요한 사용은 소유자의 승낙 없이도 할 수 있으므로, **사용이익을 부당이득으로 반환할 의무는 없다.** (×)

> • 유치권 행사 ⇨ 채권의 소멸시효는 진행

42. 유치권의 행사는 피담보채권의 **소멸시효의 진행에 영향을 미치지 않는다.**

43. 유치권을 행사하는 동안에는 채권의 **소멸시효가 진행하지 않는다.** (×)

> • 상당한 담보를 제공 ⇨ 소멸청구

44. 유치물의 소유권자는 채무자가 아니더라도 **상당한 담보를 제공하고 유치권의 소멸을 청구할 수 있다.**

> • 점유를 상실 ⇨ 유치권 소멸

45. 점유를 침탈당한 유치권자는 **점유권에 기한** 반환청구권을 행사할 수 **있으나, 유치권에 기한** 반환청구권은 행사할 수 **없다.**

46. 유치권자가 유치물에 대한 점유를 빼앗긴 경우에도 점유물반환청구권을 보유하고 있다면 **점유를 회복하기 전에도 유치권이 인정된다.** (×)

15 | 저당권

> • 채권이 소멸 ⇨ 저당권은 말소등기 없이도 소멸

1. 저당권의 **피담보채권 소멸 후** 그 말소등기 전에 피담보채권의 전부명령을 받아 저당권 이전등기가 이루어진 때에도 그 **저당권은 효력이 없다.**

> • 저당권 ⇨ 채권과 분리 ⇨ 양도 ×

★
2. **저당권은** 그 담보한 **채권과 분리하여** 타인에게 **양도할 수 있다.** (×)

> • 저당권의 객체
> ① 지상권 ○, 전세권 ○, 지역권 ×
> ② 공유지분 ○, 부동산의 일부 ×

3. **전세권은 저당권**의 객체가 **될 수 없다.** (×)

★
4. **지역권은** 요역지와 분리하여 **저당권의 목적이 될 수 없다.**

★
5. 1필 **토지의 일부**에 대해서는 **저당권**이 성립할 수 **없다.**

> • 저당권설정자 ⇨ 제3자 ○ ⇨ 물상보증인

6. **저당권설정자는** 채무자에 한하지 않고 **제3자도 될 수 있다.**

> • 저당권의 피담보채권의 범위
> ① 원본, 이자, 위약금, 실행비용, 1년분의 지연이자
> ② 1년분의 지연이자 ⇨ 채무자에게 적용 ×

7. **저당목적물의 하자로 인한 손해배상금은** 저당권의 피담보채권의 범위에 **포함되지 않는다.**

8. 원본의 반환이 **2년간 지체**된 경우 **채무자는** 원본 및 지연배상금의 **전부를 변제하여야** 저당권등기의 **말소를 청구할 수 있다.**

> • 저당권의 효력
> ① 부합물, 종물, 종된 권리 ○
> ② 과실 × ⇨ 저당부동산에 대한 압류 후 발생하는 과실 ○

9. 저당권이 **설정된 후**에 설치된 **부합물이나 종물**에도 저당권의 효력은 **미친다.**

★★
10. **건물저당권의 효력은** 특별한 사정이 없는 한 그 건물의 소유를 목적으로 한 **지상권에도** **미친다.**

11. **건물에 대한 저당권이 실행**되어 경락인이 건물의 소유권을 취득한 때에는 특별한 사정이 없는 한 그 건물의 소유를 목적으로 한 **토지임차권도 경락인에게 이전된다.**

12. **법정지상권이 붙은 건물에 대해서 저당권이 실행**된 경우, **경락인**은 건물뿐만 아니라 법정지상권도 **등기 없이** 당연히 **취득한다.**

★★
13. 구분건물의 **전유부분** 만에 관하여 설정된 **저당권**의 효력은 특별한 사정이 없는 한 그 **대지사용권**에는 **미치지 않는다.** (×)

14. 토지저당권의 효력은 제3자가 무단으로 경작한 **농작물에도 미친다.** (×)

15. 저당권의 효력은 저당부동산에 부합된 물건에 미치므로, **명인방법을 갖춘 수목에도** **토지저당권의 효력이 미친다.** (×)

★★
16. 저당부동산에 대한 **압류 후에는** 저당권설정자의 저당부동산에 관한 **차임채권에도** **저당권의 효력이 미친다.**

★★
17. 저당부동산에 대한 압류가 있으면 **압류 이전의** 저당권설정자의 저당부동산에 관한 **차임채권에도 저당권의 효력이 미친다.** (×)

> • 물상대위성
> ① 유치물이 멸실, 소실된 경우 ⇨ 유치권 ⇨ 물상대위 ×
> ② 저당물이 멸실, 훼손, 공용징수된 경우 ⇨ 보험금, 손해배상금, 수용보상금 ○
> ③ 저당물이 매매, 임대차된 경우 ⇨ 매매대금, 차임 ⇨ 물상대위 ×
> ④ 저당권설정자가 수령하기 전 압류 또는 공탁 ⇨ 특정
> ⑤ 반드시 저당권자 스스로 압류할 필요 ×

18. 저당권자는 저당목적물의 소실로 인하여 저당권설정자가 취득한 **화재보험금청구권에** 대하여 **물상대위권을 행사할 수 있다.**

19. 저당권이 설정된 토지가 **강제수용**된 경우, 저당권자는 그 **보상금**에 대하여 **물상대위권을 행사할 수 있다.**

★
20. 저당목적물이 매매된 경우 그 **매매대금**에 대하여는 저당권자가 **물상대위할 수 없다.**

★
21. 저당권이 설정된 토지가 공익사업을 위한 토지 등의 취득 및 보상에 관한 법률에 따라 **협의취득**된 경우, 저당권자는 그 **보상금**에 대하여 **물상대위권을 행사할 수 있다.** (×)

★
22. **저당권설정자에게** 대위할 물건이 **인도된 후에** 저당권자가 그 물건을 **압류**한 경우 **물상대위권을 행사할 수 있다.** (×)

★★
23. **제3자가 이미** 저당목적물의 변형물을 **압류**하였다 하더라도, **저당권자는 스스로 이를 압류하지 않더라도 물상대위권을 행사할 수 있다.**

★★
24. 저당목적물의 변형물인 물건에 대하여 **이미 제3자가 압류**하여 그 물건이 특정된 경우에도 **저당권자는 스스로 이를 압류하여야** 물상대위권을 행사할 수 있다. (×)

25. 물상대위권 행사를 위한 **압류는** 그 권리를 행사하는 **저당권자에 의해서만 가능하다.**
(×)

26. 저당권자가 **물상대위권을 행사하지 아니한 경우**, 저당목적물의 변형물로부터 이득을 얻은 다른 채권자에 대하여 **부당이득반환을 청구할 수 있다.** (×)

• 일괄경매청구권
① 나대지 ⇨ 설정자가 신축하고 소유
② 건물대가 ⇨ 우선변제 ×

★
27. 토지에 저당권을 설정할 당시에 **이미 건물이 존재**하고 있었던 경우에도 **일괄경매청구권이 인정된다.** (×)

★★
28. 저당권설정자가 저당권 설정 후 건물을 축조하였으나 경매 당시 **제3자가 그 건물을 소유하는 때에도 일괄경매청구권이 인정된다.** (×)

★★
29. 저당권설정자로부터 용익권을 설정받은 자가 건축한 건물이라도 **저당권설정자가 나중에 소유권을 취득하였다면 일괄경매청구가 허용된다.**

★★
30. 토지와 건물이 **일괄경매**가 되더라도 저당권자는 **건물대가에서 우선변제를 받을 수는 없다.**

> • 경매시 ⇨ 저당권 소멸

31. **1번 저당권이 설정된 후 지상권이 설정되고** 그 후 설정된 2번 저당권의 실행으로 목적물이 매각되더라도 **지상권은 소멸하지 않는다.** (×)

> • 제3취득자 보호
> ① 경매인 ○
> ② 대위변제권 ○
> ③ 비용 최우선상환 ○
> ④ 후순위저당권자 ⇨ 제3취득자의 대위변제 ×

32. **저당물의 소유권을 취득한 제3자는** 그 저당물의 경매에서 **경매인이 될 수 없다.** (×)

33. 확정된 피담보채권액이 채권최고액을 **초과**한 경우, **제3취득자는 채권최고액을 변제하고** 근저당권설정등기의 **말소를 청구할 수 있다.**

34. 저당부동산의 **제3취득자는 저당권설정자의 의사에 반하여** 피담보채무를 **변제하고** 저당권의 **소멸을 청구할 수는 없다.** (×)

35. 제3취득자가 **필요비 또는 유익비**를 지출한 경우, 저당물의 경매대가에서 **우선변제를 받을 수 있다.**

36. 제3취득자는 그 부동산의 개량을 위한 **유익비**를 지출하여 가치의 증가가 현존하더라도, 저당물의 매각대금에서 **우선적으로 상환 받을 수 없다.** (×)

37. 선순위근저당권의 확정된 채권액이 채권최고액을 **초과**하는 경우, **후순위근저당권자는 제3취득자의 지위에서 채권최고액을 변제하고** 선순위근저당권의 **말소를 청구할 수 없다.**

16 | 근저당권

• 확정 전 ⇨ 부종성 ×

---

1. 피담보채권이 **확정되기 전**에는 채권이 **일시 소멸**하더라도 **근저당권은** 소멸하지 **않는다.**

2. 근저당권의 피담보채권이 **확정되기 전**이라도 그 **채권의 일부가 양도**되면 그 부분의 **근저당권은 양수인에게 승계된다.** (×)

• 채권최고액
① 우선변제를 받을 수 있는 한도액 ○, 책임의 한도액 ×
② 채권최고액 ⇨ 지연이자는 1년제한 없이 포함 ○, 경매실행비용은 포함 ×

★
3. 원본의 이행기일을 경과한 후 발생하는 지연손해금 중 1년이 지난 기간에 대한 **지연손해금도** 근저당권의 **채권최고액 한도에서 전액 담보된다.**

★
4. 피담보채권의 **이자는** 채권최고액에 **포함된 것으로 본다.**

★
5. 근저당권의 **실행비용은** 채권최고액에 **포함되지 않는다.**

6. 근저당권의 **실행비용은** 채권최고액과 상관없이 **우선변제된다.**

• 경매신청으로 인한 근저당권의 피담보채권 확정시기
① 근저당권자가 스스로 경매신청 ⇨ 경매신청시에 확정
② 후순위권리자가 경매신청 ⇨ 선순위근저당권은 매각대금 완납시에 확정
③ 경매개시결정 후 경매신청이 취하 ⇨ 채무확정의 효과는 번복 ×

★★
7. **근저당권자가** 피담보채무의 불이행을 이유로 **경매신청을** 한 때에는 매수인이 매각대금을 **완납한 때에** 피담보채권은 **확정된다.** (×)

★★
8. **후순위**근저당권자가 **경매를 신청**한 경우, **선순위근저당권은 경매신청시에 확정된다.** (×)

★
9. 공동근저당권자가 X건물과 Y건물에 대하여 공동저당을 설정한 후, **제3자가 신청한 X건물에** 대한 경매절차에 참가하여 **배당을 받으면,** Y건물에 대한 **피담보채권도 확정된다.** (×)

★
10. **근저당권자가** 스스로 **경매신청**을 한 경우에는 **경매신청시에 확정**되므로, 경매개시결정 후 경매신청이 취하되었다고 하더라도 **채무확정의 효과는 번복되지 않는다.**

• 해지 ○ ⇨ 확정 ○

★
11. 근저당권에 존속기간이나 결산기의 정함이 없는 경우, 근저당권설정자는 근저당권자에게 언제든지 **해지하여** 피담보채권을 **확정시킬 수 있다.**

• 확정 후 ⇨ 새로운 채권은 포함 × , 이자 및 지연이자는 포함 ○

★
12. 피담보채권이 **확정된** 후에 새로운 거래관계에서 발생한 **원본채권**은 채권최고액 범위 내라하더라도 근저당권에 의해 **담보되지 않는다.**

★★
13. 확정 전에 발생한 원본채권에 관하여 **확정 후에 발생하는 이자나 지연손해금채권**은 **채권최고액의 범위 내**라하더라도 근저당권에 의하여 **담보되지 않는다.** (×)

• 확정된 채권액이 채권최고액을 초과하는 경우
① 채무자 ⇨ 확정된 채권액을 변제 ○ ⇨ 근저당권의 말소청구 ○
② 제3취득자, 물상보증인 ⇨ 최고액만을 변제 ○ ⇨ 근저당권의 말소청구 ○

★★
14. 확정된 채권액이 최고액을 **초과**한 경우, **채무자는 최고액을 변제하면** 근저당권등기의 **말소를 청구할 수 있다.** (×)

★★
15. 확정된 채권액이 최고액을 **초과**한 경우, **물상보증인은 최고액만을 변제하고** 근저당권등기의 **말소를 청구할 수 있다.**

★★
16. 확정된 피담보채권액이 채권최고액을 **초과**한 경우, **제3취득자는 채권최고액을 변제하고** 근저당권설정등기의 **말소를 청구할 수 있다.**

★
17. 선순위근저당권의 확정된 채권액이 채권최고액을 **초과**하는 경우, **후순위근저당권자는** 제3취득자의 지위에서 **채권최고액을 변제하고** 선순위근저당권의 **말소를 청구할 수 없다.**

• 근저당권설정 후 소유자가 변경된 경우

★
18. 근저당권의 목적물이 양도된 후 피담보채무가 소멸한 경우, 근저당권설정자인 **종전 소유자는** 근저당권등기의 **말소를 청구할 수 없다.** (×)

• 확정 전에 채무자가 변경된 경우

19. 피담보채무 확정 전에는 **채무자를 변경할 수 있다.**

★
20. 피담보채무의 **확정 전 채무자가 변경**된 경우, **변경 후의 채무자에 대한 채권만이** 당해 근저당권에 의하여 **담보된다.**

MEMO

계약법

01 | 계약의 성립

• 계약의 유형
① 매매, 교환, 임대차 ⇨ 쌍무, 유상, 낙성, 불요식계약
② 증여, 사용대차 ⇨ 편무, 무상, 낙성, 불요식계약
③ 쌍무계약 ⇨ 유상계약
④ 계약금계약 ⇨ 요물계약

★
1. **교환**계약은 **요물**계약이다. (×)

★
2. **쌍무**계약은 **유상**계약이다.

★
3. **계약금**계약은 **낙성**계약이다. (×)

• 청약의 상대방 ⇨ 불특정 다수인 ○

★
4. **청약은 불특정 다수인**에게 할 수 있으나, **승낙은 반드시 청약자**에게 하여야 한다.

5. **청약**은 상대방 있는 의사표시이므로 **상대방이 특정되어야 한다.** (×)

6. **청약과 승낙**의 의사표시는 **특정인에 대해서만** 가능하다. (×)

• 격지자 ⇨ 승낙 ⇨ 발송
• 교차청약 ⇨ 양 청약이 도달한 때 성립

★★
7. **격지자** 간의 계약은 **승낙**의 통지를 **발송**한 때에 성립한다.

8. **격지자** 간의 계약은 **승낙**의 통지가 **도달**한 때에 성립한다. (×)

9. 당사자 간에 동일한 내용의 **청약이 상호 교차된 경우**, 양 청약이 상대방에게 **도달한 때에** 계약이 성립한다.

★★
10. 당사자 간에 동일한 내용의 **청약이 상호 교차된 경우**, 양 청약이 상대방에게 **발송한 때에** 계약이 성립한다. (×)

> • 의사실현 ⇨ 사실이 있는 때에 성립

★
11. 청약자의 의사표시에 의하여 승낙의 통지가 필요 없는 경우, 계약은 승낙의 의사표시로 인정되는 **사실이 있는 때에 성립한다.**

12. 관습에 의하여 승낙의 의사표시가 필요하지 아니한 경우, **계약의 성립시기는 청약자가** 승낙의 의사표시로 인정되는 사실을 **알게 된 때이다.** (×)

> • 청약 ⇨ 도달 후 ⇨ 철회 ×

★
13. 격지자 간의 **청약은** 상대방에게 **도달한 후에도 철회할 수 있다.** (×)

14. 청약자는 청약이 상대방에게 **도달하기 전에는** 임의로 **철회할 수 있다.**

> • 청약자가 일방적으로 정한 내용 ⇨ 상대방에게 구속력 ×

★
15. 청약자가 "**일정 기간 내에 이의를 제기하지 않으면 승낙한 것으로 본다.**"는 뜻을 표시한 경우, 이의 없이 그 기간이 지나면 **계약은 성립한다.** (×)

> • 계약의 성립
> ① 승낙기간 내에 도달 ⇨ 승낙의 발신일에 성립
> ② 연착된 승낙 ⇨ 성립 × ⇨ 새로운 청약 ⇨ 청약자가 승낙 ⇨ 성립
> ③ 사고로 인한 연착 ⇨ 성립 × ⇨ 연착통지 × ⇨ 성립

★
16. 甲이 승낙기간을 8월 30일로 정하여 한 청약이 乙에게 도달하였다.
    ① 乙이 8월 **25일**에 승낙을 **발송**하여 8월 **27일**에 **도달**한 경우, 계약은 8월 **25일**에 성립**한다.**
    ② 8월 **29일**에 **발송**한 乙의 승낙이 8월 **31일**에 **도달**한 경우, 甲**의 승낙이 없는 한** 계약은 **성립하지 않는다.**
    ③ 8월 **20일**에 **발송**한 乙의 승낙이 8월 **31일**에 **도달**한 경우, 甲이 乙에게 **연착통지를 하지 않은 경우**, 계약은 8월 **20일**에 성립한다.
    ④ ③의 경우, 甲이 乙에게 **연착통지를 하면**, 계약은 **성립하지 않는다.**

02 | 민법상 불능

> • 원시적 불능 ⇨ 무효 ⇨ 계약체결상 과실책임 ⇨ 신뢰이익 ⇨ 상대방은 무과실

1. 수량지정매매에서 **수량이 부족한 경우, 계약체결상 과실책임을 물을 수 없다.**

2. 계약이 의사의 **불합치로 성립하지 아니한 경우**, 그로 인하여 손해를 입은 당사자는 상대방에 대하여 **계약체결상 과실책임을 유추적용하여** 손해배상을 **청구할 수 있다.** (×)

★
3. **상대방은** 원시적 불능에 대하여 선의이며 **무과실이어야 한다.**

★
4. 목적이 **불능인 계약을 체결할 때에** 그 불능을 알 수 있었을 자는 **상대방이 그 불능을 알 수 있었더라도** 이행이익을 넘지 않은 한도에서 상대방에게 **신뢰이익을 배상하여야 한다.** (×)

> • 후발적 불능 ⇨ 유효 ⇨ 매도인이 채무자
> 1. 채무자의 귀책 ○ ⇨ 채무불이행책임 ⇨ 해제, 손해배상(이행이익)
> 2. 채무자의 귀책 × ⇨ 위험부담
> ① 쌍방 귀책 ×　　⇨ 채무자위험부담 ⇨ 대가 ×
> ② 채권자의 귀책 ○ ⇨ 채권자위험부담 ⇨ 대가 ○

★★
5. **채무자의 책임 있는 사유로 후발적 이행불능이** 된 경우, 채권자는 **최고 없이 계약을 해제할 수 있다.**

★★
6. 채권자가 **이행불능을** 이유로 계약을 **해제한** 경우, 그는 이행불능으로 인한 **손해의 배상을 청구할 수 없다.** (×)

★★
7. **채무자의 책임 있는 사유로 후발적 불능이 발생한 경우, 위험부담의 법리가 적용된다.** (×)

8. 쌍무계약의 당사자 일방의 채무가 **쌍방의 귀책사유 없이** 이행불능이 된 경우에는 **채무자가 그 위험을 부담한다.**

★★
9. 당사자 **쌍방의 귀책사유 없는** 이행불능으로 매매계약이 종료된 경우, 매도인은 이미 지급받은 **계약금을 반환하지 않아도 된다.** (×)

★
10. **채무자의 책임 없는 사유로** 채무의 이행이 불능하게 된 경우에도 채권자는 계약을 **해제할 수 있다.** (×)

11. 甲소유 토지를 乙에게 매도한 후 그 토지 전부가 **수용**된 경우, 乙은 이행불능을 이유로 甲과의 계약을 **해제할 수 있다.** (×)

12. 甲소유 토지를 乙에게 매도한 후 그 토지 전부가 **수용**된 경우, 乙은 甲에게 **매매대금 전부를 지급**하면서 甲**의 수용보상금청구권의 양도를 청구할 수 있다.**

13. 甲이 자신의 토지를 乙에게 매도하는 계약을 체결한 후 그 토지가 **수용**된 경우, 乙이 대상청구권을 행사하면 甲의 **수용보상금청구권 자체가** 乙에게 **귀속한다.** (×)

14. 당사자 일방의 채무가 **채권자의 책임 있는 사유로** 불능이 된 경우, **채무자는** 상대방의 **이행을 청구할 수 있다.**

15. 채권자의 **수령지체 중에** 당사자 쌍방의 책임 없는 사유로 채무자의 이행이 불능이 된 경우, **채무자는** 채권자에게 **이행을 청구할 수 없다.** (×)

16. 채권자의 **수령지체 중에** 당사자 쌍방의 책임 없는 사유로 채무자의 이행이 불능이 된 경우, **채무자는 자신의 채무를 면함으로써 얻은 이익은** 채권자에게 **상환해야 한다.**

• 매매계약 후 ⇨ 가압류, 압류, 가처분, 가등기 ⇨ 이행불능 × ⇨ 해제 ×

---

17. **매매계약 후에** 매매목적물에 대하여 **압류등기가 경료된 경우,** 매수인은 이러한 사유만으로는 계약을 **즉시 해제할 수는 없다.**

18. 부동산의 소유권이전등기의무자가 그 부동산에 제3자 명의로 **가등기를 마쳐주면,** 부동산의 처분권한 상실로 소유권이전등기의무가 **이행불능이 된다.** (×)

• 임대인 ⇨ 소유권 상실 ⇨ 이행불능 ×

---

19. 임대차에서 목적물을 사용·수익하게 할 임대인의 의무는 **임대인이** 임대차목적물의 **소유권을 상실한 것만으로 이행불능이 된다.** (×)

20. 임대인에게 임대목적물에 대한 소유권이 없는 경우, 임차인이 진실한 소유자로부터 목적물의 반환청구를 받는 등의 이유로 **임차인이 이를 사용·수익할 수가 없게 되면** 임대인의 채무는 **이행불능이 된다.**

03 | 동시이행항변권

> • 원칙 ⇨ 동일한 쌍무계약 ⇨ 동시이행관계 ⇨ 동시이행항변권

1. 당사자 쌍방이 **각각 별개의 약정**으로 상대방에 대하여 채무를 지게 된 경우에는 동시이행을 하기로 **특약한 사실이 없다면 동시이행항변권이 발생할 수 없다.**

> • 선이행의무자 ⇨ 동시이행항변권을 행사할 수 있는 경우

2. **후이행의무자의 채무이행이 현저히 곤란한 경우**, 후이행의무자의 변제기가 도래하기 전이라도 **선이행의무자는 동시이행항변권을 행사할 수 있다.**

★★
3. **선이행의무자**가 이행을 지체하는 동안 **상대방**의 채무가 **이행기에 도래**한 경우, 특별한 사정이 없는 한 양 당사자의 의무는 **동시이행관계에 있다.**

★★
4. 이행지체 중에 있던 **선이행의무자**는 상대방의 채무가 **이행기에 도래**하더라도 **동시이행항변권을 행사할 수 없다.** (×)

> • 상대방이 이행제공 × ⇨ 채무자는 동시이행항변권 ○

★★
5. 상대방의 이행제공을 수령하지 않음으로써 **수령지체에 빠진 당사자도** 그 후 상대방이 **이행제공 없이** 이행을 청구하는 경우에는 **동시이행항변권을 행사할 수 있다.**

★★
6. 일방의 이행제공으로 **수령지체에 빠진 상대방**은 그 후 그 일방이 **이행제공 없이** 이행을 청구하는 경우에는 **동시이행항변권을 주장할 수 없다.** (×)

> • 동시이행관계에 있는 채권 ⇨ 압류 ⇨ 채무자는 동시이행항변권 ○

★
7. 매도인의 소유권이전의무와 **동시이행관계에 있는 매매대금채권**을 매도인의 채권자가 **압류**한 경우, 매수인은 압류채권자에게 **동시이행항변권을 행사할 수 있다.**

> • 동시이행항변권이 있는 채권 ⇨ 상계 ×

★
8. 동시이행항변권이 있는 채권을 자동채권으로 하여 **상계할 수 없다.**

> • 동시이행항변권이 존재 ○ ➪ 동시이행항변권을 행사 × ➪ 지체책임 ×

9. 상대방이 이행제공을 하지 않은 경우, 채무자는 명시적으로 동시이행항변권을 행사하지 않더라도 이행지체책임을 지지 않는다.

10. 동시이행항변권에 따른 **이행지체책임 면제의 효력**은 그 항변권을 **행사 · 원용하여야** 발생한다. (×)

> • 동시이행항변권을 행사 ○ ➪ 법원이 판단 ➪ 상환이행판결(일부승소판결)

11. 동시이행**항변권**은 **당사자의 주장이 없어도** 법원이 **직권으로 고려할 사항이다.** (×)

12. 채권자의 이행청구소송에서 채무자가 주장한 **동시이행의 항변이 받아들여진 경우**, 채권자는 **전부 패소판결**을 받게 된다. (×)

> • 변제 ➪ 영수증교부 ➪ 동시이행 ○

13. 피담보채권의 **변제**와 담보물권(저당권, 가등기담보권, 양도담보권)의 말소등기는 동시이행관계에 있지 않다.

14. 채무를 담보하기 위해 채권자 명의의 소유권이전등기가 된 경우, 피담보채무의 **변제의무와** 그 소유권이전등기의 **말소의무는 동시이행관계에 있다.** (×)

> • 이행불능 ➪ 손해배상채무 ➪ 동시이행 ○

15. 동시이행관계에 있는 쌍방의 채무 중 어느 한 채무가 **이행불능이 됨으로** 인하여 발생한 **손해배상채무도** 여전히 다른 채무와 **동시이행관계에 있다.**

16. 당사자 일방의 책임 있는 사유로 **채무이행이 불능으로 되어** 그 채무가 **손해배상채무로** 바뀌게 되면 동시이행관계는 소멸한다. (×)

• 권리금회수 방해로 인한 손해배상의무 ⇨ 동시이행 ×

★★
17. 상가임대차계약 종료에 따른 임차인의 목적물반환의무와 임대인의 **권리금회수 방해로 인한 손해배상의무는** 별개의 원인에 기한 것이므로 **동시이행관계에 있지 않다.**

• 임차권등기명령, 토지거래허가, 경매 무효 ⇨ 동시이행 ×

★★
18. **임차권등기명령**에 의해 등기된 임차권등기말소의무와 보증금반환의무는 **동시이행관계에 있다.** (×)

★★
19. 매도인의 **토지거래허가** 신청절차 협력의무와 매수인의 매매대금지급의무는 **동시이행관계에 있지 않다.**

★★
20. 근저당권 실행을 위한 **경매가 무효**가 된 경우, **낙찰자의 채무자에 대한** 소유권이전등기 말소의무와 **근저당권자의 낙찰자에 대한** 배당금 반환의무는 **동시이행관계에 있지 않다.**

• 동시이행관계

★
21. **동시이행관계에 있는 경우**
   ① 계약의 **무효, 취소, 해제**로 인한 양당사자의 의무
   ② **전세권소멸시, 임대차종료시** 양당사자의 의무
   ③ 부동산 **매매계약**에서 매수인이 양도소득세를 부담하기로 약정한 경우
   ④ 부동산 **매매계약**에서 매수인이 부가가치세를 부담하기로 약정한 경우
   ⑤ 가압류등기가 있는 부동산의 **매매계약**
   ⑥ 저당권이 설정된 부동산의 **매매계약**
   ⑦ 가등기담보에서 채권자의 **청산금지급의무와** 채무자의 목적부동산에 대한 **본등기 및 인도의무**
   ⑧ **구분소유적 공유관계가 해소되는 경우**, 공유지분권자 상호간의 지분이전등기의무

04 | 제3자를 위한 계약

> • 계약체결당시 ⇨ 제3자는 특정 불요

1. 계약체결 당시에 **수익자가 특정되어 있지 않으면** 제3자를 위한 계약은 **성립할 수 없다.** (×)

2. 제3자의 **수익의 의사표시**는 제3자를 위한 **계약의 성립요건이 아니다.**

> • 제3자 ⇨ 계약당사자 ×
> ① 해제권(원상회복청구), 취소권 ×
> ② 손해배상청구권 ○

3. **수익자는** 계약의 **해제권**이나 해제를 원인으로 한 **원상회복청구권이 없다.**

4. **수익자는** 낙약자의 채무불이행을 이유로 계약을 **해제할 수 있다.** (×)

5. 요약자의 채무불이행으로 낙약자가 계약을 **해제**한 경우, 낙약자는 이미 지급한 **대금의 반환을 수익자에게 청구할 수 있다.** (×)

6. 낙약자의 채무불이행으로 계약이 해제된 경우, **수익자는** 낙약자에게 **손해배상을 청구할 수 있다.**

7. 제3자를 위한 도급계약에서 수익의 의사표시를 한 제3자가 그 계약에 따라 완성된 목적물의 하자로 인해 손해를 입은 경우, 특별한 사정이 없는 한 **낙약자는 제3자에게** 해당 **손해를 배상할 의무가 있다.**

> • 선의의 제3자 보호규정 ⇨ 적용 ×

8. **요약자와 낙약자의 계약이** 허위표시로서 **무효**인 경우, 낙약자는 그 무효를 이유로 **선의의 제3자에게도 대항할 수 있다.**

9. **요약자와 낙약자의 계약이** 요약자의 **착오로 취소된 경우, 제3자는** 취소로써 대항할 수 없는 **제3자의 범위에 속한다.** (×)

> • 요약자와 낙약자의 관계(보상관계, 기본관계) ⇨ 계약의 효력에 영향 ○, 대항 ○

10. 낙약자는 **요약자와의 계약**에서 발생한 동시이행의 항변으로 제3자에게 **대항할 수 있다.**

11. 낙약자는 **기본관계**에 기한 항변으로 제3자에게 **대항할 수 없다.** (×)

12. 낙약자는 **요약자와의 계약에 기한 동시이행의 항변**으로 제3자에게 **대항할 수 없다.** (×)

> • 요약자와 제3자의 관계(대가관계) ⇨ 계약의 효력에 영향 ×, 대항 ×

13. 낙약자는 **요약자와 제3자 간의 법률관계**에 기한 항변으로 제3자에게 **대항하지 못한다.**

14. 요약자는 **대가관계의 부존재를 이유로** 자신이 기본관계에 기하여 낙약자에게 부담하는 채무의 **이행을 거부할 수 있다.** (×)

> • 수익의 의사표시 후
> ① 합의로 변경, 소멸 ×
> ② 요약자는 해제, 취소 ○

15. 제3자가 하는 **수익의 의사표시의 상대방은 낙약자이다.**

16. 제3자가 **수익의 의사표시**를 한 후, 요약자와 낙약자는 계약을 **합의로 해제할 수 없다.**

17. 제3자의 **수익의 의사표시 후** 특별한 사정이 없는 한 계약당사자의 **합의로** 제3자의 권리를 **변경시킬 수 있다.** (×)

18. 요약자와 낙약자의 합의에 따라 제3자의 권리를 소멸시킬 수 있음을 **미리 유보한 경우**에는 제3자의 수익의 의사표시 후에도 제3자의 권리를 **소멸시킬 수 있다.**

19. **요약자는 제3자의 동의 없이도** 낙약자의 채무불이행을 이유로 계약을 **해제할 수 있다.**

20. **요약자는** 낙약자의 채무불이행을 이유로 **제3자의 동의 없이 계약을 해제할 수 없다.** (×)

> • 최고 ⇨ 확답 × ⇨ 거절

★
21. 낙약자가 상당한 기간을 정하여 제3자에게 수익 여부의 확답을 **최고**하였음에도 그 기간 내에 확답을 받지 못한 때에는 제3자가 **수익의 의사를 표시한 것으로 본다.** (×)

> • 채무면제계약 ⇨ 제3자를 위한 계약 ○

22. 계약당사자가 **제3자**에 대하여 가진 채권에 관하여 그 **채무를 면제하는 계약**은 제3자를 **위한 계약으로 볼 수 있다.**

> • 병존적(중첩적) 채무인수 ⇨ 제3자를 위한 계약 ○

23. 채무자와 인수인 사이의 계약으로 인한 **병존적 채무인수**는 제3자를 위한 계약으로 볼 수 있다.

05 | 해 제

> • 약정해제권을 행사 ⇨ 이자 ○, 손해배상청구 ×

1. **약정해제권을 행사한 경우**, 특약이 없는 한 원상회복으로 인한 **이자는** 청구할 수 **있으나 손해배상청구는** 할 수 **없다.**

> • 이행지체 ⇨ 최고 후 해제 ○

2. 매도인이 이행제공을 하였으나 **매수인이 잔금을 지급하지 않은 경우**, 매도인은 **즉시** 매매 계약을 **해제할 수 있다.** (×)

> • 채무자가 이행거절의사를 명백히 표시 ⇨ 즉시 해제 ○

3. 채무자가 미리 **이행거절의사를 명백히 표시한 때**에는 채권자는 **최고할 필요도 없으며, 이행기를 기다릴 필요도 없이** 해제할 수 있다.

> • 채무자가 이행거절의사를 명백히 표시 ⇨ 적법 철회 ⇨ 최고 후 해제 ○

4. 채무자가 이행**거절**의사를 명백히 표시하였다가 이를 **적법하게 철회**했더라도 그 상대방은 **최고 없이** 계약을 **해제할 수 있다.** (×)

> • 정기행위를 지체 ⇨ 즉시 해제 ○

5. **정기행위**에 있어서는 이행기에 이행하지 않으면 **최고 없이 해제할 수 있다.**

> • 이행불능 ⇨ 즉시 해제 ○

6. **채무자의 책임 있는 사유로** 채무의 **이행이 불능**으로 된 경우, 채권자는 **최고 없이** 계약을 **해제할 수 있다.**

7. 소유권이전등기의무의 **이행불능**을 이유로 매매계약을 **해제**함에 있어서는 잔대금지급의무의 **이행의 제공을 필요로 한다.** (×)

• 수인 ⇨ 불가분성

★
8. 계약의 상대방이 **수인**인 경우, 해제는 그 **전원**에 대하여 해야 한다.

★
9. 당사자가 **수인**인 경우, 해제는 **그 1인에 대하여 하더라도 효력이 있다.** (×)

★
10. 해제권자가 **수인**인 경우, 1인의 해제권이 **소멸하면 다른 당사자도 소멸한다.**

• 해제 ⇨ 소급 소멸
① 미이행채무 ⇨ 소멸
② 등기 ⇨ 소급 무효
③ 금전반환 ⇨ 받은 날로부터 이자(법정이자)
④ 물건반환 ⇨ 과실도 반환

★
11. **채무를 불이행한 채무자도** 당해 계약이 상대방의 **해제로 소멸**되었음을 이유로 **이행을 거절할 수 있다.**

12. **해제**에 따른 매도인의 **등기청구권은 소멸시효에 걸리지 않는다.**

★★
13. **해제로 인한 원상회복의무는** 부당이득반환의무의 성질을 가지고, 그 반환의무의 범위는 선의 · 악의를 불문하고 **받은 이익 전부이다.**

★
14. 계약이 **해제**된 경우 금전을 수령한 자는 **해제한 날부터** 이자를 가산하여 반환하여야 한다.
(×)

★
15. 이행지체로 인해 매매계약이 **해제**된 경우, **선의의 매수인은** 매매목적물로부터 취득한 **과실을 반환할 의무가 없다.** (×)

• 채무불이행 ⇨ 손해배상청구 ○

★
16. 계약의 해제는 **손해배상청구에 영향을 미치지 않는다.**

★
17. **채무를 불이행한 채무자는** 해제로 인한 **원상회복의무를 모두 이행**한 경우에는 **별도의 손해배상책임을 부담하지 않는다.** (×)

> • 합의해제 ⇨ 이자 ×, 손해배상청구 ×

★★
18. 매도인은 다른 약정이 없으면 **합의해제**로 인하여 반환할 금전에 그 받은 날로부터 **이자를** 가산하여야 할 의무가 **있다.** (×)

★★
19. 계약이 **합의해제**된 경우, 다른 사정이 없는 한 채무불이행으로 인한 **손해배상을 청구할 수 없다.**

★★
20. **합의해지**로 인하여 반환할 금전에 대해서는 특약이 없더라도 그 받은 날로부터 **이자를 가산해야 한다.** (×)

21. **합의해제에 따른 매도인의 원상회복청구권은** 소유권에 기한 물권적 청구권으로서 **소멸 시효의 대상이 되지 않는다.**

22. 합의해제의 소급효는 법정해제의 경우와 같이 **제3자의 권리를 해하지 못한다.**

23. **매도인이** 해제를 주장하며 **수령한 대금을 공탁하고 매수인이 이의 없이 수령한 경우,** 특별한 사정이 없는 한 **합의해제된 것으로 본다.**

24. 계약이 **일부이행**된 경우, 그 **원상회복**에 관하여 **의사가 일치되지 않아도** 계약의 **묵시적 합의해제가 인정될 수 있다.** (×)

> • 해제와 제3자 보호
> ① 완전한 권리를 취득한 자
> ② 부동산에 등기, 등록한 자 ⇨ 제3자 보호 ○
> ③ 채권을 양수, 압류, 가압류한 자 ⇨ 제3자 보호 ×
> ④ 해제 후 선의의 제3자 ⇨ 제3자 보호 ○

★★
25. 소유권이전등기를 경료받은 매수인으로부터 그 부동산을 매수하여 소유권이전청구권 보전을 위한 **가등기를 마친 자는** 해제로 인하여 보호받는 **제3자에 해당된다.**

★★
26. 매도인은 매매계약에 의하여 채무자의 책임재산이 된 **부동산을** 계약해제 전에 **가압류한 채권자에게** 해제의 소급효로 **대항할 수 있다.** (×)

★
27. 주택에 대한 매매계약의 해제로 소유권을 상실하게 된 **매수인으로부터** 해제되기 전에 주택을 임차하여 **대항요건을 갖춘 임차인은** 해제로 인하여 보호받는 **제3자에 해당된다.**

28. **미등기 무허가건물**에 관한 매매계약이 해제되기 전에 매수인으로부터 무허가건물을 다시 매수하고 **무허가건물관리대장에 소유자로 등재된 자**는 해제로 인하여 보호받는 **제3자에 해당하지 않는다.**

29. 토지매수인으로부터 그 토지 위에 신축된 **건물을 매수한 자**는 **토지매매계약의 해제로** 인하여 보호받는 **제3자에 해당한다.** (×)

★★
30. 계약이 **해제**된 경우, 해제되기 이전에 계약상의 **채권을 압류한 자**는 제3자에 해당되지 **않는다.**

★★
31. **매매대금채권이 양도된 후** 매매계약이 **해제**된 경우, **그 양수인**은 해제로 권리를 침해 당하지 않는 **제3자에 해당한다.** (×)

★★
32. 매매계약이 적법하게 **해제**된 경우, 해제 전에 매수인의 **소유권이전등기청구권을 압류한 자**는 해제로부터 보호되는 **제3자에 해당하지 않는다.**

★
33. 계약이 **해제된 후** 매수인으로부터 **제3자가** 매수하고 **등기**를 경료한 경우, **선의의 제3자**는 **소유권을 취득할 수 있다.**

34. 해제된 계약으로부터 생긴 법률효과에 기초하여 **해제 후** 말소등기 전에 새로운 이해관계를 맺은 **제3자**는 그 **선의·악의를 불문하고** 해제에 의하여 영향을 받지 않는다. (×)

06 | 계약금

> • 요물계약 ⇨ 계약금이 완납된 때 성립

1. **계약금의 일부만 지급된 경우**, 수령자는 **실제 지급된 계약금의 배액을 상환하고** 계약을 **해제할 수 있다.** (×)

> • 종된 계약 ⇨ 매매계약이 무효 ⇨ 계약금계약도 무효

2. **매매계약이 취소되더라도 계약금계약의 효력은 소멸하지 않는다.** (×)

> • 특약이 없는 한 ⇨ 해약금으로서의 성질 ○
> ① 해약금에 의한 해제 ⇨ 이행의 착수하기 전(중도금지급)까지만 가능
> ② 매수인 ⇨ 계약금을 포기하고 해제 ○
> ③ 매도인 ⇨ 계약금의 배액을 상환해야 해제 ○ ⇨ 제공 ○, 공탁 ×
> ④ 중도금지급기일 전에 중도금지급 ⇨ 이행의 착수 ○
> ⑤ 토지거래허가, 소송제기 ⇨ 이행의 착수 ×
> ⑥ 해약금에 의한 해제 ⇨ 원상회복의무 ×, 손해배상 ×

3. 해약금에 의한 해제권은 당사자의 **합의로 배제할 수 있다.**

4. 계약당사자가 계약금에 기한 해제권을 **배제하기로 약정**을 하더라도, 각 당사자는 **계약금에 기한 해제권을 행사할 수 있다.** (×)

5. 매도인이 전혀 이행에 착수하지 않은 경우에는 매수인은 **중도금을 지급**하였더라도 **계약금을 포기하고 해제할 수 있다.** (×)

6. 매수인은 특별한 사정이 없는 한 **이행기 전에 이행에 착수할 수 있다.**

7. 매수인이 **중도금지급기일 전에 중도금을 지급**한 경우, 특별한 사정이 없는 한 매도인은 **계약금 배액을 제공하고 해제할 수 있다.** (×)

8. 매도인은 해약금에 의한 해제를 하려면 매수인에게 계약금 배액을 제공하여야 하고, 매수인이 이를 수령하지 않으면 **공탁하여야 한다.** (×)

9. **토지거래허가구역** 안의 토지에 관하여 매매계약이 체결된 후 계약금을 수수한 상태에서 **허가를 받은 경우, 이행의 착수로 볼 수 없다.**

10. **토지거래허가구역 내** 토지에 관한 매매계약을 체결하고 계약금만 지급한 상태에서 **허가를 받은 경우,** 다른 약정이 없는 한 매도인은 **계약금의 배액을 상환하고** 계약을 **해제할 수 없다.** (×)

11. 매도인이 매수인에게 매매잔대금의 지급을 구하는 **소송을 제기한 것만으로는 이행의 착수로 볼 수 없다.**

12. 계약금만 수령한 매도인이 매수인에게 계약의 이행을 최고하고 매매잔금의 지급을 청구하는 **소송을 제기한 경우,** 매수인은 **계약금을 포기하고 해제할 수 없다.** (×)

13. **해약금**에 의한 **해제**를 한 경우, **원상회복의무**는 발생할 여지가 **없다.**

14. 매도인이 **계약금의 배액을 상환하고 해제**한 경우, 매수인은 매도인에게 **원상회복을 이유로 이자를 청구할 수 있다.** (×)

15. **계약금 포기에 의한 해제**의 경우, 상대방은 채무불이행을 이유로 **손해배상을 청구할 수 있다.** (×)

- 위약금특약 ○ ⇨ 손해배상액의 예정으로서의 성질 ○
① 매수인의 채무불이행을 이유로 해제 ○ ⇨ 매도인이 계약금을 몰취 ○
② 매도인의 채무불이행을 이유로 해제 ○ ⇨ 매수인이 계약금의 배액을 청구 ○

---

16. 계약금을 **위약금**으로 하는 당사자의 **특약이 있으면** 계약금은 **위약금**의 성질이 있다.

17. 수수된 계약금을 **위약금**으로 한다는 **약정이 없는 경우**에도 손해배상액의 예정으로서의 성질을 갖는다. (×)

18. **매수인이 위반할 경우에 관하여만 위약금약정**을 했더라도, **매도인의 채무불이행**이 있으면 매수인은 매도인에게 위약금으로 **계약금 배액을 청구할 수 있다.** (×)

07 | 매매

> • 타인권리매매 ⇨ 유효

1. 매도인이 매수인에게 현존하는 **타인 소유의 물건을 매도**하기로 약정한 경우, 그 **매매계약은** 원시적 불능에 해당하여 **효력이 없다.** (×)

> • 채무이행비용 ⇨ 채무자가 부담, 계약체결비용 ⇨ 쌍방이 균분하여 부담

2. 매매**계약**에 관한 **비용**은 특약이 없는 한 **매수인이 전부 부담한다.** (×)

> • 과실과 이자

3. 매매계약이 성립함과 동시에 목적물로부터 생긴 **과실은 매수인에게 속한다.** (×)

4. 매매계약 후 목적물이 인도되지 않더라도 **매수인이 대금을 완제한 때**에는 그 시점 이후 목적물로부터 생긴 **과실은 매수인에게 귀속된다.**

★
5. **매수인이 대금지급을 거절할 정당한 사유가 있는 경우**, 매수인은 목적물을 미리 인도받더라도 대금에 대한 **이자를 지급할 의무가 없다.**

★
6. 매수인이 매매목적물을 대금지급 전에 인도받았다면 대금지급의무와 소유권이전등기의무가 **동시이행관계에 있더라도** 매매대금에 대한 **이자를 지급할 의무가 있다.** (×)

> • 매도인의 담보책임 ⇨ 무과실책임, 임의규정

7. 담보책임은 매도인의 과실이 없더라도 책임을 지는 **무과실책임이다.**

8. **매도인의 고의·과실**은 하자담보책임의 **성립요건이다.** (×)

9. 담보책임의 **면제특약은 유효**이나, 하자의 존재를 **매도인이 알고** 이를 매수인에게 **고지하지 않은 경우**에는 그 책임을 **면할 수 없다.**

> • 매수인이 악의인 때에도 담보책임이 인정되는 경우
> ① 전부타인권리 ⇨ 해제권
> ② 일부타인권리 ⇨ 대금감액청구권
> ③ 저당권 · 전세권의 행사 ⇨ 해제권과 손해배상청구권

10. **전부타인**권리매매에서 **악의의 매수인은 해제할 수 없다.** (×)

11. **전부타인**권리매매에서 **매수인은 선의인 경우에 한하여** 매도인에게 **손해배상책임을 물을** 수 있다.

12. **전부타인**권리매매에서 매도인은 선의의 매수인에 대하여 **불능 당시의 시가**를 표준으로 **이행이익을 배상할 의무가 있다.**

13. **일부타인**권리매매에서 **선의의 매수인**은 대금감액청구와 함께 **손해배상청구도 할 수 있다.**

14. **일부타인**권리매매에서 **악의의 매수인**은 대금감액청구를 할 수 없다. (×)

15. 매매목적인 권리 일부가 타인에게 속한 경우, **선의의 매수인**은 **계약한 날로부터 1년** 내에 대금감액을 청구해야 한다. (×)

16. 목적물이 일정한 면적을 가지고 있다는 데 주안을 두고 **대금도 면적을 기준으로** 정하여 지는 아파트 분양계약은 특별한 사정이 없는 한 **수량지정매매에 해당한다.**

17. **수량**을 지정한 매매의 목적물이 **부족**한 경우, **악의의 매수인**은 대금감액을 청구할 수 있다. (×)

18. 매매목적물의 **일부가** 계약 당시에 **이미 멸실**되어 매도인이 그 부분을 이전할 수 없는 경우, **악의의 매수인**은 대금감액을 청구할 수 **없다.**

19. 계약당시 **전세권이 이미 존재**한 경우, **선의의 매수인**은 이로 인하여 **계약목적을 달성할 수 없는 경우에 한하여** 해제할 수 있다.

20. 토지에 설정된 **저당권의 실행**으로 매수인이 소유권을 취득할 수 없게 된 경우, **악의의 매수인**은 계약해제와 손해배상을 청구할 수 **있다.**

21. 매매의 목적 부동산에 설정된 **저당권 행사**로 매수인이 그 소유권을 취득할 수 없는 경우, 저당권설정 사실에 관하여 **악의의 매수인**은 손해배상을 청구할 수 **없다.** (×)

> • 경매와 담보책임
> 1. 경매절차가 무효 ⇨ 담보책임 ×
> 2. 물건의 하자, 법률상 장애 ⇨ 담보책임 ×
> 3. 권리의 하자 ⇨ 담보책임 ○
> ① 1차적 책임 ⇨ 채무자
> ② 2차적 책임 ⇨ 채무자에게 자력이 없는 경우 ⇨ 채권자

★
22. **경매절차가 무효**인 경우에도, 경매목적부동산의 권리의 하자를 이유로 경락인은 채무자에게 **손해배상을 청구할 수 있다.** (×)

★★
23. **경매절차**에서 취득한 **물건에 하자**가 있는 경우, 그에 대하여 **담보책임을 물을 수 없다.**

24. **경매**로 취득한 재산에 **권리의 하자**가 있는 경우, **1차적**으로 담보책임을 지는 자는 **채무자이다.**

> • 하자담보책임(물건의 하자, 법률상 제한, 법률적 장애)
> ① 선의 · 무과실
> ② 안 날로부터 6월
> ③ 경매 ⇨ 적용 ×

★★
25. 토지에 대해 **법령상의 제한**으로 건물신축이 불가능하면 이는 **매매목적물의 하자**에 해당한다.

★★
26. 건축목적으로 매매된 토지에 대하여 건축허가를 받을 수 없는 경우, 이와 같은 **법률적 제한은 권리의 하자에 해당한다.** (×)

27. 건축목적으로 매매된 토지가 **관련법령상 건축허가를 받을 수 없는 경우**, 그 하자의 유무는 **계약성립시를 기준**으로 판단한다.

28. 매매목적물에 하자가 있는 지의 여부는 **목적물의 인도시를 기준**으로 판단한다. (×)

29. **목적물의 하자**로 인하여 계약의 목적을 달성할 수 없는 매수인은 하자를 **안 날로부터 1년** 내에 해제할 수 있다. (×)

08 | 환매와 예약완결권

• 환매특약 ⇨ 매매계약과 동시 ○

---

1. **환매특약은** 매매계약의 성립과 **반드시 동시에** 하여야 한다.

• 환매기간
① 부동산 ⇨ 5년
② 합의로 연장 ×

---

2. **부동산**에 대하여 환매기간을 약정하지 아니한 경우, 그 기간은 **5년**으로 본다.

3. 환매기간을 정한 경우에도 당사자 간의 **합의로 연장할 수 있다.** (×)

• 과실과 이자 ⇨ 상계 ○

---

4. 특약이 없는 한 환매목적물의 **과실과** 대금의 **이자는 상계한 것으로 본다.**

5. 특약이 없는 한 매도인이 환매권을 행사하기 위해서는 매매대금에 대한 **이자를 매수인에게 지급해야 한다.** (×)

• 환매특약
① 등기 ○ ⇨ 제3자에게 대항 ○
② 환매특약등기 ○ ⇨ 처분금지적 효력 ×

---

6. 부동산에 관한 **환매특약은 등기 없이도** 제3자에게 **대항할 수 있다.** (×)

★
7. **환매특약등기가 된 후** 매수인으로부터 그 부동산을 **다시 매수한 제3자가 소유권이전등기를 한 경우에는** 환매권자는 그 제3자에 대하여 환매권을 행사할 수 있다.

★★
8. **환매특약등기가 된 후** 그 부동산 **매수인은** 그로부터 **다시 매수한 제3자에 대하여** 환매특약등기를 이유로 **소유권이전등기절차 이행을 거절할 수 없다.**

> • 매도인이 환매권을 행사 ○ ⇨ 등기 ○ ⇨ 권리취득 ○

9. 매도인이 환매기간 내에 환매의 의사표시를 하면, **매도인은** 환매에 의한 권리취득의 **등기를 하지 않아도** 그 부동산을 가압류 집행한 자에 대하여 **권리취득을 주장할 수 있다.** (×)

> • 예약완결권
> ① 행사기간을 약정 ○ ⇨ 약정기간 내에 행사
> ② 행사기간을 약정 × ⇨ 10년 내에 행사
> ③ 행사기간 내에 행사 × ⇨ 제척기간 경과로 소멸

10. 당사자들이 **약정한 예약완결권의 행사기간**은 그 매매예약이 성립한 때부터 **10년을 초과하더라도 무방하다.**

11. 당사자들이 예약완결권의 행사기간을 **20년으로 약정**한 경우, 그 행사기간은 **10년으로 단축된다.** (×)

12. 당사자가 예약완결권의 **행사기간을 약정하지 않은 경우,** 완결권은 예약이 성립한 때로부터 **10년 내에 행사**되어야 하고, **그 기간을 지난 때에는 제척기간의 경과로 소멸한다.**

13. 예약완결권의 행사기간 도과 전에 예약완결권자가 예약 목적물인 **부동산을 인도받은 경우,** **그 기간이 도과되더라도 예약완결권은 소멸되지 않는다.** (×)

14. 예약완결권을 재판상 행사하는 경우, **소장부본이 제척기간 내에 상대방에게 송달되어야만** 제척기간 내에 행사한 것으로 본다.

15. 매매의 일방예약은 예약완결권자가 매매를 **완결할 의사를 표시하는 때에** 매매의 효력이 생긴다.

16. 예약완결권자가 예약완결권을 행사하면 매매는 **예약체결시로 소급하여** 효력이 발생한다. (×)

17. 매매예약 성립 후 **예약완결권의 행사 전에** 상대방의 매매목적물이 **멸실된 경우,** 매매예약 완결의 의사표시가 있더라도 **매매의 효력이 생기지 않는다.**

> • 환매권, 예약완결권 ⇨ 양도 ○

18. 환매권은 **양도할 수 없는** 일신전속권이다. (×)

19. 예약완결권은 재산권이므로 특별한 사정이 없는 한 타인에게 **양도할 수 있다.**

09 | 임대차

> • 존속기간 ⇨ 최장기간 ×, 최단기간 ×

1. 임차기간을 **영구**로 정한 임대차약정은 특별한 사정이 없는 한 **허용된다.**

2. 임대차**기간의 약정이 없는 경우**, 양 당사자는 **언제든지 해지통고를 할 수 있다.**

3. 기간의 약정이 없는 토지임대차의 **임대인이** 임대차계약의 **해지를 통고한 경우**, 그 해지의 효력은 임차인이 통고를 받은 날부터 **1개월 후에 발생한다.** (×)

> • 법정갱신(묵시의 갱신) ⇨ 기간약정 ×

4. 토지임대차가 **법정갱신**된 경우, **존속기간은 정함이 없는 것으로 본다.**

5. 임대차가 **묵시의 갱신**이 된 경우, 전임대차에 대해 **제3자가 제공한 담보는** 원칙적으로 **소멸하지 않는다.** (×)

> • 건물소유를 목적으로 한 토지임대차 ⇨ 임차권등기 또는 건물등기 ⇨ 대항력 ○

★★
6. 건물소유를 목적으로 한 토지임대차를 등기하지 않았더라도, 임차인이 그 **지상건물의 보존등기를 하면**, 토지임대차는 **제3자에 대하여 효력이 생긴다.**

★★
7. 건물소유를 목적으로 한 토지임차인은 **건물등기**가 되어 있더라도 토지임차권이 등기되어 있지 않는 한 **토지양수인에게 매수청구권을 행사할 수 없다.** (×)

> • 임대인이 보존행위 ⇨ 임차인은 거절 ×

8. 다른 약정이 없는 한, 임대인의 행위가 임대물의 **보존에 필요한 행위**라도 임차인은 이를 **거절할 수 있다.** (×)

> • 차임
> ① 2기 연체 ⇨ 해지 ○
> ② 차임증감청구권 ⇨ 일시사용 적용 ×

★
9. 연체차임액이 **1기의 차임액에 이르면** 건물임대인이 차임연체로 **해지할 수 있다는 약정은 무효이다.**

10. **차임증감청구권**에 관한 규정은 **일시사용**을 위한 임대차의 경우에도 **적용된다.** (×)

11. 경제사정변동에 따른 임대인의 차임증액청구에 대해 **법원이 차임증액을 결정**한 경우, 그 **결정 다음날부터** 지연손해금이 발생한다. (×)

> • 보증금
> ① 임대차관계에서 발생하는 임차인의 모든 채무를 담보
> ② 연체차임을 보증금에서 공제 ⇨ 임대인이 선택
> ③ 보증금반환과 목적물반환 ⇨ 동시이행관계

★
12. 부동산임대차에서 **보증금**은 임대차관계가 종료되어 목적물을 반환하는 때까지 **임대차관계에서 발생하는 임차인의 모든 채무를 담보**한다.

★
13. **임대차계약이 종료되기 전이라도** 별도의 의사표시 없이 **연체차임은 보증금에서 당연히 공제된다.** (×)

14. **임차인**은 임대차존속 중 그 보증금으로써 연체차임에 충당할 것을 임대인에게 **주장할 수 없다.**

15. 임대차계약에서 **보증금을 지급하였다는** 사실에 대한 **증명책임**은 보증금의 반환을 청구하는 **임차인이 부담한다.**

★
16. 임대차 종료 후 보증금이 반환되지 않고 있는 한 임차인의 목적물에 대한 점유는 적법점유이므로, **임차인이 목적물을 계속하여 사용·수익**하더라도 **부당이득반환의무는 발생하지 않는다.** (×)

10 | 임차인의 권리

1. 비용상환청구권

• 필요비 ⇨ 존속 중에도 청구 ○, 유익비 ⇨ 종료시 청구 ○
---

① **필요비**를 지출한 임차인은 임대인에게 **즉시** 그 상환을 청구할 수 있다. ★

② 임대인이 필요비상환의무를 이행하지 않는 경우, 임차인은 지출한 **필요비 금액의 한도에서 차임의 지급을 거절할 수 있다.**

③ **유익비**상환청구권은 **임대차종료시에** 행사할 수 있다.

• 비용상환청구 ⇨ 6월 내에 행사
---

④ 임차인의 비용상환청구는 임대인이 **목적물을 반환 받은 날로부터 6개월** 이내에 행사하여야 한다.

• 모든 임차인
---

⑤ **채무불이행**한 임차인이나 **일시사용**임차인도 **비용상환은 청구할 수 있다.** ★

• 임의규정 ⇨ 배제특약 ⇨ 유효
---

⑥ 임차인이 **수선의무**를 부담한다는 **특약**은 임차인에게 불리하므로 **무효**이다. (×) ★★

⑦ **원상복구약정을 한 경우에는** 임차인이 **유익**비상환청구권을 **포기**하기로 **특약**한 것으로 본다. ★★

2. 건물임차인의 부속물매수청구권

> • 독립성, 동의 또는 매수

① 임차목적물의 **구성부분**은 부속물매수청구권의 객체가 될 수 **없다**.
② 부속물은 임차인이 임대인의 **동의**를 얻어 부속하거나 임대인으로부터 **매수**한 것이어야 한다.

> • 건물의 객관적 편익에 제공 ⇨ 임차인의 특수한 영업목적 ×

★
③ 건물의 사용에 객관적 편익을 가져오는 것이 아니더라도 **임차인의 특수목적에 사용하기 위해 부속된 것**은 부속물매수청구권의 대상이 **된다.** (×)

> • 채무불이행으로 해지, 일시사용 ⇨ 매수청구 ×

★★
④ 임차인의 차임연체 등 **채무불이행**을 이유로 임대차가 **해지**된 경우에는 임차인은 **부속물매수청구**를 할 수 없다.
★★
⑤ **일시사용**을 위한 임대차에 있어서는 **부속물매수청구권이 인정되지 않는다.**

> • 편면적 강행규정 ⇨ 특별한 사정이 없는 한 ⇨ 배제특약 무효

★★
⑥ 임대차 기간 중에 **부속물매수청구권을 배제하는** 당사자의 **약정**은 **임차인에게 불리하더라도 유효하다.** (×)
⑦ **부속물매수청구권을 포기**하기로 하는 **약정**은 차임을 시가보다 **파격적으로 저렴**하게 하는 등 **임차인에게 불리하지 않은 경우**에는 **유효**이다.

3. 토지임차인의 계약갱신청구권과 지상물매수청구권

• 기간만료, 지상물이 현존 ⇨ 갱신청구 ⇨ 거절 ⇨ 매수청구

★
① 건물소유를 목적으로 한 토지임대차의 **기간이 만료된 경우**, 임차인은 **계약갱신의 청구 없이도** 임대인에게 건물의 **매수를 청구할 수 있다.** (×)

• 기간약정 없는 경우 ⇨ 임대인의 해지통고 ⇨ 갱신청구 없이 매수청구

★
② **기간의 약정이 없는** 토지임대차에서 임대인이 **해지통고**를 한 경우에는 **갱신청구 없이** 곧바로 **지상물매수청구**를 할 수 있다.

• 채무불이행으로 해지 ⇨ 매수청구 ×, 건물철거 ○

★★
③ 임차인의 **채무불이행**으로 **해지**된 경우에도 지상물이 현존하면 임차인은 **지상물매수청구를 할 수 있다.** (×)

• 지상물 ⇨ 현존

★
④ 매수청구권의 대상이 되는 **지상물은 임대인의 동의를 얻어** 신축한 것에 **한한다.** (×)

★
⑤ 지상물의 **경제적 가치 유무나 임대인에 대한 효용 여부**는 매수청구권의 **행사요건이 아니다.**

★
⑥ **미등기건물**이나 **무허가건물**이더라도 매수청구권의 대상이 **될 수 있다.**

⑦ 임차인은 **저당권이 설정된 건물**에 대해서는 **매수청구권을 행사할 수 없다.** (×)

• 행사자 ⇨ 지상물의 소유자인 임차인

★
⑧ 지상 **건물을 타인에게 양도한 임차인도** 매수청구권을 **행사할 수 있다.** (×)

⑨ **임대인의 동의를 얻어** 종전 임차인으로부터 임차권과 미등기건물을 **양수한 임차인**은 매수청구권을 **행사할 수 있다.**

> • 상대방 ⇨ 임대차종료시 토지소유자인 임대인

⑩ **토지소유자가 아닌 제3자가 토지를 임대한 경우**, **임대인은** 특별한 사정이 없는 한 매수청구권의 **상대방이 될 수 없다.**

⑪ **임대인이** 임차권 소멸 당시에 이미 **토지소유권을 상실**하였더라도 임차인은 **그에게 매수청구권을 행사할 수 있다.** (×)

> • 임차권등기 또는 건물등기 ○ ⇨ 대항력 ○ ⇨ 새로운 소유자에게 매수청구 ○

⑫ 임대차종료 후 임대인이 토지를 제3자에게 양도한 경우, **제3자에게 대항할 수 있는 토지임차인은 그 신소유자에게 매수청구권을 행사할 수 있다.**

> • 걸쳐서 건립 ⇨ 전부 매수청구 ×

⑬ 임차인소유의 건물이 제3자소유의 토지에 **걸쳐서 건립되어 있는 경우**, 임차인은 **건물 전부를 매수청구할 수는 없다.**

> • 편면적 강행규정 ⇨ 특별한 사정이 없는 한 ⇨ 배제특약 무효

⑭ 임대차종료 전 **지상물** 일체를 **포기**하기로 하는 당사자 간의 **약정은 특별한 사정이 없는 한 무효이다.**

> • 건물소유 ⇨ 토지이용 ⇨ 부당이득반환의무 ○

⑮ 임차인의 건물매수청구가 적법한 경우, 임대인의 대금지급이 있기까지는 **건물부지의 임료 상당액을 반환할 필요는 없다.** (×)

11 | 임차권의 양도 및 전대

• 임대인에 대한 배신행위 × ⇨ 해지 ×

---

1. 임차인의 무단전대행위가 임대인에 대한 **배신행위가 아니라고 인정**되는 특별한 사정이 있는 때에는 임대인은 임대차계약을 **해지할 수 없다.**

2. 임차인이 **건물의 소부분을** 임대인의 동의 없이 전차인에게 **사용하게 한 경우,** 임대인은 임대차계약을 **해지할 수 없다.**

• 임대인의 동의 있는 양도
① 임차권은 동일성을 유지하면서 양수인에게 이전
② 연체차임채무나 손해배상채무 ⇨ 양수인에게 당연히 이전 ×

---

3. **임차인의 지위가 적법하게 승계된 경우, 현재의 임차인은** 종전 임차인이 임대인의 동의를 얻어 설치한 부속물에 대하여 **부속물매수청구권을 행사할 수 있다.**

4. 적법하게 임차권을 양도한 경우, 양수인이 임차인의 지위를 당연히 승계하므로 양도인의 **연체차임채무도 양수인에게 이전한다.** (×)

• 임대인의 동의 있는 전대
① 합의해지 ⇨ 전대차는 소멸 ×
② 임대인의 동의 ⇨ 부속물매수청구 ○

---

5. 임대인이 **전대차를 동의한 후** 임차인과 임대차계약을 **합의해지**하더라도 **전차권은 소멸하지 않는다.**

6. 임대인이 **전대차를 동의한 후에도** 임차인과 임대차계약을 **합의해지**하면 이로써 **전차인에게 대항할 수 있다.** (×)

7. **기간을 정하지 않은** 임대차계약이 임대인의 **해지통고로 인하여 종료된 경우,** 임대인은 전차인에게 **그 사유를 통지하지 아니하면** 해지로써 **전차인에게 대항하지 못한다.**

8. 임차인의 **차임연체를 이유로** 임대인이 임대차계약을 **해지한 경우,** 임대인은 전차인에게 **그 사유의 통지 없이도** 해지로써 **대항할 수 있다.**

★
9. 적법하게 전대차한 경우, 전차인은 **임차인의 동의를 얻어 부속한 물건**에 대하여 임대인에게 **부속물매수청구를 할 수 있다.** (×)

10. 임대차와 전대차가 모두 종료한 경우, **전차인이 임대인에게 직접** 목적물을 **반환하면** 임차인에 대한 건물반환의무를 면한다.

• 임대인의 동의 없는 양도 및 전대
① 무단양도 및 무단전대 ⇨ 계약은 유효, 임대인에게 대항 ×
② 임대인이 임대차계약을 해지 ○ ⇨ 지상물, 부속물 매수청구 ×
③ 임대차계약을 해지 × ⇨ 차임 상당의 손해배상청구 ×

★★
11. 임대인의 동의 없이 무단으로 임차권을 양도한 경우, **무단양도계약은 무효**이다. (×)

★★
12. 임대인의 **동의 없이 전대차**한 경우에도, 전차인은 임대인에게 **부속물매수청구권을 행사할 수 있다.** (×)

★★
13. **무단전대**의 경우, 임대인은 **임대차계약을 해지하지 않고** 전차인에 대하여 불법점유를 이유로 **차임상당액의 손해배상을 청구할 수 없다.**

14. 임차인이 임대인의 **동의 없이** 임차물을 제3자에게 **전대**한 경우, 임대인은 **임대차계약의 존속 여부**를 불문하고 제3자에게 불법점유를 이유로 한 **차임상당액의 손해배상청구를 할 수 있다.** (×)

MEMO

PART

04

민사특별법

01 | 주택임대차보호법

> • 일시사용 ⇨ 적용 ×

1. **미등기 무허가** 주택을 임대차한 경우에는 동법이 **적용된다.**

2. **일시사용**을 위한 것이 명백한 경우에도 주거용으로 임대차한 경우에는 동법이 **적용된다.**
   (×)

> • 대항력
> ① 주택인도(점유)와 주민등록(전입신고) ⇨ 다음날 대항력 발생
> ② 대항력발생 ⇨ 매매 ⇨ 새로운 소유자가 임대인의 지위를 승계
> ③ 저당권 후 대항력 취득 ⇨ 경매 ⇨ 대항력 상실

3. 임차인이 **대항력**을 갖추기 위해서는 임대차계약서상의 **확정일자를 받아야 한다.** (×)

4. 주민등록의 신고는 행정청에 **도달한 때가 아니라** 행정청이 **수리한 때** 효력이 발생한다.

5. 임차인은 정확한 지번으로 전입신고서를 작성·제출하였는데 담당공무원의 요구로 **잘못된 지번으로 다시 작성·제출**하여 주민등록이 된 경우, **적법한 주민등록으로 볼 수 있다.** (×)

6. **다가구용 단독주택**의 경우, 임차인이 그 주택의 일부를 임차하고 전입신고를 할 때 **지번만 바르게 기재하면 대항력은 발생한다.**

7. **다가구용 단독주택** 일부의 임차인이 **대항력을 취득**하였다면, 후에 건축물 대장상으로 다가구용 단독주택이 **다세대 주택으로 변경**되었다는 사정만으로는 **이미 취득한 대항력을 상실하지 않는다.**

8. 임차인이 가족과 함께 임차주택의 점유를 계속하면서 **가족의 주민등록은 그대로 둔 채** 임차인의 주민등록만 일시적으로 옮긴 경우 **대항력을 상실하지 않는다.**

9. **임차인이** 타인의 점유를 매개로 임차주택을 **간접점유하는 경우에도** 대항요건인 점유가 **인정될 수 있다.**

10. 임대인의 동의를 얻어 주택이 **전대**된 경우, **임차인 명의로 주민등록을 하면** 임차인은 **대항력을 취득한다.** (×)

11. 임차인이 **대항력을 가진 후** 주택의 소유권이 **양도**된 경우, 임대차종료시 임차인은 **양수인에 대하여만** 보증금반환을 청구할 수 있다.

12. **대항력이 있는** 임차인의 보증금반환채권이 가압류된 상태에서 **주택이 양도**된 경우, 가압류채권자는 **양수인에 대하여만** 가압류의 효력을 **주장할 수 있다.**

13. **대항력 있는** 주택임대차가 기간이 만료된 상태에서 **주택이 양도**되더라도 임차인은 이 사실을 안 때로부터 상당한 기간 내에 **이의를 제기**하여 임대차관계의 **구속에서 벗어날 수 있다.**

14. **저당권이 설정된** 주택을 임차하여 대항력을 갖춘 이상, 후순위저당권이 실행되더라도 매수인이 된 자에게 **대항할 수 있다.** (×)

15. 임차권보다 **선순위저당권이 존재**하는 주택이 **경매**로 매각된 경우, **경매의 매수인**은 **임대인의 지위를 승계**한다. (×)

16. 임차인이 대항력을 취득한 후 **저당권이 설정**된 경우, 임차인이 **일시 퇴거하였다가 다시 전입**하더라도 경매시 경락인에게 **대항할 수 없다.**

> • 보증금 우선변제권 ⇨ 대항력과 확정일자

---

17. 주택이 **경매**되는 경우, 임차인은 **확정일자가 있어야** 경락대금에서 **보증금의 우선변제**를 받을 수 있다.

18. **확정일자를 갖춘** 임대차계약서에 아파트의 명칭과 동 호수의 기재를 누락했더라도 **우선변제권은** 인정될 수 있다.

19. 임차인이 주택에 대해 보증금반환청구소송의 확정판결에 기한 경매를 신청한 경우, 반대의무의 이행을 **집행개시요건으로 한다.** (×)

20. 임차주택의 경매시 임차인이 환가대금으로부터 **보증금을 수령**하기 위해서는 임차주택을 **경락인에게 인도**하여야 한다.

21. 제3자에 의해 **경매가 개시**되어 주택이 매각된 경우, 임차인은 경매절차에서 **배당요구를 하여야** 보증금에 대해 **우선변제를 받을 수 있다.**

22. 우선변제권 있는 임차인이 **배당요구를 하지 아니하여** 후순위권자에게 먼저 배당된 경우, 임차인은 그에게 **부당이득반환청구를 할 수 있다.** (×)

> • 소액보증금 최우선변제권
> ① 경매신청등기 전 대항력 ○, 확정일자 ×
> ② 임차권등기명령에 의한 임차권등기 후 소액임차인 ⇨ 최우선변제 ×

★
23. **소액임차인**은 경매신청의 등기 전까지 임대차계약서에 **확정일자를 받아야** 최우선변제권을 행사할 수 있다. (×)

★★
24. **임차권등기명령**에 의한 임차권등기가 경료된 주택을 그 이후에 임차한 임차인도 **소액보증금의 최우선변제를 받을 권리가 있다.** (×)

> • 대지의 매각대금
> ① 보증금 우선변제, 소액보증금 최우선변제 ○
> ② 나대지 ⇨ 소액보증금 최우선변제 ×

★
25. 주택임차인의 우선변제권은 **대지의 환가대금에는 미치지 않는다.** (×)

★
26. 우선변제권 있는 임차인은 임차주택과 별도로 그 대지만이 경매될 경우, 그 **대지의 환가대금에 대하여 우선변제권을 행사할 수 있다.**

★
27. **대지에 관한 저당권설정 후** 주택이 **신축된 경우**에는 **소액임차인은** 대지의 매각대금에서 우선변제를 **받을 수 없다.**

> • 임차권등기명령

28. 주택임차인은 **임대차가 끝나기 전에도** 주택의 소재지를 관할하는 법원에 **임차권등기명령을 신청할 수 있다.** (×)

★
29. **임차권등기명령**에 의한 임차권등기를 한 주택임차인은 **배당요구를 하지 않아도** 주택의 매각대금에서 **우선변제를 받을 수 있다.**

★★
30. 임대인의 임차보증금반환의무와 임차인의 **임차권등기명령**에 의한 임차권등기말소의무는 **동시이행의 관계에 있다.** (×)

• 주택임차인의 지위와 전세권자의 지위 ⇨ 각각 별개

---

31. 주택임차인이 **전세권설정등기**를 한 경우, 전세권설정계약서에 첨부된 **등기필증의 접수인**을 임대차계약서의 **확정일자로 볼 수 있다.**

32. 주택임차인이 **전세권설정등기**를 한 경우, **임차인의 지위에서 배당요구**를 하였다면 **전세권에 관해서도 함께 배당요구를 한 것으로 본다.** (×)

33. 소액 주택임차인이 **전세권설정등기**를 마친 상태에서 **주민등록을 이전**한 경우, 임차권 등기명령에 의한 임차권등기를 마친 것이나 다름없으므로 **최우선변제권이 그대로 유지된다.** (×)

• 1년 약정 ⇨ 임대인은 1년 주장 ×, 임차인은 1년 또는 2년 주장 ○

---

34. 기간을 1년으로 약정한 경우, **임차인은 2년을 주장할 수 있다.**

35. 기간을 1년으로 약정한 경우, **임대인은 1년을 주장할 수 있다.** (×)

• 법정갱신
① 존속기간 2년
② 임대인은 해지 ×, 임차인은 해지 ○

---

36. 임차인이 **2기**의 차임액에 달하는 **차임을 연체**하면 **묵시적 갱신이 인정되지 않는다.**

37. **법정갱신**된 경우, **임대인은** 언제든지 임차인에게 **해지할 수 있다.** (×)

38. **법정갱신**된 후 **임차인이 해지통지**를 한 경우, 임대인이 그 통지를 받은 날로부터 **3월이 경과**되면 계약은 **해지된다.**

> • 계약갱신요구권
> ① 1회에 한하여 행사
> ② 법정갱신규정 준용

39. 임대차기간이 끝나기 **6개월 전부터 2개월 전까지**의 기간에 행사해야 한다.

40. 주택임차인은 계약갱신요구권을 **2회에 한하여 행사**할 수 있다. (×)

41. 임차인이 임차한 주택의 전부 또는 일부를 **경과실로 파손**한 경우, 임대인은 **계약갱신요구를 거절할 수 있다.** (×)

42. 임차인이 **임대인의 동의 없이** 목적 주택을 **전대**한 경우 임대인은 **계약갱신요구를 거절하지 못한다.** (×)

43. 계약이 갱신된 경우, **임차인은 언제든지** 임대인에게 **해지할 수 있다.**

44. **임차인의 해지통지가** 갱신된 임대차계약 기간이 개시되기 전에 임대인에게 도달한 경우, 해지통지가 **임대인에게 도달한 후 3개월이 지나면** 해지의 효력이 발생한다.

45. 차임과 보증금의 **증액청구는** 약정한 차임이나 보증금의 **20분의 1의 금액을 초과하지 못한다.**

02 | 상가건물 임대차보호법

> • 사업자등록 ○ ⇨ 법 적용 ○

1. 사업자등록의 대상이 되지 않는 건물에 대해서는 동법이 적용되지 않는다.

> • 최단기간 ⇨ 1년
> • 임대차종료 ⇨ 보증금반환 ⇨ 임대차관계 존속

★
2. 동법이 적용되는 **임대차가 종료**된 경우, **보증금을 반환받을 때까지 목적물을 계속 점유하면서 사용·수익한 임차인은 종전 임대차계약에서 정한 차임을 지급할 의무를 부담한다.**

3. 동법이 적용되는 **임대차가 종료**된 경우, **보증금을 반환받을 때까지 목적물을 계속 점유하면서 사용·수익한 임차인은 시가에 따른 차임에 상응하는 부당이득금을 지급할 의무를 부담한다.** (×)

> • 3기 연체 ⇨ 갱신요구 거절 ○

4. 상가임차인이 **3기**의 차임액에 달하도록 차임을 **연체한 사실**이 있는 경우, 임대인은 임차인의 **계약갱신요구를 거절할 수 있다.**

> • 권리금회수 방해로 인한 손해배상의무 ⇨ 동시이행 ×

★★
5. 상가임대차계약 종료에 따른 임차인의 임차목적물 반환의무와 임대인의 **권리금회수 방해로 인한 손해배상의무는 동시이행관계에 있다.** (×)

> • 갱신요구를 거절할 수 있는 경우 ⇨ 권리금 보장할 필요 ×

★
6. 임차인이 임차한 건물을 **중대한 과실**로 전부 또는 일부를 **파손**한 경우, 임대인은 **권리금회수의 기회를 보장할 필요가 없다.**

> • 임대차기간이 10년을 초과하여 계약갱신요구권을 행사할 수 없는 경우
> ⇨ 권리금회수의 기회를 보호할 의무 ○

★★
7. 전체 임대차기간이 **10년을 초과**하여 임차인이 계약갱신요구권을 행사할 수 없는 경우에는 임대인은 임차인의 **권리금 회수기회를 보호할 의무가 없다.** (×)

> • 손해배상청구권 ⇨ 종료한 날부터 3년

8. 권리금 회수의 방해로 인한 임차인의 임대인에 대한 손해배상청구권은 그 **방해가 있은 날로부터** 3년 이내에 행사하지 않으면 시효로 소멸한다. (×)

> • 환산보증금액을 초과하는 경우 ⇨ 대 계 권 3 감 ⇨ 적용

9. **환산보증금액을 초과하는 경우에도 적용되는 규정**
   ① 임차권의 **대항력**에 관한 규정
   ② 임차인의 **계약갱신요구**에 관한 규정
   ③ 임차인의 **권리금**회수기회 보호에 관한 규정
   ④ **3기 차임연체시 계약해지**에 관한 규정
   ⑤ **감염병**의 예방 및 관리에 관한 법률에 따른 집합제한조치로 인하여 폐업한 경우, 임차인의 해지권에 관한 규정(제11조의2)

★★
10. **환산보증금액을 초과하는 경우에는 적용되지 않는 규정**
   ① **확정일자 부여와 보증금의 우선변제에 관한 규정**
   ② **임차권등기명령에 관한 규정**
   ③ **최단존속기간에 관한 규정**
   ④ **법정갱신에 관한 규정**
   ⑤ 차임 등 증액청구시 제한규정

> • 환산보증금을 초과하는 경우
> ① 기간약정을 한 경우 ⇨ 계약갱신요구권 행사 ○
> ② 기간약정을 하지 않은 경우 ⇨ 계약갱신요구권 행사 ×

★
11. **환산보증금을 초과**하는 상가임대차에서 **기간약정을 하지 않은 경우**에는 **최단기간에 관한 규정이 적용되지 않는다.**

★
12. **환산보증금을 초과**하는 상가임대차에서 **기간약정을 하지 않은 경우**에도 임차인은 **계약갱신요구권을 행사할 수 있다.** (×)

03 | 가등기담보 등에 관한 법률

> • 청구권보전을 위한 가등기와의 구별 ⇨ 등기부상 표시 ✕, 당사자의 의사 ○

★
1. 가등기가 담보가등기인지 여부는 거래의 실질과 **당사자의 의사해석에 따라 결정된다.**

2. 가등기가 담보가등기인지, 청구권보전을 위한 가등기인지의 여부는 **등기부상 표시를 보고 결정한다.** (✕)

3. 가등기담보권이 설정되기 위해서는 **피담보채권이 등기되어야 한다.** (✕)

> • 법 적용요건
> ① 소비대차 ⇨ 공사대금, 매매대금, 물품대금 ✕
> ② 예약당시 초과
> ③ 가등기 또는 이전등기

★
4. 양도담보권이 **매매대금채권**의 담보를 위하여 설정된 후 대여금채권이 그 피담보채권에 포함되게 된 경우 동법이 **적용된다.** (✕)

★★
5. 대물변제**예약** 당시의 담보물 가액이 차용액 및 이에 붙인 이자의 합산액에 **미치지 못하는 경우**에는 **실행통지를 할 필요가 없다.**

★★
6. **실행통지 당시** 부동산의 평가액이 피담보채권액에 **미달하는 경우**에는 가등기담보권자는 **실행통지를 할 필요가 없다.** (✕)

7. 대물변제의 약정 등 담보계약은 있지만 아직 **가등기가 이루어지지 않은 경우**, 담보권실행에 관한 규정이 **적용될 여지가 없다.**

> • 실행방법
> ① 경매(경매시 저당권과 동일하게 취급) 또는 귀속청산(실행통지)
> ② 사적실행에 의한 처분청산 ✕

★★
8. 담보목적 부동산이 **강제경매**를 통해 매각되어도, **가등기담보권은** 채권액 전부를 변제받지 않으면 **소멸하지 않는다.** (✕)

9. **담보가등기**가 경료된 부동산에 대하여 **경매**가 행하여져 제3자가 경락받은 후에 이루어진 **가등기에 기한 본등기는** 원인을 결여한 **무효**의 등기이다.

> • 채무자, 물상보증인, 제3취득자 ⇨ 실행통지 ⇨ 변제할 기회

10. 실행통지의 상대방이 채무자 등 여러 명인 경우, **그 모두에 대하여 실행통지를 하여야** 통지로서의 **효력이 발생한다.**

11. 채권자가 담보목적 부동산의 소유권을 취득하기 위하여는 가등기담보권의 실행통지가 상대방에게 도달한 날로부터 **1개월**이 지나야 한다. (×)

★
12. **채권자가 나름대로 평가**한 청산금의 액수가 객관적인 청산금의 평가액에 미치지 못한 경우에도 **실행통지는 효력이 있다.**

★★
13. 가등기담보권자가 채무자에게 **실행통지를 하지 아니한 경우**에도 청산금을 지급하고 등기를 마쳤다면 **소유권을 취득할 수 있다.** (×)

★
14. **청산절차를 거치지 않고** 가등기담보권자가 경료한 소유권이전등기는 **무효**지만 나중에 **청산절차를 마치면** 그 때부터 **유효한 등기가 된다.**

15. **채무자에게 실행통지는 하였으나** 이러한 사실을 후순위저당권자에게는 통지하지 않은 경우, **채무자는 이를 이유로 실행을 거부할 수 없다.**

★★
16. **채권자는** 그가 통지한 **청산금의 액수에 대하여 다툴 수 없다.**

★
17. 청산금은 담보권실행의 통지당시 담보목적부동산의 가액에서 피담보채권액을 뺀 금액이며, 그 부동산에 선순위담보권이 있으면 위 피담보채권액에 **선순위담보로 담보한 채권액을 포함시킨다.**

> • 후순위저당권자 ⇨ 청산기간 내 변제기 도래 전 ⇨ 경매청구 ○

★★
18. **후순위저당권자는 청산기간에 한정하여** 그 피담보채권의 **변제기 도래 전이라도** 부동산의 **경매를 청구할 수 있다.**

★★
19. **후순위저당권자는 청산기간 내**라도 저당권의 피담보채권의 **변제기 도래 전**에는 부동산의 **경매를 청구할 수 없다.** (×)

★★
20. **후순위저당권자는 청산기간이 지나면** 그의 피담보채권 **변제기가 도래하기 전이라도** 부동산의 **경매를 청구할 수 있다.** (×)

> • 채무자의 청산금에 관한 권리의 양도 ⇨ 후순위권리자에게 대항 ×

21. **채무자가** 청산기간이 지나기 전에 한 **청산금에 관한 권리의 양도는** 이로써 **후순위권리자에게 대항하지 못한다.**

> • 변제와 가등기담보말소 ⇨ 동시이행관계 ×
> • 청산금지급과 소유권이전 ⇨ 동시이행관계 ○

22. 가등기담보의 채무자의 채무**변제와** 가등기 **말소는 동시이행관계에 있다.** (×)

23. 가등기담보권자의 **청산금지급의무와** 채무자의 가등기에 기한 **본등기 및 목적물의 인도의무는 동시이행관계에 있다.**

> • 청산절차종료 후 본등기 전 ⇨ 소유권 취득 ×, 과실수취권 취득 ○

24. 가등기담보권자는 청산기간 경과 후 청산금을 지급하면 **본등기를 하기 전이라도 소유권을 취득한다.** (×)

25. 가등기담보권자는 청산기간 경과 후 청산금을 지급하면 **본등기를 경료하기 전에도 과실수취권을 취득한다.**

> • 양도담보
> ① 양도담보권자 ⇨ 물상대위권 ○
> ② 양도담보권자 ⇨ 소유자 ×
> ③ 양도담보권자가 처분 ⇨ 선의의 제3자 ⇨ 소유권 취득

26. **양도담보권자는** 양도담보목적물이 소실됨으로 인하여 발생한 화재보험금청구권에 대하여 **물상대위권을 행사할 수 있다.**

27. **양도담보권자는 담보권의 실행으로서** 채무자로부터 적법하게 임차한 **임차인에게** 그 목적부동산의 **인도청구를 할 수 있으나,** 직접 **소유권에 기하여 인도청구를 할 수는 없다.**

28. **제3자가** 양도담보목적물을 **불법으로 점유**하고 있는 경우, **양도담보권자는** 불법점유자를 상대로 차임 상당의 **손해배상을 청구할 수 있다.** (×)

29. **양도담보권자가** 담보목적부동산에 대하여 동법 소정의 청산절차를 거치지 아니한 채 **소유권을 이전한 경우, 선의의 제3자는 소유권을 확정적으로 취득한다.**

30. 양도담보 목적 부동산을 양수한 **제3자가 악의인 경우에도** 제3자는 **소유권을 취득할 수 있다.** (×)

04 | 부동산 실권리자명의 등기에 관한 법률

• 가등기 ⇨ 명의신탁 금지

---

1. **가등기를 명의신탁**에 의하여 경료하는 것은 **허용되지 않는다.**

• 가등기담보, 양도담보 ⇨ 명의신탁 ×

---

2. 채권을 **담보**하기 위해 채권자가 채무자소유의 부동산에 대해 **가등기**를 하는 경우에도 **동법이 적용된다.** (×)

3. 채무변제를 **담보**하기 위해 채권자 명의로 부동산에 관한 **소유권이전등기**를 하기로 하는 약정은 **명의신탁약정에 해당하지 않는다.**

• 구분소유적 공유관계
① 대내적 ⇨ 구분소유관계 ⇨ 공유물분할청구 ×
② 대외적 ⇨ 공유관계

---

4. **공유물분할청구**는 부동산의 **구분소유적 공유관계**에서 **인정되지 않는다.**

5. 甲과 乙이 **구분소유적 공유관계**에 있는 경우, 甲은 목적부동산을 불법으로 점유하는 자에게 **부동산 전부에 대해서 방해제거를 청구할 수 없다.** (×)

6. 甲과 乙이 **구분소유적 공유관계**에 있는 경우, 甲이 **자기 소유의 토지부분에 건물을 신축한 후,** 乙이 강제경매로 대지에 관한 甲의 지분을 모두 취득한 경우, **관습법상 법정지상권이 발생한다.**

• 명의신탁
① 원칙 ⇨ 무효(사회질서위반 ×) ⇨ 해지 ×
② 종/배 ⇨ 법령상 제한을 회피할 목적 × ⇨ 유효 ⇨ 해지 ○
③ 수탁자와 거래한 제3자 ⇨ 선의·악의를 불문하고 권리 취득

★★
7. 투기 및 탈세 등의 방지라는 법의 목적상 **명의신탁은** 그 자체로 선량한 풍속 기타 **사회질서에 위반된다.** (×)

8. 농지법에 따른 제한을 회피하기 위하여 **명의신탁**을 한 경우에도 그에 따른 수탁자 명의의 소유권이전등기가 **불법원인급여라고 할 수 없다.**

9. 탈세 등의 목적으로 명의신탁제도를 악용했더라도 **신탁자는** 수탁자에게 **소유권에 기하여** 소유권이전**등기말소를 청구할 수 있다.**

10. 양자간 명의신탁이 **무효인** 경우, 신탁자는 수탁자에게 명의신탁의 **해지를 원인으로** 등기말소를 청구할 수 **있다.** (×)

11. 무효인 명의신탁등기가 행하여진 후 신탁자와 수탁자가 **혼인**한 경우, 그 명의신탁등기는 **명의신탁약정이 체결된 때로부터** 유효하게 된다. (×)

12. 부부 사이에 유효하게 성립한 명의신탁은 배우자 일방의 사망으로 잔존배우자와 사망한 배우자의 **상속인에게 효력을 잃는다.** (×)

13. 조세포탈 등의 목적 없이 **종교단체 명의로** 그 산하조직이 보유한 부동산의 소유권을 **등기한 경우**, 그 단체와 조직 간의 명의신탁약정은 **유효하다.**

14. 조세포탈 등의 목적 없이 **종교단체장 명의로** 그 종교단체 보유 부동산의 소유권을 **등기한 경우**, 그 단체와 단체장 간의 명의신탁약정은 **유효하다.** (×)

15. 수탁자가 제3자에게 부동산을 처분한 경우, **제3자는 악의라도 소유권을 취득한다.**

16. **계약상대방이 명의수탁자임을 알면서** 체결한 매매계약으로 소유권이전등기를 받은 사람은 **소유권을 취득한다.**

17. 부동산 명의신탁약정의 무효는 수탁자로부터 그 부동산을 취득한 **악의의 제3자에게 대항할 수 있다.** (×)

• 신탁자에게 법률효과를 직접 귀속시킬 의도 ⇨ 3자간 등기명의신탁

---

18. **계약명의자가 명의수탁자로** 되어 있다 하더라도 **계약당사자를 명의신탁자로 볼 수 있다면** 이는 **3자간 등기명의신탁이 된다.**

19. **명의신탁자에게 법률효과를 직접 귀속시킬 의도로** 매매계약을 체결했더라도, **매매계약서에 명의수탁자가 매수인으로 기재**되어 있다면 **계약명의신탁으로 보아야 한다.** (×)

> • 신탁자가 매수인 ⇨ 3자간 등기명의신탁(중간생략형)

★★
20. 乙은 甲소유의 X토지를 매매하면서 X토지에 대한 소유권이전등기를 여자친구 丙명의로 하기로 丙과 명의신탁약정을 하였다. 그 후 甲은 乙의 부탁대로 丙명의로 소유권이전등기를 해 주었다.

① 乙은 甲을 **대위해서** 丙에게 소유권이전등기의 **말소를** 청구할 수 있다.

② 乙은 丙에 대하여 **진정명의회복을** 원인으로 한 소유권이전등기를 **청구할 수 없다.**

③ 제3자 丁이 명의신탁 사실을 알고 丙으로부터 X토지를 매수하고 소유권이전등기를 한 경우라도 丁은 소유권을 취득한다.

> • 수탁자가 매수인 ⇨ 계약명의신탁

★★
21. 丙소유의 부동산을 취득하고자 하는 甲은 친지 乙과 명의신탁약정을 맺고 乙에게 매수자금을 주면서 丙과 매매계약을 체결하도록 하였다. 乙은 甲의 부탁대로 丙과 매매계약을 체결하고 소유권이전등기를 경료받았다.

① 甲과 乙의 **명의신탁약정은** 丙이 선의라 하더라도 **무효이다.**

② 丙이 선의인 경우에는 乙이 소유권을 취득한다.

③ ②의 경우, 甲은 乙에게 자신이 제공한 **매매대금의 반환을 청구할 수 있을 뿐,** 그 **부동산 자체의 반환을 청구할 수는 없다.**

④ ②의 경우, 甲은 乙로부터 부당이득을 반환받을 때까지 부동산에 대하여 **유치권을 행사할 수 없다.**

⑤ ②의 경우, 甲의 지시에 따라 부동산의 소유명의를 이전하거나 그 **처분대금을 반환하기로 한 약정은 무효이다.**

⑥ 丙이 **악의인 경우,** 乙은 부동산에 대한 **소유권을 취득하지 못한다.**

⑦ ⑥의 경우, 乙이 부동산을 丁에게 매도하여 소유권이전등기를 했다면, 丁은 소유권을 취득한다.

> • 경매 ⇨ 계약명의신탁 ⇨ 경매목적물의 소유자가 악의 ⇨ 수탁자가 소유자

★★
22. 부동산**경매**절차에서 **명의신탁관계가** 성립한 경우, 경매목적물의 소유자가 명의신탁 사실을 알았더라도 **수탁자는 유효하게 소유권을 취득한다.**

★★
23. 부동산**경매**절차에서 **명의신탁관계가** 성립한 경우, 경매목적물의 소유자가 명의신탁 사실을 알았다면 **수탁자는 소유권을 취득할 수 없다.** (×)

05 | 집합건물의 소유 및 관리에 관한 법률

> • 구분의사가 객관적으로 표시 ⇨ 구분소유 성립

★
1. 집합건축물대장에 **등록되지 않더라도** 구분소유가 성립할 수 있다.

> • 공용부분(복도, 계단)
> ① 용도에 따라 사용 ○, 지분비율에 따라 사용 ×
> ② 시효취득의 대상 ×

2. 각 공유자는 **공용부분을 그 용도에 따라 사용**할 수 있다.

★★
3. **공용부분의 사용과 비용부담은 전유부분의 지분비율에 따른다.** (×)

★★
4. 집합건물의 **공용부분은 시효취득의 대상이 될 수 없다.**

> • 공용부분에 관한 물권의 득실변경 ⇨ 등기 ×

★★
5. 구조상 **공용부분**에 관한 물권의 득실변경은 **등기하여야** 효력이 발생한다. (×)

> • 일부의 공용부분이 명백한 경우 ⇨ 일부 ○, 전원 ×

★
6. **일부의 구분소유자만이** 공용하도록 제공되는 것임이 **명백한 공용부분은 그들 구분소유자의 공유에 속한다.**

7. **일부의 구분소유자만이** 공용하도록 제공되는 것임이 **명백한 공용부분도 구분소유자 전원에 속하는 것이 원칙이다.** (×)

> • 구분소유자 중 일부가 공용부분을 권원 없이 사용
> ① 다른 구분소유자 ⇨ 인도청구 ×, 방해제거청구 ○
> ② 다른 구분소유자 ⇨ 부당이득반환청구 ○

★★
8. 관리단집회 결의나 다른 구분소유자의 동의 없이 **구분소유자 1인이 공용부분을 독점적으로 사용하는 경우, 다른 구분소유자는** 공용부분의 보존행위로서 그 **인도를 청구할 수 있다.** (×)

★
9. **구분소유자 중 일부가** 정당한 권원 없이 구조상 공용부분인 복도를 **배타적으로 사용**하여 다른 구분소유자가 사용하지 못하였다면, 이로 인하여 얻은 이익을 **다른 구분소유자에게 부당이득으로 반환하여야 한다.**

> • 관리인 ⇨ 구분소유자가 10인 이상 ⇨ 반드시 관리인을 선임

10. 구분소유자가 **10인 이상**일 때에는 **관리인을 선임하여야 한다.**

★
11. 관리인은 **구분소유자가 아니더라도** 무방하다.

12. 규약에서 달리 정한 바가 없으면, **관리인은 관리위원회의 위원이 될 수 있다.** (×)

> • 전유부분과 대지사용권 ⇨ 규약으로 달리 정하지 않는 한 분리처분 ×

★
13. 구분소유자는 **규약 또는 공정증서로써 달리 정하지 않는 한** 그가 가지는 **전유부분과 분리하여 대지사용권을 처분할 수 없다.**

★
14. 구분건물의 **전유부분만에 관하여 설정된 저당권이나 압류 등의 효력은** 특별한 사정이 없는 한 그 **대지사용권에도 미친다.**

★
15. **전유부분에 대하여 설정된 전세권은** 전세권설정등기가 건물부분만에 관한 것이라는 취지의 부기등기가 경료되어 있으면 **대지사용권에 미치지 않는다.** (×)

★
16. 특별한 사정이 없는 한 **대지사용권을** 전유부분과 **분리하여 처분할 수는 없으며,** 이를 **위반한 대지사용권의 처분은** 법원의 강제경매절차에 의한 것이라 하더라도 **무효이다.**

> • 공용부분에 관한 관리비

17. **전유부분**에 관하여 체납된 관리비는 특별승계인에게 **승계되지 않는다.**

★
18. **공용부분**에 관하여 체납된 관리비는 특별승계인에게 **승계되지만 연체료는 승계되지 않는다.**

19. 체납된 관리비가 특별승계인에게 승계된다고 하여 **이전 구분소유자들의 채무가 면책되는 것은 아니다.**

★
20. 관리단은 관리비 징수에 관한 유효한 **규약이 없더라도 공용부분에 대한 관리비를** 그 부담의무자인 구분소유자에게 **청구할 수 있다.**

• 공유 ⇨ 반드시 1인

---

21. 전유부분의 공유자는 서로 협의하여 **공유자 중 1인**을 관리단집회에서 **의결권을 행사할 자로** 정하여야 한다.

22. **지분이 동등하여 의결권** 행사자를 정하지 못할 경우에는 그 전유부분의 공유자는 **지분 비율로 개별적으로 의결권을 행사하여야 한다.** (×)

• 재건축 결의 ⇨ 4/5
① 서면으로 촉구
② 촉구 ⇨ 확답 × ⇨ 참여 ×

★
23. **재건축 결의는** 구분소유자 및 의결권의 **각 5분의 4 이상의 결의**에 의한다.

★
24. 관광진흥법에 따른 휴양 콘도미니엄업의 운영을 위한 휴양 **콘도미니엄**의 재건축 결의는 구분소유자 및 의결권의 **3분의 2 이상의 결의**에 따른다.

★
25. 재건축 결의 후 재건축 참가 여부를 **서면으로 촉구**받은 재건축반대자가 법정기간 내에 **회답하지 않으면** 재건축에 **참가하겠다는 회답을 한 것으로 본다.** (×)

• 담보책임
① 분양자와 시공자 ⇨ 담보책임 ○
② 전유부분에 대한 담보책임 ⇨ 구분소유자에게 인도한 날로부터 기간을 기산
③ 공용부분에 대한 담보책임 ⇨ 사용검사일 또는 사용승인일로부터 기간을 기산

★
26. **분양자는** 전유부분을 양수한 구분소유자에 대하여 **담보책임을 지지 않는다.** (×)

★★
27. **전유부분에 관한 담보책임의 존속기간은 사용검사일부터 기산한다.** (×)

민법총칙

01 | 총 설

- 상대방 없는 단독행위 ⇨ 유언, 유증, 재단법인설립행위, 소유권의 포기

---

1. 제한물권의 포기, 시효이익의 포기, 공유지분의 포기는 상대방 있는 단독행위이다. ( )

- 타인권리매매, 타인권리임대차 ⇨ 유효

★
2. 타인의 권리도 매매의 대상이 될 수 있다. ( )

3. 임대인이 목적물을 임대할 권한이 없어도 임대차계약은 유효하게 성립한다. ( )

- 무권리자의 처분행위 ⇨ 무효 ⇨ 추인 ⇨ 소급 유효

---

4. 처분권자는 명문의 규정이 없더라도 처분권 없는 자의 처분행위를 추인하여 이를 유효하게 할 수 있다. ( )

★
5. 甲의 소유물을 乙이 처분권한 없이 처분한 경우, 甲이 이를 추인하면 원칙적으로 그 때부터 새로운 법률행위를 한 것으로 본다. ( )

- 의사표시 ⇨ 묵시적(행동)으로 가능

★
6. 수권행위는 묵시적으로 할 수 있다. ( )

7. 무효행위의 추인은 명시적인 의사표시로 하여야 한다. ( )

8. 매매계약의 합의해제는 묵시적으로는 할 수 없다. ( )

- 농지취득자격증명 ⇨ 농지매매의 효력발생요건 ×

---

9. 농지취득자격증명은 농지매매의 효력발생요건이다. ( )

02 | 목적의 확정성, 가능성, 적법성

> • 목적 ⇨ 확정가능성

1. 매매목적물과 대금은 반드시 그 계약체결 당시에 구체적으로 확정하여야 하는 것은 아니다. (　)

2. 매매계약 체결 당시 목적물과 대금이 구체적으로 확정되지 않았다면, 사후에 구체적으로 확정될 수 있는 방법과 기준이 정해져 있더라도 계약의 성립을 인정할 수 없다. (　)

> • 후발적 불능 ⇨ 유효

3. 계약성립 후 채무이행이 불가능하게 되더라도, 계약이 무효로 되는 것은 아니다. (　)

4. 계약이 체결된 후 매매목적 건물이 전소된 경우, 그 매매계약은 무효이다. (　)

> • 중간생략등기, 무허가행위 ⇨ 단속규정 ⇨ 유효

5. 조세포탈목적으로 한 중간생략등기도 실체관계와 부합하면 유효이다. (　)

6. 주택법의 전매행위 제한을 위반하여 한 전매약정은 무효이다. (　)

7. 무허가 음식점에서 음식물을 판매하는 행위는 무효이다. (　)

8. 개업공인중개사가 중개의뢰인과 직접 거래하는 행위를 금지하는 공인중개사법 규정은 단속규정이다. (　)

> • 중개보수약정
> ① 개업공인중개사 ⇨ 법정한도 초과 약정 ⇨ 초과분은 무효
> ② 공인중개사 자격이 없는 자 ⇨ 중개보수약정 ⇨ 전부 무효
> ③ 공인중개사 자격이 없는 자 ⇨ 우연한 기회에 단 1회 중개 ⇨ 유효

9. 법정한도를 초과하는 중개보수약정을 한 후 중개보수를 지급한 자는 초과분에 대한 반환을 청구할 수 있다. (　)

10. 공인중개사 자격이 없는 자가 중개사무소 개설등록을 하지 아니한 채 부동산중개업을 하면서 체결한 중개보수 지급약정은 전부가 무효이다. (　)

★
11. 공인중개사 자격이 없는 자가 우연한 기회에 단 1회 거래행위를 중개한 경우에는 중개
보수지급약정은 무효이다. ( )

- 강행규정위반 ⇨ 절대적 무효, 사회질서위반 ×

★
12. 강행규정에 위반한 자도 스스로 그 약정의 무효를 주장할 수 있다. ( )

13. 강행법규에 위반한 자가 스스로 그 약정의 무효를 주장하는 것은 특별한 사정이 없는 한
신의칙에 반한다. ( )

14. 강행규정위반의 무효는 선의의 제3자에게도 주장할 수 있다. ( )

15. 강행규정을 위반하여 무효인 법률행위는 추인에 의해 유효로 될 수 없다. ( )

★
16. 강행규정에 위반하여 무효인 계약의 상대방이 그 위반사실에 대하여 선의·무과실이더라도
표현대리의 법리가 적용될 여지는 없다. ( )

17. 강행규정에 위반한 행위라도 그것이 사회질서에 위반하지 않는 경우에는 불법원인급여에
해당하지 않는다. ( )

★
18. 법률행위가 강행규정에 위반하여 무효인 경우에는 언제나 불법원인급여에 해당한다.
( )

- 무효인 법률행위의 관계
1. 당사자간
① 이행 전 ⇨ 이행할 필요 ×
② 이행 후 ⇨ 부당이득반환을 청구 ○
　　　　 ⇨ 사회질서위반자 ⇨ 반환청구 ×(불법원인급여)

2. 제3자와의 관계
① 절대적 무효(원칙) ⇨ 모든 제3자에게 무효를 주장 ○
② 비진의표시, 통정허위표시 ⇨ 선의의 제3자에게 무효를 주장 ×
③ 명의신탁 ⇨ 선의 악의 불문하고 제3자에게 무효를 주장 ×

---

03 | 목적의 사회적 타당성

- 행위당시를 기준

---

1. 정당한 대가를 지급하고 목적물을 매수하였더라도 그 후 목적물이 범죄행위로 취득한 것을 알게 되었다면 매매계약은 무효이다. ( )

- 사회질서위반이 아닌 경우
① 강박
② 조세포탈목적, 투기목적
③ 강제집행면탈목적

★
2. 국가기관이 위헌적인 공권력을 행사하여 강박상태에서 의사표시를 하였다 하더라도 항상 그것이 반사회성을 띠어 당연히 무효가 되는 것은 아니다. ( )

3. 양도소득세를 회피할 목적으로 실제 거래대금보다 낮은 금액으로 계약서를 작성하여 매매계약을 체결한 행위는 반사회적 법률행위에 해당되지 않는다. ( )

★★
4. 조세포탈목적으로 부동산을 명의신탁한 경우, 그 명의신탁은 반사회질서의 법률행위로서 무효로 된다. ( )

5. 투기의 목적으로 세입자입주권 15매를 매수하였다고 하더라도 그것만으로 사회질서에 반하는 법률행위로 무효로 된다고 할 수 없다. ( )

★★
6. 강제집행을 면할 목적으로 부동산에 허위의 근저당권설정등기를 경료하는 행위는 특별한 사정이 없는 한 반사회적 법률행위에 해당되지 않는다. ( )

★★
7. 강제집행을 면할 목적으로 부동산에 허위의 근저당권설정등기를 경료하는 행위는 반사회적 법률행위로서 무효이다. ( )

- 불법동기 ⇨ 표시 또는 알려진 경우 ⇨ 사회질서위반 ⇨ 무효

---

8. 매매계약의 동기가 반사회적이고 그 동기가 외부에 표시된 경우 그 매매계약은 무효이다. ( )

9. 불법동기가 법률행위 당시에 표시되지 않았더라도 상대방에게 알려진 경우에는 반사회적 법률행위가 되어 무효로 된다. ( )

> • 부첩계약
> ① 부첩관계를 맺으면서 한 약정 ⇨ 무효
> ② 부첩관계를 단절하면서 한 약정 ⇨ 유효

★
10. 부첩관계종료를 해제조건으로 하는 증여계약은 반사회적 법률행위에 해당하여 무효이다. (　　)

> • 도박
> ① 도박 ⇨ 사회질서위반 ⇨ 무효
> ② 도박채무변제 ⇨ 대리권수여행위(위임) ⇨ 유효

11. 도박자금에 제공할 목적으로 금전을 대여하는 행위는 반사회적 법률행위에 해당하여 무효이다. (　　)

12. 도박채무의 변제를 위하여 부동산의 처분에 대한 대리권을 수여한 경우, 대리권수여행위는 반사회적 법률행위에 해당하지 않는다. (　　)

13. 도박채무의 변제를 위하여 채무자로부터 부동산의 처분을 위임받은 채권자가 제3자에게 매도한 경우, 그 매매계약은 무권대리가 된다. (　　)

> • 변호사 아닌 자 ⇨ 사회질서위반

14. 변호사 아닌 자가 승소를 조건으로 그 대가로 소송당사자로부터 소송물 일부를 양도받기로 하는 약정은 반사회적 법률행위에 해당하여 무효이다. (　　)

> • 성공보수약정
> ① 민사사건 ⇨ 유효
> ② 형사사건 ⇨ 무효

★
15. 민사사건에 관하여 변호사와 체결한 성공보수약정은 반사회적 법률행위에 해당하지 않는다. (　　)

★
16. 형사사건에 대한 의뢰인과 변호사의 성공보수약정은 강행법규위반으로서 무효일 뿐 반사회적 법률행위는 아니다. (　　)

> • 비자금 ⇨ 은닉 ⇨ 임치 ⇨ 사회질서위반 ×

17. 뇌물로 받은 금전을 소극적으로 은닉하기 위하여 이를 임치하는 약정은 반사회적 법률행위에 해당하지 않는다. ( )

> • 대가약정
> ① 허위진술 ⇨ 무효
> ② 증언 ⇨ 초과 ⇨ 무효

18. 수사기관에서 허위진술의 대가를 지급하기로 한 약정은 그 대가가 적정하다면 반사회적 법률행위에 해당하지 않는다. ( )

19. 소송에서 사실대로 증언하여 줄 것을 조건으로 한 대가약정이 통상적으로 용인될 수 있는 수준을 초과한 경우에는 반사회적 법률행위에 해당하여 무효이다. ( )

> • 과도한 위약벌 약정, 보험사고를 가장, 궁지에 빠뜨린 다음 ⇨ 사회질서위반

20. 과도한 위약벌 약정은 법원의 직권감액이 가능하므로 선량한 풍속 기타 사회질서에 반할 여지가 없다. ( )

21. 오로지 보험사고를 가장하여 보험금을 취득할 목적으로 체결한 생명보험계약은 반사회적 법률행위에 해당하여 무효이다. ( )

22. 행정기관에 진정서를 제출하여 상대방을 궁지에 빠뜨린 다음 이를 취하하는 조건으로 거액의 급부를 받기로 한 약정은 반사회적 법률행위에 해당하여 무효이다. ( )

> • 일정기간 ⇨ 사회질서위반 ×

23. 해외파견 근로자의 귀국 후 일정기간 소속회사에 근무토록 한 약정은 특별한 사정이 없는 한 반사회적 법률행위라고 할 수 없다. ( )

> • 주지임명행위 ⇨ 사회질서위반 ✕

24. 전통사찰의 주지직을 거액의 금품을 대가로 양도하기로 하는 약정이 있음을 알고도 이를 묵인한 상태에서 한 종교법인의 주지임명행위는 반사회적 법률행위에 해당하지 않는다. ( )

> • 사회질서위반자 ⇨ 반환청구 ✕

25. 첩계약의 대가로 부동산의 소유권을 이전해 주었다면 어떠한 이유로도 그 반환을 청구할 수 없다. ( )

> • 사회질서위반 ⇨ 절대적 무효

26. 사회질서에 위반한 사항을 내용으로 하는 법률행위의 무효는 이를 주장할 이익이 있는 자라면 누구든지 무효를 주장할 수 있다. ( )

27. 반사회적 법률행위의 무효는 선의의 제3자에게도 대항할 수 있다. ( )

28. 반사회적 법률행위에 해당하는 제2매매계약에 기초하여 제2매수인으로부터 그 부동산을 매수하여 등기한 선의의 제3자는 제2매매계약의 유효를 주장할 수 있다. ( )

> • 부동산이중매매
> ① 제1매매계약 ⇨ 이행에 착수한 후(중도금지급 후)
> ② 제2매수인 ⇨ 악의 ⇨ 유효
> ③ 제2매수인 ⇨ 적극 가담 ⇨ 사회질서위반 ⇨ 무효

29. 부동산 매매계약에서 계약금을 수수한 후 당사자가 매매계약의 이행에 착수하기 전에 제3자가 매도인을 적극 유인하여 해당 부동산을 매수하였다면 매도인과 제3자 사이의 그 매매계약은 반사회적 법률행위가 아니다. ( )

30. 부동산을 매도인이 이미 제3자에게 매각한 사실을 매수인이 단순히 알고 있었던 경우에 매도인의 요청으로 그 부동산을 매수하기로 한 계약은 반사회적 법률행위가 아니다. ( )

31. 대리인이 매도인의 배임행위에 적극 가담하여 이루어진 부동산의 이중매매는 본인인 매수인이 그러한 사정을 몰랐다면 반사회질서의 법률행위가 되지 않는다. ( )

> • 부동산이중매매 ⇨ 적극 가담
> ① 대위 말소
> ② 제3자도 무효
> ③ 손해배상청구

32. 甲은 자기소유의 X토지를 乙에게 매도하고 중도금을 수령하였으나 乙명의로 등기하지 않고 있던 중, 丙이 甲의 배임행위에 적극 가담하여 甲으로부터 X토지를 매수하여 丙명의로 등기를 경료하였다.

① 乙은 甲을 대위하여 丙에게 말소등기를 청구할 수 있다. (   )

② 乙은 丙에게 직접 소유권이전등기를 청구할 수 없다. (   )

③ 乙은 소유권이전청구권의 보전을 위하여 甲과 丙의 매매계약에 대하여 채권자취소권을 행사할 수 없다. (   )

④ 乙은 丙에게 직접 불법행위를 이유로 손해배상을 청구할 수 있다. (   )

⑤ 丁이 X토지를 丙으로부터 매수하여 이전등기를 받은 경우, 丁은 선의라도 甲과 丙의 매매계약의 유효를 주장할 수 없다. (   )

04 | 불공정한 법률행위(폭리행위)

> • 현저한 불균형 ⇨ 행위당시를 기준 ⇨ 객관적으로 판단 ⇨ 무상행위 ×

---

1. 불공정한 법률행위에 해당하는지는 법률행위 당시를 기준으로 판단해야 한다. (   )

2. 급부와 반대급부 사이의 현저한 불균형은 피해자의 궁박·경솔·무경험의 정도를 고려하여 당사자의 주관적 가치에 따라 판단한다. (   )

★★
3. 증여와 같은 무상행위도 불공정한 법률행위가 될 수 있다. (   )

> • 궁박 ⇨ 정신적·심리적 궁박도 포함 ○

---

4. 궁박은 경제적 궁박에 한하지 않고, 정신적 또는 심리적 원인에 기한 궁박도 포함된다. (   )

> • 무경험 ⇨ 거래일반에 대한 경험부족 ○, 특정거래 영역 X

★
5. 무경험은 특정 영역에서의 경험부족이 아니라 거래일반에 대한 경험부족을 의미한다. (   )

★
6. 무경험이라 함은 특정거래 영역에서 요구되는 경험의 부족을 의미한다. (   )

> • 대리행위 ⇨ 궁박 ⇨ 본인

★★
7. 대리인에 의한 법률행위의 경우, 궁박 상태에 있었는지는 본인을 기준으로 판단한다. (   )

8. 불공정한 법률행위가 대리인에 의하여 행해진 경우, 궁박·경솔·무경험은 대리인을 기준으로 판단하여야 한다. (   )

> • 폭리의사 ⇨ 알면서 이용 ⇨ 경매 ×

★
9. 급부 간 현저한 불균형이 있더라도 폭리자가 피해당사자 측의 사정을 알면서 이를 이용하려는 의사가 없다면 불공정한 법률행위가 아니다. (   )

10. 당사자가 궁박·경솔 또는 무경험의 상태에 있는 때에는 그 상대방에게 폭리행위의 악의가 없다고 하더라도 불공정한 법률행위는 성립한다. (   )

★★
11. 경매절차에서 매각대금이 시가보다 현저히 저렴하더라도 불공정한 법률행위를 이유로 그 무효를 주장할 수 없다. ( )

12. 경매절차에서 매각대금이 시가보다 현저히 저렴한 경우, 그 경매는 불공정한 법률행위로서 무효이다. ( )

• 무효를 주장하는 자가 모두 입증 ⇨ 추정 ✕

★
13. 법률행위가 현저하게 공정을 잃었다고 하여 곧 그것이 궁박, 경솔 또는 무경험으로 이루어진 것으로 추정되지 않는다. ( )

14. 급부와 반대급부 사이에 현저한 불균형이 존재하면 궁박이 추정된다. ( )

• 피해자는 반환청구 ○ ⇨ 제3자도 무효

---

15. 불공정한 법률행위의 무효는 선의의 제3자에게 대항할 수 없다. ( )

• 불공정 ⇨ 추인 ⇨ 불공정 ⇨ 무효

★
16. 불공정한 법률행위는 무효행위의 추인에 의하여 유효로 될 수 없다. ( )

• 불공정 ⇨ 전환 ⇨ 공정 ⇨ 유효

★★
17. 불공정한 법률행위로서 무효인 경우에도 무효행위의 전환에 의해 유효로 될 수 있다.
( )

05 | 진의 아닌 의사표시(비진의표시)

> • 비진의표시
> ① 원칙 ⇨ 유효 ⇨ 상대방은 선의무과실로 추정
> ② 상대방이 알았거나 알 수 있었을 경우(과실) ⇨ 무효
>   ⇨ 선의의 제3자에게 대항 ×

★
1. 진의 아닌 의사표시는 원칙적으로 무효이다. (　)

★
2. 비진의표시는 표의자의 진의 아님을 상대방이 과실로 알지 못한 경우에는 무효이다. (　)

3. 상대방이 표의자의 진의 아님을 알았다는 것은 무효를 주장하는 자가 증명하여야 한다.
(　)

4. 상대방이 표의자의 진의 아님을 알았을 경우, 표의자는 진의 아닌 의사표시를 취소할 수 있다. (　)

5. 비진의표시의 무효는 선의의 제3자에게 대항하지 못한다. (　)

> • 진의 ⇨ 진정으로 마음속에서 원하는 사항 ×

★
6. 진의 아닌 의사표시에 있어서의 진의란 표의자가 진정으로 마음속에서 원하는 사항을 의미한다. (　)

★
7. 진의 아닌 의사표시에서 진의는 특정한 내용의 의사표시를 하고자 하는 표의자의 생각을 말한다. (　)

> • 강박 ⇨ 비진의표시(내심의 효과의사가 결여된 것) ×

★
8. 재산을 강제로 뺏긴다는 인식을 하고 있는 자가 고지된 해악이 두려워 어쩔 수 없이 증여의 의사표시를 한 경우 이는 비진의표시라 할 수 없다. (　)

9. 강박에 따라 제3자에게 증여한 경우, 표의자는 마음속에서 진정으로 원하지 않았으나 당시의 상황에서는 최선이라고 판단하여 의사표시를 하였다면 비진의표시가 된다. (　)

> • 대리권남용 ⇨ 비진의표시 유추적용 ○

★
10. 대리인이 대리권을 남용한 경우, 비진의표시에 관한 규정이 유추적용된다. ( )

11. 대리인이 자신의 이익을 위하여 대리권을 남용하는 경우는 무권대리에 해당한다. ( )

12. 대리인이 자기의 이익을 위하여 배임적 대리행위를 한 경우, 상대방이 이러한 사실을 알았거나 알 수 있었다면 대리행위는 본인에게 효력이 없다. ( )

> • 공법상 행위 ⇨ 적용 × ⇨ 유효

★★
13. 공무원의 사직의 의사표시와 같은 공법행위에는 비진의표시에 관한 규정이 적용되지 않는다. ( )

★★
14. 전체공무원이 일괄사표를 제출함에 따라 공무원 甲도 함께 사직서를 제출한 경우, 甲의 내심의 의사는 사직할 뜻이 아니었으므로 사직서의 제출은 무효이다. ( )

> • 명의대여하여 대출약정을 한 경우 ⇨ 비진의표시 × ⇨ 유효

★★
15. 甲이 법률상 또는 사실상의 장애로 자기명의로 대출받을 수 없는 乙을 위하여 대출금 채무자로서의 명의를 빌려준 경우, 甲의 의사표시는 비진의표시라고 할 수 없다. ( )

16. 은행대출한도를 넘은 甲을 위해 乙이 은행대출약정서에 주채무자로 서명날인한 경우, 은행이 이런 사정을 알았더라도 乙은 원칙적으로 대출금반환채무를 진다. ( )

17. 대출절차상 편의를 위하여 명의를 빌려준 자가 채무부담의 의사를 가졌더라도 그 의사표시는 비진의표시이다. ( )

06 | 통정허위표시

| • 통정허위표시 ⇨ 합의 |

1. 통정허위표시가 성립하기 위해서는 진의와 표시의 불일치에 관하여 상대방과 합의가 있어야 한다. (　)

2. 통정허위표시는 표의자가 의식적으로 진의와 다른 표시를 한다는 것을 상대방이 알았다면 성립한다. (　)

| • 통정허위표시 ⇨ 당사자 사이 무효, 사회질서위반 × |

3. 통정허위표시의 당사자 사이에는 그 의사표시에 따른 권리의무가 발생한다. (　)

4. 통정허위표시로 무효인 경우, 당사자는 가장행위의 채무불이행이 있더라도 이를 이유로 하는 손해배상을 청구할 수 없다. (　)

5. 강제집행을 면할 목적으로 부동산에 허위의 근저당권설정등기를 하는 행위는 반사회적 법률행위로 볼 수 없다. (　)

| • 통정허위표시 ⇨ 채권자취소 ○ |

6. 통정허위표시로서 무효인 법률행위도 채권자취소권의 대상이 될 수 있다. (　)

| • 은닉행위(증여) ⇨ 유효 |

7. 당사자가 통정하여 증여를 매매로 가장한 경우, 증여는 유효이다. (　)

8. 당사자가 통정하여 증여를 매매로 가장한 경우, 증여와 매매 모두 무효이다. (　)

| • 선의의 제3자에게 대항(주장) × |

9. 선의의 제3자에 대해서는 통정허위표시의 당사자뿐만 아니라 그 누구도 통정허위표시의 무효로 대항할 수 없다. (　)

10. 통정허위표시의 제3자가 악의라도 그 전득자가 통정허위표시에 대하여 선의인 때에는 전득자에게 허위표시의 무효를 주장할 수 없다. ( )

11. 악의의 제3자로부터 선의로 전득한 자는 선의의 제3자로 보호받지 못한다. ( )

> • 제3자는 선의이면 족하고 무과실은 불요

12. 통정허위표시의 무효에 대항하기 위해서 제3자는 선의이면 족하고, 무과실일 필요는 없다. ( )

13. 제3자가 통정허위표시의 무효에 대항하기 위해서는 선의 · 무과실이어야 한다. ( )

14. 허위표시의 당사자는 선의의 제3자에게 과실이 있다면 의사표시의 무효를 그 제3자에게 주장할 수 있다. ( )

> • 제3자 ⇨ 선의로 추정 ○

15. 통정허위표시의 무효에 대항하려는 제3자는 자신이 선의라는 것을 증명하여야 한다. ( )

16. 가장양수인으로부터 소유권이전등기청구권 보전을 위한 가등기를 경료한 자는 특별한 사정이 없는 한 선의로 추정된다. ( )

> • 가장채권을 가압류한 채권자 ⇨ 제3자에 해당 ○

17. 통정허위표시에 의하여 생긴 채권을 가압류한 경우, 가압류채권자는 선의이더라도 통정허위표시에서 보호받는 제3자에 해당하지 않는다. ( )

> • 파산관재인 ⇨ 파산채권자 모두가 악의가 아닌 한 ⇨ 선의의 제3자

18. 파산관재인은 그가 비록 통정허위표시에 대해 악의였다고 하더라도 파산채권자 모두가 악의로 되지 않는 한 선의의 제3자로 인정된다. ( )

19. 파산채권자 중 일부라도 악의라면 파산관재인은 선의의 제3자라고 할 수 없다. ( )

20. 파산관재인은 모든 파산채권자가 선의인 경우에 한하여 그의 선의가 인정된다. ( )

> • 가장채무를 보증한 보증인 ⇨ 보증채무를 이행 ⇨ 제3자에 해당 ○

21. 가장채무를 보증하고 그 보증채무를 이행하여 구상권을 취득한 선의의 보증인은 통정허위표시에서 보호받는 제3자에 해당한다. ( )

22. 통정허위표시에 따른 선급금 반환채무 부담행위에 기하여 선의로 그 채무를 보증한 자는 보증채무의 이행 여부와 상관없이 허위표시의 무효로부터 보호받는 제3자에 해당한다. ( )

> • 제3자에 해당하지 않는 자
> ① 대리인이 가장매매를 한 경우에 있어서 본인
> ② 제3자를 위한 계약에 있어서 수익자
> ③ 채권의 가장양도에 있어서 채무자
> ④ 차주와 통정하여 가장소비대차계약을 체결한 금융기관으로부터 그 계약을 인수한 자

23. 대리인이 대리권의 범위 안에서 현명하여 상대방과 통정허위표시를 한 경우, 본인이 선의라면 특별한 사정이 없는 한 그는 허위표시의 유효를 주장할 수 있다. ( )

24. 제3자를 위한 계약이 통정허위표시에 해당하여 무효인 경우, 제3자가 선의인 경우에는 요약자는 제3자에게 무효로 대항할 수 없다. ( )

07 | 착오

- 지번 착오 ⇨ 착오 취소 ×

1. 상대방이 표의자의 진의에 동의한 경우, 표의자는 착오를 이유로 취소할 수 없다. ( )

2. 상대방이 착오자의 진의에 동의하더라도 착오자는 의사표시를 취소할 수 있다. ( )

3. 매매계약당사자가 매매목적물인 X토지의 지번에 착오를 일으켜 계약서에 목적물을 Y토지로 표시한 경우, 착오를 이유로 의사표시를 취소할 수 없다. ( )

4. X토지를 계약의 목적물로 삼은 당사자가 모두 지번에 착오를 일으켜 계약서에 목적물을 Y토지로 표시한 경우, 착오를 이유로 의사표시를 취소할 수 있다. ( )

- 동기의 착오 ⇨ ① 표시 ② 유발 또는 제공 ③ 합의 불요

5. 상대방에 의해 유발된 동기의 착오는 동기가 표시되지 않았더라도 중요부분의 착오가 될 수 있다. ( )

6. 동기의 착오는 동기가 표시되어 해석상 법률행위의 내용으로 된 경우에 한해서만 유일하게 고려된다. ( )

7. 동기의 착오를 이유로 취소하려면 당사자 사이에 동기를 의사표시의 내용으로 하는 합의가 필요하다. ( )

- 경제적 불이익 × ⇨ 중요부분의 착오 × ⇨ 가압류 원인무효

8. 착오로 인하여 표의자가 경제적 불이익을 입은 것이 아니라고 한다면 이를 법률행위 내용의 중요부분의 착오라고 할 수 없다. ( )

9. 착오에 의한 의사표시로 표의자가 경제적 불이익을 입지 않더라도 착오를 이유로 그 의사표시를 취소할 수 있다. ( )

10. 가압류등기가 없다고 믿고 보증하였더라도 그 가압류가 원인 무효인 것으로 밝혀진 경우, 착오를 이유로 의사표시를 취소할 수 없다. ( )

> • 중요부분의 착오
> ① 토지의 현황·경계에 관한 착오
> ② 법률에 관한 착오

11. 농지의 상당부분이 하천임을 알았더라면 농지 매매계약을 체결하지 않았을 것이 명백한 경우, 법률행위 내용의 중요부분의 착오에 해당될 수 있다. ( )

★
12. 법률에 관한 착오라도 그것이 법률행위의 내용의 중요부분에 관한 것인 때에는 표의자는 그 의사표시를 취소할 수 있다. ( )

13. 착오에 관한 민법규정은 법률의 착오에 적용되지 않는다. ( )

> • 중요부분의 착오 ×
> ① 시가에 관한 착오
> ② 수량부족, 지적부족

★
14. 부동산 시가에 관한 착오는 특별한 사정이 없는 한 법률행위 내용의 중요부분의 착오에 해당하지 않는다. ( )

★
15. 건물 및 부지를 현상대로 매수하는 경우에 부지의 지분이 다소 부족하면 이러한 근소한 차이도 중요부분의 착오로 인정된다. ( )

> • 입증책임
> ① 중요부분의 착오 ⇨ 착오자(법률행위의 효력을 부인하려는 자)
> ② 중대한 과실 ⇨ 상대방(법률행위의 효력을 주장하려는 자)

16. 착오를 이유로 취소하기 위해서는 표의자는 계약 내용에 착오가 있었다는 사실과 함께 만일 그 착오가 없었더라면 의사표시를 하지 않았을 것이라는 점도 증명해야 한다. ( )

★★
17. 표의자의 중대한 과실은 법률행위의 효력을 주장하는 자가 증명하여야 한다. ( )

★★
18. 표의자의 중대한 과실 유무는 착오에 의한 의사표시의 효력을 부인하는 자가 증명하여야 한다. ( )

★★
19. 착오자는 중요부분의 착오라는 사실과 자신에게 중과실이 없다는 사실을 입증해야 취소할 수 있다. ( )

• 경과실 ⇨ 취소 ○

★
20. 표의자가 경과실로 인하여 착오에 빠져 법률행위를 한 경우, 착오를 이유로 취소하는 것은 위법하다고 할 수 없다. (　)

21. 법률에 관해 경과실로 착오를 한 경우, 표의자는 그것이 법률행위의 중요부분에 관한 것이더라도 그 착오를 이유로 취소할 수 없다. (　)

• 중대한 과실 ⇨ 상대방이 알고 이용 ⇨ 취소 ○

★★
22. 상대방이 표의자의 착오를 알면서 이용한 경우에는 표의자에게 중대한 과실이 있더라도 표의자는 착오에 의한 의사표시를 취소할 수 있다. (　)

23. 착오가 표의자의 중대한 과실로 인한 경우에는 상대방이 표의자의 착오를 알고 이용하더라도 표의자는 의사표시를 취소할 수 없다. (　)

• 중대한 과실
---

24. 부동산중개업자가 다른 점포를 매매 목적물로 잘못 소개하여 매수인이 매매목적물에 관하여 착오를 일으킨 경우, 매수인에게 중대한 과실은 인정되지 않는다. (　)

25. 공인중개사를 통하지 않고 토지거래를 하는 경우, 토지대장을 확인하지 않은 매수인은 중대한 과실이 인정된다. (　)

26. 공장을 경영하는 자가 새로운 공장을 설립할 목적으로 토지를 매수하면서 공장을 건축할 수 있는지 여부를 관할관청에 알아보지 않은 경우, 중대한 과실이 인정된다. (　)

• 사기 ⇨ 중요부분의 착오 ⇨ 착오와 사기 경합 ⇨ 선택 ○
---

27. 타인의 기망에 의하여 중요부분의 착오가 발생한 경우, 표의자는 착오 또는 사기를 선택적으로 주장할 수 있다. (　)

> • 착오와 담보책임 ⇨ 경합 ⇨ 착오를 이유로 취소 ○

★★
28. 매매계약의 중요부분에 착오가 있는 경우, 매도인의 하자담보책임이 성립하는지와 상관없이 매수인은 착오를 이유로 그 매매계약을 취소할 수 있다. (　)

29. 물건의 하자로 매도인의 하자담보책임이 성립하는 경우, 매수인은 매매계약 내용의 중요부분에 착오가 있더라도 그 계약을 취소할 수 없다. (　)

> • 해제 후 취소 ○

★★
30. 매도인이 매수인의 채무불이행을 이유로 매매계약을 적법하게 해제한 후에도 매수인은 착오를 이유로 그 매매계약을 취소할 수 있다. (　)

31. 매수인의 중도금 미지급을 이유로 매도인이 적법하게 계약을 해제한 경우, 매수인은 착오를 이유로 계약을 다시 취소할 수는 없다. (　)

> • 착오 ⇨ 취소 ⇨ 손해 ⇨ 불법행위 × ⇨ 손해배상 ×

★★
32. 경과실로 인해 착오에 빠진 자가 매매계약을 취소한 경우, 상대방은 착오자에게 불법행위책임을 물을 수 없다. (　)

★★
33. 표의자가 착오를 이유로 취소한 경우, 취소된 의사표시로 인해 손해를 입은 상대방은 불법행위를 이유로 손해배상을 청구할 수 있다. (　)

> • 착오 ⇨ 임의규정 ⇨ 특약으로 적용 배제 ○

★
34. 당사자의 합의로 착오로 인한 취소규정의 적용을 배제할 수 있다. (　)

★
35. 착오를 이유로 취소하지 않기로 특약한 경우에도 착오자는 중요부분의 착오가 있으면 취소할 수 있다. (　)

08 | 사기, 강박

> • 부작위, 침묵 ➭ 사기 ○

★
1. 부작위에 의한 기망행위도 인정될 수 있다. ( )

2. 아파트 분양자가 아파트단지 인근에 대규모 공동묘지가 조성된 사실을 알면서 수분양자에게 고지하지 않은 경우, 이는 기망행위에 해당한다. ( )

3. 아파트 분양자가 아파트 인근에 쓰레기매립장이 건설될 예정이라는 사실을 분양계약자에게 고지하지 않는 것은 기망행위에 해당한다. ( )

> • 시가, 다소 과장 ➭ 사기 ✕

★
4. 교환계약의 당사자 일방이 자기 소유 목적물의 시가를 묵비한 것은 특별한 사정이 없는 한 기망행위가 아니다. ( )

★
5. 계약의 당사자가 목적물의 시가를 묵비하여 상대방에게 고지하지 않은 경우, 특별한 사정이 없는 한 상대방의 의사결정에 불법적인 간섭을 한 것이다. ( )

★
6. 분양회사가 상가를 분양하면서 그 곳에 첨단 오락타운을 조성하여 수익을 보장한다는 다소 과장된 선전광고를 하는 것은 기망행위에 해당한다. ( )

> • 강박
> ① 사회질서위반 ✕
> ② 비진의표시 ✕
> ③ 완전히 박탈 ➭ 무효

★
7. 법률행위의 성립과정에 강박이라는 불법적 방법이 사용된 것에 불과한 때에는 반사회질서의 법률행위라고 할 수 없다. ( )

★
8. 강박에 의해 증여의 의사표시를 하였다면 증여의 내심의 효과의사가 결여된 것으로 볼 수 있다. ( )

★★
9. 강박에 의해 의사결정의 자유가 완전히 박탈되어 그 외형만 있는 법률행위는 무효이다. ( )

10. 강박행위의 주체가 국가 공권력이고 그 공권력의 행사의 내용이 기본권을 침해하는 것이면 그 강박에 의한 의사표시는 당연히 무효가 된다. ( )

> • 불법적인 해악의 고지 × ⇨ 강박 ×

11. 상대방이 불법적인 해악의 고지 없이 각서에 서명날인할 것을 강력히 요구하는 것만으로는 강박이 되지 않는다. ( )

> • 고소, 고발 ⇨ 부정 또는 부당 ⇨ 위법성 ○ ⇨ 강박

★
12. 부정한 이익의 취득을 목적으로 하더라도 정당한 권리 행사로서의 고소, 고발은 위법성이 부정되어 강박행위에 해당하지 않는다. ( )

★
13. 강박행위의 목적이 정당한 경우에는 비록 그 수단이 부당하다고 하더라도 위법성이 인정될 여지가 없다. ( )

> • 제3자에 의한 사기 강박
> ① 상대방이 알았거나 알 수 있었을 경우 ⇨ 과실 ⇨ 취소 ○
> ② 상대방이 선의무과실인 경우 ⇨ 무과실 ⇨ 취소 ×
> ③ 제3자에게 손해배상청구 ⇨ 먼저 취소할 필요 ×

★
14. 제3자의 사기에 의해 의사표시를 한 표의자는 상대방이 그 사실을 알았거나 알 수 있었을 경우에 그 의사표시를 취소할 수 있다. ( )

15. 표의자가 제3자의 사기로 의사표시를 한 경우, 상대방이 그 사실을 과실로 알지 못한 경우에는 표의자는 취소할 수 없다. ( )

★★
16. 제3자의 사기로 계약을 체결한 경우, 표의자는 그 계약을 취소하지 않고 그 제3자에게 불법행위책임을 물을 수 있다. ( )

★★
17. 제3자의 사기로 계약을 체결한 경우, 표의자는 먼저 그 계약을 취소하여야 제3자에게 불법행위로 인한 손해배상을 청구할 수 있다. ( )

★★
18. 제3자의 사기로 계약을 체결한 경우, 그 계약을 취소하지 않으면 그 제3자에게 손해배상을 청구할 수 없다. ( )

> • 대리인의 사기 강박 ⇨ 언제나 취소 ○

★★
19. 대리인의 기망행위에 의해 계약이 체결된 경우, 계약의 상대방은 본인이 선의이더라도 계약을 취소할 수 있다. (　)

★★
20. 甲의 대리인 乙의 사기로 매수한 丙은 甲이 그 사실을 과실 없이 알지 못한 경우에는 사기를 이유로 매매를 취소할 수 없다. (　)

★★
21. 기망행위를 한 자가 상대방의 대리인인 경우, 상대방이 그 사실을 알았거나 알 수 있었을 경우에 한하여 그 의사표시를 취소할 수 있다. (　)

★
22. 상대방의 대리인에 의한 사기는 제3자의 사기에 해당하지 않으나, 상대방의 피용자에 의한 사기는 제3자의 사기에 해당한다. (　)

23. '제3자의 강박'에 의한 의사표시에서 상대방의 대리인은 제3자에 포함되지 않는다. (　)

> • 사기와 담보책임 ⇨ 경합(선택) ⇨ 사기를 이유로 취소 ○

24. 기망에 의하여 하자 있는 물건을 매수한 경우, 매수인은 담보책임만을 주장할 수 있고 사기를 이유로 한 취소권을 행사할 수 없다. (　)

> • 소송행위 ⇨ 착오, 사기, 강박 ⇨ 취소 ×

★
25. 사기나 강박에 의한 소송행위는 원칙적으로 취소할 수 없다. (　)

26. 소송대리인의 사무원의 착오로 소를 취하한 경우, 착오를 이유로 취소할 수 있다. (　)

09 | 의사표시의 효력발생시기

> • 도달주의 ⇨ 요지한 때 ×, 요지할 수 있는 상태 ○

1. 도달은 표의자의 상대방이 통지를 현실적으로 수령한 것을 의미한다. ( )

2. 의사표시의 도달이란 상대방이 그 내용을 안 것을 의미한다. ( )

★
3. 상대방이 정당한 사유 없이 의사표시 통지의 수령을 거절한 경우, 상대방이 그 통지의 내용을 알 수 있는 객관적 상태에 놓여 있는 때에 의사표시의 효력이 생기는 것으로 보아야 한다.
( )

> • 도달주의 ⇨ 도달 후 철회 ×

★
4. 의사표시가 도달한 경우에도 상대방이 그 내용을 알기 전이라면 철회할 수 있다. ( )

> • 내용증명우편, 등기우편 ⇨ 도달 추정 ○ / 보통우편 ⇨ 도달 추정 ×

★
5. 의사표시가 기재된 내용증명우편이 발송되고 달리 반송되지 않았다면 특별한 사정이 없는 한 그 의사표시는 도달된 것으로 본다. ( )

6. 보통우편의 방법으로 발송된 의사표시는 상당기간 내에 도달하였다고 추정된다. ( )

> • 발신 후 표의자가 사망, 행위능력 상실 ⇨ 효력 발생 ○

★★
7. 표의자가 의사표시를 발송한 후 **사망**하더라도 그 의사표시의 **효력에는 영향이 없다.** ( )

★★
8. 표의자가 의사표시를 발송한 후 사망한 경우, 그 의사표시는 효력을 잃는다. ( )

★
9. 표의자가 그 통지를 발송한 후 제한능력자가 되었다면, 그 의사표시를 취소할 수 있다.
( )

> • 제한능력자가 수령한 경우 ⇨ 도달 주장 × ⇨ 법정대리인이 안 때 ⇨ 도달 주장 ○

★
10. 제한능력자는 원칙적으로 의사표시의 수령무능력자이다. (　)

★
11. 상대방이 제한능력자인 경우, 그 법정대리인이 의사표시의 도달을 알기 전에는 표의자는 도달을 주장할 수 없다. (　)

12. 적법하게 성립된 매매에 관하여 해제사유가 발생한 경우, 해제의 의사가 상대방 당사자의 미성년자에게 도달하면 그 즉시 해제의 효력이 발생한다. (　)

> • 공시송달

13. 표의자가 과실 없이 상대방을 알지 못하는 경우, 민사소송법 공시송달의 규정에 의하여 의사표시를 송달할 수 있다. (　)

14. 표의자가 과실로 상대방을 알지 못하는 경우에는 민사소송법 공시송달의 규정에 의하여 의사표시의 효력을 발생시킬 수 있다. (　)

10 | 대 리

> • 대리제도
> ① 법률행위 ⇨ 대리인
> ② 효과(책임) ⇨ 본인

★
1. 대리인에 의하여 체결된 계약이 상대방에 의하여 해제된 경우, 대리인이 수령한 상대방의 급부를 본인이 현실적으로 인도받지 못하였더라도, 본인이 해제로 인한 원상회복의무를 부담한다. (   )

★
2. 대리인에 의하여 체결된 계약이 상대방에 의하여 해제된 경우, 상대방은 대리인에게 손해배상을 청구할 수 없다. (   )

> • 매매계약을 체결할 권한
> ① 대금수령권한, 지급기일연기권한 ○
> ② 해제 ×, 취소 ×

★★
3. 토지매각의 대리권을 수여받은 대리인은 특별한 사정이 없는 한 매매대금을 수령하고 소유권등기를 이전할 권한이 있다. (   )

★★
4. 대리인이 상대방으로부터 대금 전부를 지급받고 아직 본인에게 전달하지 않았더라도 특별한 사정이 없는 한 상대방의 대금지급의무는 변제로 소멸한다. (   )

★★
5. 포괄적인 매매계약을 체결할 대리권을 수여받은 대리인은 특별한 사정이 없는 한 대금지급기일을 연기해 줄 권한이 있다. (   )

★★
6. 甲이 乙에게 매매계약을 체결할 대리권을 수여한 경우, 원칙적으로 乙은 계약을 해제할 권한도 있다. (   )

> • 권한을 정하지 아니한 대리인
> ① 보존행위 ⇨ 제한 ×
> ② 이용행위, 개량행위 ⇨ 성질이 변하지 않는 범위에서 ○

7. 권한을 정하지 아니한 대리인은 보존행위를 할 수 있다. (   )

8. 권한을 정하지 아니한 대리인은 보존행위만을 할 수 있다. (   )

9. 임의대리인이 본인 소유의 미등기부동산의 보존등기를 하기 위해서는 본인에 의한 특별수권이 있어야 한다. (　　)

10. 대리권의 범위가 명확하지 않은 임의대리인이라 하더라도 소멸시효를 중단시킬 수 있다. (　　)

• 자기계약, 쌍방대리가 허용되는 경우
① 본인의 허락
② 다툼이 없는 확정된 기한이 도래한 채무이행 ⇨ 등기신청행위

★
11. 대리인은 본인의 허락이 있으면 본인을 대리하여 자신이 본인의 부동산을 매수하는 계약을 체결할 수 있다. (　　)

12. 등기신청행위는 쌍방대리가 허용된다. (　　)

13. 대리인에 대한 본인의 금전채무가 기한이 도래한 경우 대리인은 본인의 허락 없이 그 채무를 변제하지 못한다. (　　)

• 임의대리와 법정대리의 공통된 소멸사유
① 본인 ⇨ 사망
② 대리인 ⇨ 사망, 성년후견개시, 파산
③ 한정후견개시 ⇨ 대리권소멸사유 ×

---

14. 대리인이 사망하면 특별한 사정이 없는 한 대리인의 상속인에게 그 대리권이 승계된다. (　　)

15. 대리인이 성년후견개시 심판을 받아 제한능력자가 되면 그의 대리권은 소멸한다. (　　)

★
16. 대리인이 한정후견개시의 심판을 받으면 대리권은 소멸한다. (　　)

17. 수권행위의 철회는 임의대리와 법정대리의 공통된 소멸사유이다. (　　)

• 대리행위의 하자
① 대리인을 기준
② 본인을 기준 ⇨ 지시, 궁박

---

18. 대리인이 매도인의 배임행위에 적극 가담하여 이루어진 부동산의 이중매매의 경우, 본인인 매수인이 그러한 사정을 몰랐다면 반사회적 법률행위가 되지 않는다. (　　)

★★
19. 대리행위가 불공정한 법률행위에 해당되는가에 있어서 궁박·경솔·무경험은 대리인을 기준으로 판단하여야 한다. (   )

20. 대리인이 의사표시를 한 경우, 착오의 유무는 본인을 표준으로 판단하여야 한다. (   )

21. 본인이 사기를 이유로 대리행위를 취소하려는 경우, 대리행위가 사기로 영향을 받았는지 여부는 대리인을 기준으로 판단한다. (   )

22. 대리인이 본인의 지시에 좇아 대리행위를 한 때에는 본인은 자기가 안 사정 또는 과실로 인하여 알지 못한 사정에 관하여 대리인의 부지를 주장하지 못한다. (   )

> • 대리인이 제한능력자인 경우 ⇨ 대리행위는 취소 ×

23. 대리인은 행위능력자임을 요하지 않는다. (   )
★★
24. 甲이 제한능력자인 乙을 대리인으로 선임한 경우, 甲은 乙이 한 대리행위를 제한능력을 이유로 취소할 수 있다. (   )

> • 대리인이 수인인 경우 ⇨ 각자대리 원칙

★
25. 대리인이 수인인 때에는 공동으로 본인을 대리함이 원칙이다. (   )

> • 임의대리 ⇨ 수권행위 ⇨ 묵시적 가능, 언제든지 철회 ○

26. 대리권수여행위는 묵시적으로도 가능하다. (   )
★
27. 임의대리의 경우, 그 원인된 법률관계가 종료되기 전에는 본인은 수권행위를 철회할 수 없다. (   )

> • 현명 ⇨ 묵시적 가능

28. 본인을 위한 것임을 표시하는 현명은 묵시적으로 할 수는 없다. (   )

29. 대리인이 매매계약서에 본인의 이름을 기재하고 본인의 인장을 날인한 경우에도 유효한 대리행위가 될 수 있다. (   )

11 | 복대리

- 복대리인 ⇨ 대리인이 자신의 이름(책임)으로 선임
① 복대리인 선임행위 ⇨ 대리행위 ×
② 복대리인 ⇨ 언제나 임의대리인

---

1. 대리인이 복대리인을 선임하는 행위는 본인을 위한 대리행위이다. (   )

★
2. 법정대리인이 선임한 복대리인도 임의대리인이다. (   )

- 복대리인 ⇨ 본인의 대리인

★★
3. 법정대리인이 선임한 복대리인은 법정대리인의 대리인이다. (   )

★★
4. 복대리인은 본인의 이름이 아닌 대리인의 이름으로 대리한다. (   )

5. 복대리인은 제3자에 대하여 대리인과 동일한 권리의무가 있다. (   )

6. 복대리인은 본인에 대하여 대리인과 동일한 권리의무가 있다. (   )

- 임의대리인
① 승낙 또는 부득이한 사유 ○ ⇨ 선임
② 선임감독상 책임 ○

★
7. 법률행위에 의해 대리권을 부여받은 대리인은 원칙상 복대리인을 선임할 수 있다. (   )

8. 임의대리인은 본인의 승낙이 있는 때에 한하여 복임권을 갖는다. (   )

★★
9. 임의대리인이 본인의 명시적 승낙을 얻어 복대리인을 선임한 경우에는 본인에 대하여 그 선임감독에 대한 책임이 없다. (   )

> • 법정대리인
> ① 언제나 선임 ⇨ 원칙 ⇨ 무과실책임
> ② 부득이한 사유로 선임 ⇨ 선임감독상 책임

★
10. 법정대리인은 그 책임으로 복대리인을 선임할 수 있다. ( )

11. 법정대리인은 부득이한 사유가 없더라도 복대리인을 선임할 수 있다. ( )

12. 법정대리인이 부득이한 사유로 복대리인을 선임한 경우에는 본인에 대하여 선임·감독상의 책임만 있다. ( )

> • 대리권 소멸 ⇨ 복대리권 소멸

★
13. 대리인이 복대리인을 선임한 후 사망한 경우, 특별한 사정이 없는 한 그 복대리권도 소멸한다. ( )

> • 복대리 ⇨ 표현대리 ○

★★
14. 임의대리인이 임의로 선임한 복대리인의 권한도 권한을 넘은 표현대리의 기본대리권이 될 수 있다. ( )

★★
15. 대리인이 대리권소멸 후 복대리인을 선임하였다면, 복대리인의 대리행위로는 표현대리가 성립할 수 없다. ( )

> • 대리인이 직접 처리할 필요가 없는 행위 ⇨ 묵시적 승낙 ○

16. 임의대리인은 본인의 묵시적 승낙에 의해서도 복대리인을 선임할 수 있다. ( )

★
17. 대리행위의 성질상 대리인에 의한 처리가 필요하지 않다면, 특별한 사정이 없는 한 복대리인의 선임에 관하여 묵시적 승낙이 있는 것으로 볼 수 있다. ( )

★
18. 대리인의 능력에 따라 사업의 성공여부가 결정되는 사무에 대해 대리권을 수여받은 경우에는 본인의 묵시적 승낙이 있는 것으로 볼 수 없다. ( )

12 | 무권대리

> • 무권대리행위 자체가 강행규정위반 등으로 무효인 경우
> ① 추인 ⇨ 효력 ×
> ② 무권대리인의 책임 ×
> ③ 표현대리 적용 ×

1. 무권대리행위가 강행규정위반으로 무효라 하더라도 본인이 추인하면 본인에게 효력이 발생한다. ( )

2. 무권대리행위가 강행규정위반으로 무효인 경우, 무권대리인의 책임은 발생할 수 없다. ( )

★★
3. 투자수익보장약정이 강행법규에 위반되어 무효인 경우, 표현대리는 적용될 여지가 없다. ( )

> • 추인 ⇨ 소급 유효

★
4. 무권대리행위를 본인이 추인하면 추인한 때로부터 그 효력이 생긴다. ( )

> • 추인의 상대방 ⇨ 무권대리인 ○, 상대방 ○, 전득자 ○

★
5. 추인은 무권대리행위로 인한 계약의 승계인에게는 할 수 없다. ( )

> • 본인이 무권대리인에게 추인 ⇨ 선의의 상대방은 철회 ○

★
6. 본인이 무권대리인에게 추인한 경우, 추인 사실을 모르는 상대방은 계약을 철회할 수 있다. ( )

> • 추인 ⇨ 상대방의 동의 불요

7. 무권대리행위의 추인은 상대방의 동의를 얻지 못하는 한 무효이다. ( )

> • 일부추인, 변경을 가한 추인, 조건을 붙인 추인 ⇨ 상대방의 동의 × ⇨ 무효

★
8. 본인이 무권대리행위의 일부를 추인을 하는 경우, 상대방의 동의가 없는 한 추인의 효력이 없다. (　)

> • 무권대리인이 본인을 상속 ⇨ 추인을 거절 ×

★★
9. 무권대리인이 본인을 상속한 경우, 무권대리인은 상대방에게 무효임을 주장하여 등기말소를 청구할 수 없다. (　)

★★
10. 무권대리인이 본인을 상속한 경우, 무권대리인이 상대방에게 추인을 거절하는 것은 신의칙에 반하지 않는다. (　)

> • 묵시적 추인 ⇨ 본인이 계약상 이행할 것처럼 행동한 경우

11. 본인이 무권대리행위를 알면서도 상대방에게 매매대금을 청구하여 수령하였다면, 특별한 사정이 없는 한, 추인한 것으로 볼 수 있다. (　)

12. 본인이 무권대리행위를 안 후 그것이 자기에게 효력이 없다고 이의를 제기하지 않고 이를 장시간 방치한 사실만으로는 추인하였다고 볼 수 없다. (　)

★
13. 무권대리행위가 범죄가 되는 경우에 본인이 그 사실을 알고도 장기간 형사고소를 하지 않았다면 묵시적 추인이 된다. (　)

> • 최고 ⇨ 선의악의 불문 ⇨ 확답 × ⇨ 거절

★★
14. 무권대리행위임을 알았던 상대방은 본인에게 최고할 수 없다. (　)

★★
15. 상대방이 본인에게 상당한 기간을 정하여 최고하였는데 본인이 그 기간 내에 확답을 발하지 아니한 때에는 추인한 것으로 본다. (　)

> • 철회 ⇨ 선의만 ⇨ 추인 전까지만 가능

★★
16. 계약체결 당시에 무권대리행위임을 상대방이 알았더라도 본인이 추인하기 전이라면 상대방은 계약을 철회할 수 있다. (   )

17. 선의의 상대방이 철회한 후에는 본인은 무권대리행위를 추인할 수 없다. (   )

> • 무권대리인의 책임
> ① 상대방의 선택
> ② 상대방은 선의 무과실
> ③ 제한능력자 ⇨ 책임 ×
> ④ 무과실책임

★
18. 대리권을 증명하지 못한 대리인은 자신의 선택에 따라 상대방에게 무권대리인의 책임을 부담한다. (   )

★
19. 본인의 추인을 얻지 못한 경우, 상대방이 무권대리에 관하여 선의이더라도 과실이 있으면 무권대리인은 상대방에게 계약을 이행할 책임이 없다. (   )

★★
20. 무권대리인이 제한능력자인 경우, 상대방은 무권대리인에게 계약이행 또는 손해배상을 청구할 수 없다. (   )

★★
21. 무권대리행위를 함에 있어서 무권대리인에게 과실이 없는 경우에도 무권대리인의 책임은 발생한다. (   )

★★
22. 무권대리행위가 제3자의 기망 등 위법행위로 야기되었더라도 무권대리인의 상대방에 대한 책임은 부정되지 않는다. (   )

★★
23. 무권대리인의 상대방에 대한 책임은 대리권 흠결에 관하여 무권대리인에게 귀책사유가 있어야만 인정된다. (   )

13 | 표현대리

> • 현명하지 않은 경우 ⇨ 표현대리 성립 ×

★
1. 본인을 위한 것임을 현명하지 않은 경우에는 표현대리는 성립할 수 없다. ( )

2. 甲의 담보설정 대리인 乙이 자기 앞으로 소유권이전등기를 하고 丙에게 소유권이전등기를 경료한 경우, 丙은 표현대리의 성립을 주장할 수 있다. ( )

> • 유권대리 주장 ⇨ 표현대리 주장 포함 ×

3. 표현대리가 성립된다고 하여 무권대리의 성질이 유권대리로 전환되는 것은 아니다. ( )

★★
4. 상대방의 유권대리 주장에는 표현대리의 주장도 포함된다. ( )

5. 소송에서 상대방이 본인에게 유권대리를 주장하여 이행청구를 한 경우, 법원은 표현대리의 성립여부를 심리·판단할 필요가 없다. ( )

> • 표현대리 ⇨ 직접 상대방만이 주장 ○

★
6. 권한을 넘은 표현대리에 관한 제126조의 제3자는 당해 표현대리행위의 직접 상대방만을 의미한다. ( )

7. 권한을 넘은 표현대리에 관한 규정에서의 제3자에는 당해 표현대리행위의 직접 상대방이 된 자 외에 전득자도 포함된다. ( )

> • 상대방의 선의무과실 ⇨ 대리행위 당시를 기준으로 판단

8. 상대방이 매수당시 대리인에게 대리권이 있다고 믿은 데 정당한 이유가 있었다면, 계약성립 후에 대리권 없음을 알았더라도 권한을 넘은 표현대리는 성립한다. ( )

> • 과실상계의 법리 적용 × ⇨ 본인의 책임 경감 ×

★★
9. 표현대리가 성립하는 경우에는 상대방에게 과실이 있더라도 과실상계의 법리를 유추적용하여 본인의 책임을 경감할 수 없다. ( )

10. 표현대리가 성립하는 경우, 과실상계의 법리를 유추적용하여 본인의 책임을 경감할 수 있다. ( )

> • 대리권수여표시에 의한 표현대리 ⇨ 임의대리 ○, 법정대리 ×

11. 대리권수여표시에 의한 표현대리는 법정대리에는 적용될 수 없다. ( )

12. 대리권수여표시에 의한 표현대리가 성립하기 위한 대리권수여의 표시는 사회통념상 대리권을 추단할 수 있는 직함의 사용을 승낙한 경우도 포함한다. ( )

> • 권한을 넘은 표현대리
> ① 기본대리권과 월권행위 간에 동종유사성 불요 ⇨ 전혀 별개 ⇨ 성립 ○
> ② 사자, 일상가사대리권, 공법상 대리권(등기신청행위), 복대리권, 표현대리권 ⇨ 기본대리권 ○

13. 기본대리권이 처음부터 존재하지 않는 경우에는 권한을 넘은 표현대리는 성립할 수 없다. ( )
★★
14. 권한을 넘은 표현대리의 경우, 기본대리권이 표현대리행위와 동종유사할 필요는 없다. ( )

15. 권한을 넘은 표현대리의 기본대리권은 대리행위와 같은 종류의 행위이어야 한다. ( )
★★
16. 대리인이 사자를 통해 권한 외의 대리행위를 한 경우, 그 사자에게는 기본대리권이 없으므로 권한을 넘은 표현대리가 성립할 수 없다. ( )
★★
17. 사실혼관계에 있는 부부의 경우, 일상가사대리권을 기본대리권으로 하는 권한을 넘은 표현대리가 성립할 수 있다. ( )

18. 권한을 넘은 표현대리는 임의대리뿐만 아니라 법정대리에도 적용된다. ( )
★★
19. 공법상 행위의 대리권도 표현대리의 기본대리권이 될 수 있다. ( )

20. 기본대리권이 등기신청행위임에도 대리인이 대물변제를 한 경우와 같이 전혀 별개의 행위를 한 경우에는 권한을 넘은 표현대리가 성립할 수 없다. ( )

★★
21. 복임권이 없는 임의대리인이 선임한 복대리인의 권한도 기본대리권이 될 수 있다. (   )

22. 복대리인의 행위에 대해서는 표현대리의 법리가 적용되지 않는다. (   )

★★
23. 대리권 소멸 후의 표현대리가 인정되는 경우에 그 표현대리의 권한을 넘은 대리행위가 있을 때에는 권한을 넘은 표현대리가 성립할 수 있다. (   )

24. 소멸한 대리권을 기본대리권으로 하여 권한을 넘은 표현대리가 성립할 수 있다. (   )

• 대리권소멸 후의 표현대리

25. 대리권이 처음부터 존재하지 않는 경우에는 대리권소멸 후의 표현대리는 성립할 수 없다. (   )

26. 법정대리의 경우에도 대리권 소멸 후의 표현대리가 성립할 수 있다. (   )

★★
27. 대리인이 대리권소멸 후 복대리인을 선임하였다면, 복대리인의 대리행위로는 표현대리가 성립할 수 없다. (   )

14 | 토지거래허가구역 ⇨ 허가 × ⇨ 유동적 무효

> • 무효 ⇨ 계약상 효력 ×

1. 유동적 무효상태에서는 매도인은 매수인의 채무불이행을 이유로 계약을 해제하거나 손해배상을 청구할 수 없다. (　)

★
2. 매수인은 토지거래허가가 있을 것을 조건으로 하여 매도인을 상대로 소유권이전등기절차의 이행을 청구할 수 없다. (　)

> • 유동적 ⇨ 협력의무 ○ ⇨ 불이행 ⇨ 소구, 손해배상청구 ○, 해제 ×

★
3. 매도인이 허가협력을 불이행하는 경우, 매수인은 매도인에게 소구하고 손해배상을 청구할 수 있다. (　)

★
4. 매도인이 허가협력을 불이행하는 경우, 매수인은 매매계약을 해제할 수 있다. (　)

> • 해제 ⇨ 해약금에 의한 해제 ○

★★
5. 허가 전 유동적 무효인 상태에서도 매도인은 매수인에게 계약금의 배액을 상환하고 해제할 수 있다. (　)

★★
6. 허가를 받은 후에는 매수인은 계약금을 포기하고 해제할 수 없다. (　)

> • 계약금 반환청구 ⇨ 유동적 무효상태 ×, 무효로 확정 ○

★
7. 계약이 유동적 무효인 상태이더라도 매수인은 매도인에게 이미 지급한 계약금을 부당이득으로 반환청구할 수 있다. (　)

8. 관할관청의 불허가처분이 있는 경우, 매수인은 매도인에게 계약금을 부당이득으로 반환청구할 수 있다. (　)

| • 유동적 무효 ⇨ 취소 ○ ⇨ 무효행위도 취소 ○ |

★
9. 매수인의 강박에 의해 계약을 체결한 경우, 유동적 무효상태에서도 매도인은 계약을 취소할 수 있다. ( )

10. 법률행위가 무효와 취소사유를 모두 포함하고 있는 경우, 당사자는 취소권이 있더라도 무효에 따른 효과를 제거하기 위해 이미 무효인 법률행위를 취소할 수 없다. ( )

| • 토지거래허가구역 ⇨ 중간생략등기 ⇨ 무효 |

★★
11. 토지거래허가구역 내에서 이루어진 중간생략등기도 실체관계와 부합하면 유효하다.
( )

★★
12. 토지거래허가구역 내에서 중간생략등기의 합의에 따라 토지가 전매된 경우, 최종 매수인은 최초 매도인에게 직접 허가신청절차의 협력의무 이행청구권을 가진다. ( )

| • 허가 ○ ⇨ 소급하여 유효 |

13. 허가를 받으면 매매계약은 소급해서 유효로 된다. ( )

| • 유동적 무효 ⇨ 지정해제, 재지정 × ⇨ 유효 |

★
14. 유동적 무효인 상태에서 허가구역 지정이 해제되거나 재지정하지 아니한 경우, 그 때부터 매매계약은 확정적으로 유효하게 된다. ( )

★★
15. 토지거래허가구역 내의 토지를 매매한 당사자가 계약체결시부터 허가를 잠탈할 의도였더라도, 그 후 허가구역 지정이 해제되었다면 위 매매계약은 유효하게 된다. ( )

| • 허가협력의무와 계약상 의무 ⇨ 동시이행관계 × |

★
16. 매수인은 매매대금의 제공 없이도 허가신청절차에 협력할 것을 청구할 수 있다. ( )
★
17. 매도인은 매수인의 중도금미지급을 이유로 허가협력을 거절할 수 있다. ( )

15 | 무효와 취소

> • 불성립 ⇨ 무효와 취소에 관한 규정 ⇨ 적용될 여지 ×

1. 계약의 본질적인 내용에 대하여 불합의가 있는 경우, 계약을 취소할 수 있다. ( )

> • 무효 ⇨ 누구라도 주장 ○

2. 강행규정에 위반한 자도 스스로 그 약정의 무효를 주장할 수 있다. ( )

3. 강행법규에 위반한 자가 스스로 그 약정의 무효를 주장하는 것은 특별한 사정이 없는 한 신의칙에 반한다. ( )

4. 사회질서에 위반한 사항을 내용으로 하는 법률행위의 무효는 이를 주장할 이익이 있는 자라면 누구든지 무효를 주장할 수 있다. ( )

★
5. 토지거래허가구역 내에서 토지매매계약이 무효로 확정된 경우, 이에 귀책사유가 있는 자도 무효를 주장할 수 있다. ( )

> • 계약이 무효 또는 취소된 경우 ⇨ 채무불이행책임, 담보책임 발생 ×

6. 매매계약의 당사자가 사기를 이유로 매매계약을 취소한 경우, 채무불이행으로 인한 손해배상책임은 발생할 수 없다. ( )

★
7. 무효인 법률행위의 내용에 따른 법률효과를 침해하는 것처럼 보이는 위법행위가 있더라도 그로 인한 손해배상을 청구할 수 없다. ( )

8. 무효인 법률행위에 따른 법률효과를 침해하는 것처럼 보이는 채무불이행이 있다면 채무불이행으로 인한 손해배상을 청구할 수 있다. ( )

• 일부무효(일부취소)
① 원칙 ⇨ 전부 무효
② 분할가능성 + 가상적(가정적) 의사 ⇨ 나머지는 유효

---

9. 법률행위의 일부분이 무효인 경우, 원칙적으로 그 일부분만 무효이다. (　　)

10. 가분적인 법률행위의 일부에 취소사유가 존재하고 나머지 부분을 유지하려는 당사자의 가정적 의사가 있는 경우, 일부만의 취소도 가능하다. (　　)

• 무효행위의 추인
① 묵시적으로 가능
② 질서위반 ○ ⇨ 추인 ⇨ 무효
③ 질서위반 × ⇨ 무효임을 알고 추인 ⇨ 새로운 법률행위 ⇨ 소급 ×

---

11. 무효행위의 추인은 명시적인 의사표시로 하여야 한다. (　　)

★★
12. 무효행위의 추인은 그 무효원인이 소멸한 후에 하여야 효력이 있다. (　　)

★
13. 강행규정을 위반하여 무효인 행위는 추인하면 유효로 될 수 있다. (　　)

★
14. 불공정한 법률행위로서 무효인 경우에는 추인에 의하여 유효로 될 수 없다. (　　)

★
15. 반사회적 법률행위도 당사자가 무효임을 알고 추인하면 새로운 법률행위를 한 것으로 본다. (　　)

★
16. 무효행위의 당사자가 무효임을 알고 추인하면 새로운 법률행위로 본다. (　　)

★★
17. 무효인 가등기를 유효한 등기로 전용하기로 약정하였다면, 가등기는 소급하여 유효한 등기로 된다. (　　)

★★
18. 매도인이 통정한 허위의 매매를 추인한 경우, 다른 약정이 없으면 계약을 체결한 때로부터 유효로 된다. (　　)

> • 취소할 수 있는 법률행위를 취소한 후 ⇨ 추인
> ① 취소할 수 있는 법률행위의 추인 ×
> ② 무효행위의 추인 ○

19. 취소할 수 있는 법률행위를 취소한 후에는 취소할 수 있는 법률행위의 추인을 다시 할 수 없다. ( )

★
20. 취소할 수 있는 법률행위를 취소한 후에는 무효행위의 추인도 할 수 없다. ( )

21. 취소의 원인이 소멸한 후에 취소된 계약을 다시 추인하게 되면 새로운 계약을 한 것으로 본다. ( )

22. 취소의 원인이 소멸한 후에 취소된 계약을 다시 추인하게 되면 계약체결시에 소급해서 유효로 된다. ( )

> • 취소권자 ⇨ 제한능력자, 착오·사기·강박에 의해 의사표시를 한 자, 대리인, 승계인

★
23. 미성년자가 한 법률행위는 그가 단독으로 유효하게 취소할 수 있다. ( )

★
24. 제한능력자가 제한능력을 이유로 자신의 법률행위를 취소하기 위해서는 법정대리인의 동의를 받아야 한다. ( )

25. 강박에 의한 의사표시를 한 자는 강박상태를 벗어나기 전에도 이를 취소할 수 있다. ( )

26. 착오로 인하여 취소할 수 있는 법률행위를 한 자의 포괄승계인은 그 법률행위를 취소할 수 있다. ( )

> • 취소의 상대방

★
27. 취소할 수 있는 법률행위의 상대방이 확정된 경우, 그 취소는 그 상대방에 대한 의사표시로 하여야 한다. ( )

★
28. 취소할 수 있는 법률행위의 상대방이 확정되었더라도 상대방이 그 법률행위로부터 취득한 권리를 제3자에게 양도하였다면 취소의 의사표시는 그 제3자에게 해야 한다. ( )

> • 취소 ⇨ 소급 무효

★
29. 취소된 법률행위는 원칙적으로 처음부터 무효인 것으로 본다. ( )

30. 법률행위가 취소되면, 그 법률행위는 취소한 때부터 무효가 된다. ( )

> • 제한능력을 이유로 취소 ⇨ 현존이익만 반환, 절대적 취소

★
31. 제한능력자 甲이 乙과 체결한 계약을 취소한 경우, 甲은 악의인 때에도 자신이 받은 이익이 현존하는 한도에서만 상환할 책임이 있다. ( )

★
32. 제한능력을 이유로 취소한 경우에는 선의의 제3자에게 대항할 수 있다. ( )

> • 추인요건
> ① 취소의 원인이 소멸한 후 ⇨ 능력자가 된 후, 착오와 사기를 안 후, 강박상태에서 벗어난 후
> ② 법정대리인 ⇨ 취소의 원인이 소멸하기 전 ⇨ 추인 ○

33. 취소할 수 있는 법률행위를 추인한 후에는 이를 다시 취소하지 못한다. ( )

★★
34. 법정대리인은 취소의 원인이 소멸하기 전에도 추인할 수 있다. ( )

★★
35. 법정대리인은 취소의 원인이 소멸하기 전에는 추인할 수 없다. ( )

★★
36. 제한능력자의 법률행위에 대한 법정대리인의 추인은 취소의 원인이 소멸된 후에 하여야 그 효력이 있다. ( )

> • 법정추인
> ① 추인요건 ○
> ② 취소권자가 취소하지 않을 것처럼 행동한 경우 ⇨ 상 청 양 ×
> ③ 이의를 보류한 때(추인하는 것이 아니라고 명시한 때) ⇨ 법정추인 ×

★
37. 취소권자가 이의보류 없이 상대방으로부터 일부의 이행을 수령한 경우에는 법정추인이 된다. ( )

38. 채무자가 사기를 당했음을 알지 못하고 채권자에게 계약상의 채무를 이행한 경우에는 그 계약을 추인한 것으로 볼 수 없다. ( )

39. 미성년자가 스스로 취소할 수 있는 법률행위로부터 생긴 채무를 이행한 경우 법정추인이 된다. ( )

★★
40. 취소권자가 상대방으로부터 이행청구를 받은 경우에는 법정추인이 되지 않는다. ( )

★★
41. 취소할 수 있는 법률행위에서 취소권자의 상대방이 그 취소할 수 있는 행위로 취득한 권리를 양도하는 경우 법정추인이 된다. ( )

> • 취소권 행사기간 ⇨ 추인 3년, 법률행위 10년

★
42. 취소권은 추인할 수 있는 날로부터 3년 내에, 법률행위를 한 날로부터 10년 내에 행사하여야 한다. ( )

43. 취소권자의 단기제척기간은 취소할 수 있는 날로부터 3년이다. ( )

44. 취소권은 추인할 수 있는 날로부터 10년이 경과하더라도 행사할 수 있다. ( )

16 | 조건과 기한

> • 조건부 권리, 기한부 권리 ⇨ 처분 ○

★★
1. 조건의 성취가 미정인 권리도 처분할 수 있다. (   )

★★
2. 기한의 도래가 미정한 권리의무는 일반규정에 의해 처분하거나 담보로 할 수 없다. (   )

> • 조건 ⇨ 소급 × ⇨ 의사 소급 ○

★★
3. 정지조건부 법률행위는 조건이 성취되면 법률행위를 한 때로부터 효력이 발생하는 것이 원칙이다. (   )

4. 해제조건부 증여로 인한 부동산소유권이전등기를 마쳤다 하더라도 그 해제조건이 성취되면 그 소유권은 증여자에게 소급하여 복귀한다. (   )

★
5. 당사자가 조건성취의 효력을 그 성취 전에 소급하게 할 의사를 표시한 때에는 그 의사에 의한다. (   )

6. 당사자가 조건성취의 효력을 그 성취 전에 소급하게 할 의사를 표시한 경우에도 그 효력은 조건이 성취된 때부터 발생한다. (   )

7. 당사자가 조건성취의 효력을 그 성취 전에 소급하게 할 의사를 표시한 경우, 그 의사표시는 무효이다. (   )

> • 기한 ⇨ 소급 × ⇨ 의사 소급 ×

★
8. 기한의 효력은 기한 도래시부터 생기며 당사자가 특약을 하더라도 소급효가 없다. (   )

> • 정지조건 ⇨ 효력 발생 / 해제조건 ⇨ 효력 소멸

★★
9. 기성조건이 해제조건이면 조건 없는 법률행위로 한다. (   )

★★
10. 불능조건이 정지조건이변 조건 없는 법률행위로 한다. (   )

★★
11. 조건이 법률행위 당시 이미 성취한 경우, 그 조건이 정지조건이면 법률행위는 무효가 된다. (   )

★★
12. 정지조건이 법률행위 당시 성취할 수 없는 것인 경우에는 법률행위는 무효이다. (　)

★★
13. 조건이 법률행위 당시 이미 성취한 것인 경우, 그 조건이 해제조건이면 그 법률행위는 무효로 한다. (　)

★★
14. 해제조건부 법률행위는 조건이 성취되지 않으면 법률행위의 효력은 소멸하지 않는다. (　)

• 시기 ⇨ 효력 발생 / 종기 ⇨ 효력 소멸

★
15. 시기 있는 법률행위는 기한이 도래한 때부터 그 효력을 잃는다. (　)

• 불법조건 ⇨ 법률행위 전체가 무효 ⇨ 조건만 무효 ×

★★
16. 사회질서에 반하는 조건을 붙인 법률행위는 그 조건만이 무효이다. (　)

17. 부첩관계의 종료를 해제조건으로 하는 증여계약에서 그 조건은 무효이므로 그 증여계약은 조건 없는 법률행위가 된다. (　)

• 조건을 붙일 수 없는 법률행위에 조건을 붙인 경우 ⇨ 법률행위 전체가 무효

★
18. 조건을 붙이는 것이 허용되지 않는 법률행위에 조건을 붙인 경우, 다른 정함이 없으면 그 조건만 분리하여 무효로 할 수 있다. (　)

19. 상계의 의사표시에는 조건과 기한을 붙일 수 없다. (　)

• 조건성취를 방해한 경우
⇨ 조건이 성취되었을 것으로 추산되는 시점 ⇨ 성취 주장 ○

---

20. 조건성취로 불이익을 받을 자가 고의가 아닌 과실로 신의성실에 반하여 조건의 성취를 방해한 경우, 상대방은 조건이 성취된 것으로 주장할 수 있다. (　)

21. 조건성취로 인하여 불이익을 받을 당사자가 신의성실에 반하여 조건의 성취를 방해한 경우, 조건이 성취된 것으로 의제되는 시점은 조건의 성취를 방해한 때이다. (　)

22. 조건의 성취로 불이익을 받을 당사자가 신의성실에 반하여 조건의 성취를 방해한 경우, 처음부터 조건 없는 법률행위로 본다. (　)

- 입증책임

23. 법률행위의 조건은 그 조건의 존재를 주장하는 사람이 증명하여야 한다. (　)

24. 법률행위에 정지조건이 붙어 있다는 사실은 그 법률행위의 효력발생을 다투려는 자가 증명하여야 한다. (　)

25. 정지조건부 법률행위에서 조건성취의 사실은 권리를 취득하는 자가 증명책임을 진다. (　)

- 사실의 발생 유무에 상관없이 그 채무를 이행해야 하는 경우 ⇨ 기한

26. 부관이 붙은 법률행위에 있어서 부관에 표시된 사실의 발생 유무에 상관없이 그 채무를 이행해야 하는 경우에는 기한으로 보아야 한다. (　)

- 불확정기한 ⇨ 발생이 불가능 ⇨ 기한 도래

★
27. 불확정한 사실이 발생한 때를 이행기한으로 정한 경우, 그 사실의 발생이 불가능하게 되더라도 이행기한이 도래한 것으로 볼 수 없다. (　)

- 기한의 이익
① 채무자를 위한 것으로 추정
② 포기 ○

★
28. 기한은 특별한 사정이 없는 한 채권자의 이익을 위한 것으로 추정한다. (　)

29. 기한의 이익은 이를 포기할 수 있지만, 상대방의 이익을 해하지 못한다. (　)

- 기한이익 상실의 특약

30. 기한이익 상실의 특약은 특별한 사정이 없는 한 형성권적 기한이익 상실의 특약으로 추정된다. (　)

★
31. 기한이익 상실의 특약은 특별한 사정이 없는 한 정지조건부 기한이익 상실의 특약으로 추정된다. (　)

MEMO

물권법

01 | 물권적 청구권

• 물권적 청구권 ⇨ 물권 보호청구 ⇨ 손해배상청구 ×, 비용청구 ×

---

1. 손해배상청구권은 물권적 청구권의 행사 내용에 당연히 포함되는 것은 아니다. ( )

★
2. 소유자는 물권적 청구권에 의하여 방해제거비용 또는 방해예방비용을 청구할 수 없다. ( )

• 방해예방청구 ⇨ 방해예방 또는 손해배상담보청구

★
3. 점유의 방해를 받을 염려가 있을 때 점유자는 방해의 예방과 손해배상의 담보를 함께 청구할 수 있다. ( )

• 행사자 ⇨ 현재 물권자

★
4. 소유자가 제3자에게 그 소유물에 대한 처분권한을 유효하게 수여하면 제3자의 처분이 없더라도 소유자는 그 제3자 이외의 자에 대해 소유권에 기한 물권적 청구권을 행사할 수 없다. ( )

★★
5. 미등기건물의 양수인도 그 건물의 불법점유자에 대하여 직접 자신의 소유권에 기한 건물의 반환을 청구할 수 있다. ( )

★★
6. 전(前)소유자는 불법점유자에 대하여 소유권에 기한 물권적 청구권을 행사할 수 없다. ( )

★
7. 물건의 양도시 소유권에 기한 물권적 청구권을 소유권과 분리하여 이를 소유권을 상실한 전(前)소유자에게 유보하여 행사시킬 수 있다. ( )

• 상대방 ⇨ 현재 침해자 ⇨ 점유할 정당한 권리가 있는 자에게 행사 ×

---

8. 甲소유의 건물에 乙명의의 저당권등기가 불법으로 경료된 후 丙에게 저당권이전등기가 되었다면, 甲은 丙에게 저당권등기의 말소를 청구할 수 있다. ( )

★
9. 타인의 점유를 침탈한 뒤 제3자에 의해 점유를 침탈당한 자는 점유물반환청구권의 상대방이 될 수 있다. ( )

★
10. 乙이 소유자 甲으로부터 토지를 매수하고 인도받았으나 등기를 갖추지 않고 丙에게 전매하고 인도한 경우, 甲은 丙에게 소유물반환청구를 할 수 없다. (   )

> • 행사자 및 상대방 ⇨ 간접점유자 ○, 점유보조자 ×

★
11. 제3자에 의해 직접점유가 침탈된 경우에는 간접점유자도 점유물반환청구권을 행사할 수 있다. (   )

12. 임대차목적물 침해자에 대하여 임차인은 점유보호청구권을 행사할 수 있으나, 소유자인 임대인은 점유보호청구권을 행사할 수 없다. (   )

13. 점유보조자가 그 물건의 사실적 지배를 가지는 이상 물권적 청구권의 상대방이 된다. (   )

> • 물권적 청구권 ⇨ 대위행사 ○

14. 임차인은 임차목적물에 관한 임대인의 소유권에 기한 물권적 청구권을 대위행사할 수 있다. (   )

> • 甲소유의 토지 위에 乙이 무단으로 건물을 신축한 경우
> ① 건물은 乙소유 ⇨ 甲은 乙에게 건물 퇴거 청구 ×
> ② 乙이 丙에게 건물을 임대 ⇨ 乙 철거, 丙 나가
> ③ 乙이 丙에게 건물을 매도 ⇨ 丙 철거

★
15. 甲소유의 토지 위에 乙이 무단으로 건물을 신축하였다.

　① 甲은 乙을 상대로 그 건물에서 퇴거할 것을 청구할 수는 없다. (   )

　② 乙이 건물을 丙에게 임대차한 경우, 철거청구의 상대방은 여전히 乙이다. (   )

　③ ②의 경우, 건물 철거를 실행하기 위해서 甲은 대항력이 있는 丙에게 건물에서 퇴거할 것을 청구할 수 없다. (   )

　④ 乙이 丙에게 건물을 미등기 매매한 경우, 甲은 아직 건물소유권을 취득하지 못한 丙에게 철거를 청구할 수 없다. (   )

- 점유물반환청구권
① 침탈 ⇨ 사기 ×
② 선의의 제3자에게 행사 ×
③ 1년(출소기간)

★★
16. 점유자가 사기를 당해 점유를 이전한 경우, 점유물반환을 청구할 수 없다. ( )

17. 乙이 甲을 기망하여 甲으로부터 점유물을 인도받은 경우, 甲은 乙에게 점유물반환청구권을 행사할 수 있다. ( )

★
18. 甲이 점유하고 있는 물건을 乙이 침탈하여 선의의 丙에게 양도하고, 다시 丙이 악의의 丁에게 양도한 때에는 甲은 丁에게 점유물반환청구권을 행사할 수 없다. ( )

19. 점유물반환청구권은 침탈을 당한 날로부터 1년 이내에 행사하여야 한다. ( )

- 직접점유자가 점유물을 제3자에게 양도한 경우 ⇨ 점유물반환청구 ×

---

20. 직접점유자가 임의로 점유를 타인에게 양도한 경우에는 그 점유이전의 간접점유자의 의사에 반하더라도 간접점유자의 점유가 침탈된 경우에 해당하지 않는다. ( )

★
21. 직접점유자가 임의로 점유물을 제3자에게 양도한 경우, 간접점유자는 제3자에게 점유물 반환을 청구할 수 있다. ( )

- 지역권, 저당권 ⇨ 반환청구 ×, 방해제거 ○, 방해예방 ○

★★
22. 저당권자는 목적물에서 임의로 분리, 반출된 물건을 자신에게 반환할 것을 청구할 수 없다. ( )
★★
23. 소유권에 기한 소유물반환청구권에 관한 규정은 지역권에 준용된다. ( )

24. 지역권자는 지역권을 방해하는 자에 대하여 방해의 제거를 청구할 수 있다. ( )

- 유치권 ⇨ 유치권에 기한 물권적 청구권 ×

★
25. 甲의 자전거를 수리하여 생긴 수리비채권을 확보하기 위하여 乙이 자전거를 유치하던 중 丙이 그 자전거를 절취한 경우, 乙은 유치권에 기한 반환청구권을 행사할 수 있다. ( )

26. 유치권자는 점유의 침탈을 당한 때에는 점유권에 기한 반환청구권을 행사할 수 있다. ( )

02 | 부동산물권변동

> • 등기를 요하는 부동산물권변동
> ① 법률행위   ② 점유취득시효완성

★★
1. 매매를 원인으로 한 소유권이전등기청구소송에서 승소판결이 확정된 경우에도 등기하여야 소유권을 취득한다. (　)

2. 소유권이전을 내용으로 하는 화해조서가 작성된 경우, 등기 없이도 소유권을 취득한다. (　)

★★
3. 부동산에 대한 합유지분의 포기는 형성권의 행사이므로 등기하지 않더라도 포기의 효력이 생긴다. (　)

4. 강제경매로 인해 성립한 관습법상 법정지상권을 법률행위에 의해 양도하기 위해서는 등기가 필요하다. (　)

★★
5. 공유물분할의 조정절차에서 협의에 의하여 조정조서가 작성되더라도 그 즉시 공유관계가 소멸하지는 않는다. (　)

★★
6. 미등기부동산의 점유자는 취득시효완성만으로 즉시 부동산의 소유권을 취득한다. (　)

★★
7. 공유물분할판결에 의해 물권변동의 효력이 생기기 위해서는 등기를 요하지 않는다. (　)

★★
8. 등기를 요하지 않는 물권취득의 원인인 판결이란 이행판결을 의미한다. (　)

9. 상속인은 상속재산인 부동산에 대한 등기를 한 때 소유권을 취득한다. (　)

10. 경매의 매수인은 대금완납시에 등기 없이도 소유권을 취득한다. (　)

11. 신축에 의한 건물소유권취득에는 소유권보존등기를 요하지 않는다. (　)

12. 전세권의 존속기간이 만료되면 전세권의 용익물권적 권능은 말소등기 없이도 소멸한다. (　)

13. 피담보채권이 소멸하면 저당권은 말소등기 없이도 소멸한다. (　)

★★
14. 전세권이 법정갱신된 경우, 전세권자는 등기 없이 전세권설정자로부터 목적물을 취득한 제3자에 대하여 갱신된 권리를 주장할 수 없다. (　)

★★
15. 법정지상권자는 그에 관한 등기 없이도 토지소유권을 취득한 선의의 제3자에게 지상권을 주장할 수 있다. (　)

> • 매수인의 등기청구권 ⇨ 채권적 청구권
> 1. 통상의 채권양도의 법리에 따라 양도 ×
> 2. 제3자에게 처분하고 점유를 승계하여 준 경우 ⇨ 소멸시효 진행 ×
> 3. 제3자의 점유침탈에 의해 점유를 상실한 경우 ⇨ 소멸시효 진행 ○

★★
16. 부동산 매매로 인한 소유권이전등기청구권은 특별한 사정이 없는 한 그 권리의 성질상 양도가 제한되고 그 양도에 채무자의 동의를 요한다. (　)

★★
17. 매수인의 매도인에 대한 소유권이전등기청구권의 양도는 매도인에 대한 통지만으로 대항력이 생긴다. (　)

★★
18. 매수인이 부동산을 인도받아 사용·수익하고 있는 이상 매수인의 이전등기청구권은 시효로 소멸하지 않는다. (　)

★★
19. 매수인이 부동산을 인도받아 점유하고 있다가 제3자에게 처분하고 점유를 승계하여 준 경우에는 매수인의 등기청구권은 소멸시효에 걸리지 않는다. (　)

20. 제3자에 의해 매수인이 점유를 침탈당한 경우에는 점유상실시부터 매수인의 등기청구권은 소멸시효가 진행한다. (　)

> • 시효완성자의 등기청구권 ⇨ 채권적 청구권
> 1. 통상의 채권양도의 법리에 따라 양도 ○
> 2. 시효완성자가 점유를 계속 ⇨ 소멸시효 진행 ×
> 3. 시효완성자가 점유를 상실 ⇨ 소멸시효 진행 ○ ⇨ 바로 소멸 ×

★★
21. 취득시효완성으로 인한 소유권이전등기청구권의 양도는 특별한 사정이 없는 한 등기의무자에게 통지함으로써 그에게 대항할 수 있다. (　)

★★
22. 취득시효완성으로 인한 소유권이전등기청구권은 시효완성 당시의 등기명의인이 동의해야만 양도할 수 있다. (　)

23. 점유취득시효 완성으로 인한 이전등기청구권은 점유가 계속되는 동안에는 시효로 소멸하지 않는다. (　)

★★
24. 점유취득시효완성자가 그 토지에 대한 점유를 상실한 경우, 특별한 사정이 없는 한 시효완성을 원인으로 한 등기청구권도 즉시 소멸한다. (　)

> • 위조, 무효, 취소, 해제, 합의해제, 해제조건성취 ⇨ 물권적 청구권 ⇨ 소멸시효 ×

★
25. 甲소유의 부동산을 乙이 등기에 필요한 문서를 위조하여 乙명의로 등기한 경우, 甲의 말소등기청구권은 물권적 청구권이다. ( )

26. 가등기에 기한 소유권이전등기청구권이 시효완성으로 소멸된 후 그 부동산을 취득한 제3자가 가등기권자에 대해 갖는 등기말소청구권은 채권적 청구권이다. ( )

★
27. 부동산 양도담보의 피담보채무가 전부 변제되었음을 이유로 양도담보권설정자가 행사하는 소유권이전등기말소청구권은 소멸시효에 걸린다. ( )

28. 특별한 사정이 없는 한 합의해제에 따른 부동산 매도인의 원상회복청구권은 소유권에 기한 물권적 청구권으로서 소멸시효의 대상이 되지 않는다. ( )

> • 중간생략등기
> ① 이미 등기가 경료된 경우 ⇨ 중간생략등기의 합의가 없더라도 유효
> ② 중간생략등기의 합의가 없는 경우 ⇨ 대위 청구만 가능
> ③ 중간생략등기의 합의가 있는 경우 ⇨ 대위 청구, 직접 청구 선택 가능
> ④ 토지거래허가구역 ⇨ 중간생략등기 ⇨ 무효

★
29. 중간생략등기가 적법한 등기원인에 기하여 이미 경료되었다면, 중간생략등기의 합의가 없었음을 들어 그 등기의 말소를 구할 수는 없다. ( )

★★
30. 甲은 자신의 X토지를 乙에게 매도하였고, 乙은 X토지를 丙에게 전매하였다.

　① 甲, 乙, 丙 사이에 중간생략등기에 관한 합의가 있다면, 乙의 甲에 대한 소유권이전등기청구권은 소멸한다. ( )

　② 甲, 乙, 丙 사이에 중간생략등기에 관한 합의가 있은 후 甲·乙 간의 특약으로 매매대금을 인상한 경우, 甲은 인상된 매매대금의 미지급을 이유로 丙에 대한 소유권이전등기의무의 이행을 거절할 수 있다. ( )

　③ 甲과 乙, 乙과 丙이 중간등기 생략의 합의를 순차적으로 한 경우, 丙은 甲의 동의가 없더라도 甲을 상대로 중간생략등기청구를 할 수 있다. ( )

　④ 乙이 丙에게 소유권이전등기청구권을 양도하고 그 사실을 甲에게 통지한 경우, 그 사실만으로는 丙은 직접 甲에게 이전등기를 청구할 수 없다. ( )

　⑤ 만약 X토지가 토지거래허가구역에 소재한다면, 甲, 乙, 丙 사이에 중간생략등기에 관한 합의가 있더라도 丙은 직접 甲에게 허가신청절차의 협력을 구할 수 없다. ( )

03 | 등 기

> • 등기 ⇨ 효력발생요건 ○, 효력존속요건 × ⇨ 불법말소 ⇨ 물권은 효력 ○

★
1. 등기는 물권의 효력발생요건이고 효력존속요건이다. ( )

2. 乙소유의 부동산에 대한 甲의 등기부취득시효가 완성된 후 甲명의의 등기가 적법한 원인 없이 말소되더라도 甲은 소유권을 상실하지 않는다. ( )

3. 소유권이전등기가 불법말소된 경우, 말소된 등기의 최종명의인은 그 회복등기가 경료되기 전이라도 적법한 권리자로 추정된다. ( )

> • 저당권 불법말소 ⇨ 경매 ⇨ 말소회복청구 ×

★
4. 甲소유 부동산에 설정된 저당권이 불법으로 말소된 후 경매로 乙에게 소유권이 이전된 경우, 배당받지 못한 저당권자는 甲을 상대로 말소회복을 청구할 수 있다. ( )

> • 미등기건물 매수인 ⇨ 보존등기 ⇨ 유효

★
5. 미등기건물의 승계취득자가 원시취득자와의 합의에 따라 직접 소유권보존등기를 마친 경우, 그 등기는 실체관계에 부합하는 등기로서 유효하다. ( )

> • 이중보존등기 ⇨ 선등기 유효, 후등기 무효

★
6. 중복된 소유권보존등기의 등기명의인이 동일인이 아닌 경우, 선등기가 원인무효가 아닌 한 후등기는 무효이다. ( )

> • 위조 ⇨ 실체관계에 부합 ⇨ 유효

7. 위조문서에 의한 등기신청에 의하여 이루어진 등기라 하더라도 실체관계에 부합하면 유효하다. ( )

> • 등기의 공신력 ×

8. 무효인 소유권이전등기에 터 잡아 이루어진 근저당권설정등기는 무효이지만, 무효인 근저당권에 기한 경매절차에서 경락받은 자는 그 소유권을 취득할 수 있다. ( )

9. 피담보채권의 소멸 후 저당권의 말소등기가 경료되기 전에 그 저당권부 채권의 압류 및 전부명령을 받아 저당권이전등기를 경료한 자는 그 저당권을 취득할 수 있다. ( )

> • 무효등기의 유용
> ① 표제부 × ⇨ 보존등기의 유용 ×
> ② 사항란 ○ ⇨ 등기상 이해관계인이 없는 경우

★
10. 기존건물이 전부 멸실된 후 그곳에 새로이 건축한 건물의 물권변동에 관한 등기를 위해 멸실된 건물의 보존등기를 유용할 수 있다. ( )

11. 사항란 등기의 유용은 등기유용합의 이전에 등기상 이해관계 있는 제3자가 나타나지 않는 경우에 한하여 허용된다. ( )

> • 가등기
> ① 본등기 전 ⇨ 아무 효력 × ⇨ 추정력 ×, 대항력 ×
> ② 본등기 후 ⇨ 순위는 소급 ○, 물권변동의 시기는 소급 ×

★
12. 가등기는 물권적 청구권을 보전하기 위하여는 할 수 없다. ( )

★
13. 가등기가 경료된 후 소유자가 변경된 경우, 가등기에 기한 본등기는 가등기의무자가 아닌 현재소유자에게 청구해야 한다. ( )

14. 가등기에 기한 본등기가 경료되면, 등기공무원은 그 가등기 후에 한 제3자 명의의 소유권이전등기를 직권으로 말소하여야 한다. ( )

★
15. 가등기에 기하여 본등기가 경료되면 물권변동의 효력은 가등기한 때로 소급하여 발생한다. ( )

16. 가등기된 권리의 이전등기는 가등기에 대한 부기등기의 형식으로 할 수 있다. ( )

• 등기의 추정력
① 가등기 ⇨ 추정력 ×
② 소유권보존등기 ⇨ 원시취득한 사실이 추정
③ 소유권이전등기 ⇨ 승계취득한 사실이 추정

★★
1. 소유권이전청구권 보전을 위한 가등기가 있으면, 소유권이전등기를 청구할 어떠한 법률관계가 있다고 추정된다. (　)

★★
2. 소유권보존등기의 명의자가 건물을 신축한 것이 아니더라도 등기의 추정력은 인정된다. (　)

★★
3. 소유권보존등기의 명의인이 부동산을 양수받은 것이라 주장하고 전소유자는 양도사실을 부인하는 경우에도 그 보존등기의 추정력은 인정된다. (　)

4. 「임야소유권 이전등기에 관한 특별조치법」에 의한 소유권보존등기가 경료된 임야에 관하여는 그 임야를 사정받은 사람이 따로 있는 것이 사후에 밝혀진 경우라도, 그 등기는 실체적 권리관계에 부합하는 등기로 추정된다. (　)

★
5. 소유권이전등기의 원인으로 주장된 계약서가 진정하지 않은 것으로 증명된 경우에는 그 등기의 추정력은 깨진다. (　)

★
6. 소유권이전등기명의자는 제3자뿐만 아니라 그 전소유자에 대하여도 적법한 등기원인에 의하여 소유권을 취득한 것으로 추정된다. (　)

7. 매매를 원인으로 하여 甲에게서 乙 앞으로 마쳐진 소유권이전등기에 대해 甲이 말소를 청구하는 경우, 乙은 등기의 추정력을 주장할 수 없다. (　)

8. 등기명의인이 등기원인을 다소 다르게 주장한다고 하여 이로써 추정력이 깨어지는 것은 아니다. (　)

9. 매매로 인한 소유권이전등기에서 등기명의자가 등기원인을 증여로 주장하였다면 등기의 추정력은 깨진다. (　)

10. 등기명의자가 허무인으로부터 소유권이전등기를 이어받았다는 사실만으로는 그 등기의 추정력은 깨지지 않는다. (　)

11. 사망자 명의로 신청하여 이루어진 소유권이전등기는 추정력이 인정될 수 없으나, 등기 의무자의 사망 전에 그 등기원인이 이미 존재하는 때에는 추정력이 인정된다. (　)

12. 근저당권등기가 행해지면 피담보채권뿐만 아니라 그 피담보채권을 성립시키는 기본계약의 존재도 추정된다. (　)

04 | 혼 동

• 점유권 ⇨ 혼동으로 소멸 ×

★
1. 甲소유의 토지를 지상권자 乙이 점유하고 있던 중 乙이 토지소유권을 취득한 경우, 乙의 점유권은 혼동으로 소멸한다. (   )

• 제3자 권리 ○ ⇨ 소멸 ×

★
2. 甲의 토지 위에 乙이 1번 저당권, 丙이 2번 저당권을 가지고 있다가 乙이 증여를 받아 토지 소유권을 취득하더라도 1번 저당권은 소멸하지 않는다. (   )

3. 토지 위에 甲이 1번 저당권, 乙이 2번 저당권을 취득하고, 丙이 토지를 가압류한 후 乙이 토지를 매수하여 소유권을 취득한 경우, 乙의 저당권은 소멸하지 않는다. (   )

4. 후순위 저당권이 있는 부동산의 소유권을 선순위 저당권자가 아무런 조건 없이 증여 받아 취득한 경우, 혼동에 의해 저당권은 소멸한다. (   )

5. 후순위 저당권이 존재하는 주택을 대항력을 갖춘 임차인이 경매절차에서 매수한 경우, 임차권은 혼동으로 소멸한다. (   )

★
6. 乙이 甲의 토지 위에 지상권을 설정받고, 丙이 그 지상권 위에 저당권을 취득한 후 乙이 甲으로부터 그 토지를 매수한 경우, 乙의 지상권은 소멸하지 않는다. (   )

★
7. 乙이 甲의 토지 위에 지상권을 설정받고, 丙이 그 지상권 위에 저당권을 취득한 후 丙이 乙로부터 지상권을 취득한 경우, 丙의 저당권은 소멸한다. (   )

• 가등기에 기한 본등기청구권

8. 가등기에 기한 본등기절차에 의하지 않고 별도의 이전등기를 경료받은 경우, 제3자 명의로 중간처분의 등기가 있으면 가등기에 기한 본등기를 청구할 수 있다. (   )

9. 가등기에 기한 본등기절차에 의하지 않고 별도의 이전등기를 경료받은 경우, 제3자 명의로 중간처분의 등기가 없으면 가등기에 기한 본등기를 청구할 수 없다. (   )

> • 혼동 ⇨ 등기 ✕

10. 혼동으로 인한 물권소멸의 효력은 등기 없이도 발생한다. (   )

11. 혼동의 원인인 매매계약이 취소되면, 소멸된 물권은 말소회복등기 없이도 당연히 부활한다. (   )

12. 부동산 근저당권자가 그 소유권을 취득하여 근저당권이 혼동으로 소멸한 경우, 그 소유권 취득이 무효인 것이 밝혀졌더라도 소멸하였던 근저당권은 부활하지 않는다. (   )

05 | 점유권

• 불법점유자 ⇨ 점유보호청구권 ○

---

1. 불법점유자는 그 점유가 방해되어도 방해배제를 청구할 수 없다. (   )

2. 점유권에 기인한 소는 본권에 관한 이유로 재판할 수 없다. (   )

• 건물소유자 ⇨ 토지점유자

★
3. 건물 공유자 중 일부만이 당해 건물을 점유하고 있는 경우, 그 건물의 부지는 건물 공유자 전원이 공동으로 점유하는 것으로 볼 수 있다. (   )

★
4. 건물소유자가 아닌 자는 건물을 점유하고 있더라도 특별한 사정이 없는 한 토지를 점유하는 자라고 볼 수 없다. (   )

• 건물소유자 ×, 건물에 대한 처분권 ○ ⇨ 토지점유자

★
5. 미등기건물의 양수인은 그 건물에 대한 사실상의 처분권을 보유하고 있으므로, 건물부지를 점유하는 것으로 볼 수 있다. (   )

6. 미등기건물에 대한 양도담보계약상의 채권자의 지위를 승계하여 건물을 관리하고 있는 자는 건물에 대한 철거처분권을 가진 자에 해당한다. (   )

• 간접점유자 ⇨ 점유매개관계 ⇨ 점유권 ○

---

7. 간접점유의 점유매개관계는 중첩적으로 있을 수 있다. (   )

8. 간접점유의 요건이 되는 점유매개관계는 법률행위가 아닌 법률규정에 의해서는 발생할 수 없다. (   )

★
9. 점유매개자의 점유를 통한 간접점유에 의해서도 점유에 의한 시효취득이 가능하다. (   )

> • 점유자 ⇨ 무과실 ⇨ 추정 × ⇨ 스스로 입증

★
10. 점유자는 소유의 의사로 선의, 평온, 공연, 무과실로 점유한 것으로 추정된다. ( )
★
11. 점유자는 스스로 자주점유임을 증명하여야 한다. ( )

> • 등기를 신뢰 ⇨ 무과실 추정 ○

12. 부동산 등기명의인을 소유자로 믿고 그 부동산을 매수하여 점유하는 자는 특별한 사정이 없는 한 과실 없는 점유자에 해당한다. ( )

> • 점유자 ⇨ 권리 추정 ⇨ 동산 ○, 부동산 ×

13. 점유자가 점유물에 대하여 행사하는 권리는 적법하게 보유한 것으로 추정된다. ( )
★
14. 점유자의 권리적법추정은 특별한 사정이 없는 한 등기된 부동산물권에도 적용된다. ( )

> • 전후 양 시점의 점유자가 다른 경우 ⇨ 점유의 승계가 입증 ⇨ 점유계속은 추정

★
15. 전후 양 시점의 점유자가 다른 경우에는 점유의 승계가 증명되더라도 점유가 계속된 것으로 추정되지 않는다. ( )

> • 자주점유와 타주점유 ⇨ 권원의 성질에 의하여 객관적으로 결정

★
16. 점유자의 점유가 자주점유인지 타주점유인지의 여부는 점유자의 내심의 의사에 의하여 결정된다. ( )
★
17. 점유매개자의 점유는 자주점유이다. ( )

18. 타인의 토지에 분묘를 설치하고 점유하는 분묘기지권자는 타주점유자이다. ( )

★
19. 매수인이 착오로 인접 토지의 일부를 그가 매수한 토지에 속하는 것으로 믿고 점유한 경우, 그 점유방법이 분묘를 설치관리하는 것이라도 자주점유이다. (   )

★
20. 매매대상 토지의 면적이 공부상 면적을 상당히 초과하는 경우 그 초과부분에 대한 점유는 타주점유이다. (   )

21. 공유자 1인이 공유토지 전부를 점유하고 있는 경우, 다른 특별한 사정이 없는 한 토지 전부에 대한 자주점유가 인정된다. (   )

22. 피상속인의 점유가 타주점유라 하더라도 선의의 상속인은 자주점유로 인정된다. (   )

23. 타주점유자인 피상속인을 상속한 자가 새로운 권원에 의하여 다시 소유의 의사로 점유한 경우에는 자주점유로 전환된다. (   )

★
24. 전점유자의 점유가 타주점유라 하더라도 점유자의 승계인은 자기의 점유만을 주장할 수 있으며, 이 경우 승계인의 점유는 자주점유로 추정된다. (   )

25. 점유자의 승계인이 자기의 점유만을 주장하는 경우에도, 전 점유자의 점유가 타주점유라면 현 점유자의 점유는 타주점유로 추정된다. (   )

26. 양자간 등기명의신탁에 있어서 부동산의 명의수탁자의 상속인에 의한 점유는 특별한 사정이 없는 한, 타주점유에 해당한다. (   )

27. 계약명의신탁약정에 따라 명의수탁자 명의로 등기된 부동산을 명의신탁자가 점유하는 경우, 특별한 사정이 없는 한, 명의신탁자의 점유는 타주점유에 해당한다. (   )

• 자주점유의 추정
① 소유자가 소제기 ⇨ 점유자 패소 ⇨ 판결확정시부터 타주점유로 전환 ○
② 점유자가 소제기 ⇨ 점유자 패소 ⇨ 자주점유 추정 ○

★
28. 부동산의 점유자가 지적공부 등의 관리주체인 국가나 지방자치단체인 경우에는 자주점유로 추정되지 않는다. (   )

★★
29. 진정한 소유자가 제기한 소유권이전등기의 말소소송에서 점유자가 패소한 경우, 패소판결 확정 후부터 점유자의 점유는 타주점유로 전환된다. ( )

★★
30. 토지점유자가 소유자를 상대로 소유권이전등기말소청구의 소를 제기하였다가 패소한 경우, 자주점유의 추정이 번복되어 타주점유로 전환된다고 할 수 없다. ( )

★★
31. 점유자가 스스로 매매 등과 같은 자주점유의 권원을 주장하였으나 이것이 인정되지 않는 경우, 이 이유만으로도 자주점유의 추정은 깨진다. ( )

★
32. 점유자가 부동산을 증여받아 점유를 개시한 이후에 그 증여가 무권리자에 의한 것임을 알았더라도 그 점유가 타주점유가 된다고 볼 수 없다. ( )

33. 부동산의 매매당시에는 그 무효를 알지 못하였으나 이후 매매가 무효임이 밝혀지더라도 특별한 사정이 없는 한, 매수인의 점유는 여전히 자주점유이다. ( )

34. 타인소유의 토지를 자기소유 토지의 일부로 알고 이를 점유하게 된 자가 나중에 그러한 사정을 알게 되었다면 그 점유는 그 사정만으로 타주점유로 전환된다. ( )

• 선의의 자주점유자가 본권의 소에서 패소한 경우
① 선의 ⇨ 악의 ⇨ 소제기시
② 자주 ⇨ 타주 ⇨ 판결확정시

★★
35. 선의의 점유자라도 본권에 관한 소에서 패소한 때에는 그 판결이 확정된 때로부터 악의의 점유자로 본다. ( )

36. 진정한 소유자가 점유자를 상대로 소유권이전등기의 말소청구소송을 제기하여 점유자의 패소가 확정된 경우, 그 소가 제기된 때부터 점유자의 점유는 타주점유로 전환된다. ( )

06 | 점유자와 회복자의 관계

- 선의 점유자 과실취득
① 부당이득반환 ×
② 소제기 후 과실은 반환 ○
③ 사용이익 ⇨ 과실에 포함 ○
④ 매매계약이 해제된 경우 ⇨ 선의 점유자 과실취득 ×

★★
1. 타인의 건물을 선의로 점유한 자는 비록 법률상 원인 없이 사용하였더라도 이로 인한 이득을 반환할 의무가 없다. ( )

★★
2. 선의의 점유자가 과실을 취득함으로써 타인에게 손해를 입힌 경우, 그 과실취득으로 인한 이득을 그 타인에게 반환할 의무가 있다. ( )

★
3. 선의의 점유자가 본권에 관한 소에서 패소한 때에는 소제기시부터 그 이후의 과실은 반환해야 한다. ( )

★
4. 타인 소유물을 권원 없이 점유함으로써 얻은 사용이익을 반환하는 경우, 악의의 점유자는 사용이익뿐만 아니라 그 이자도 반환해야 한다. ( )

5. 악의의 점유자는 그의 귀책사유로 과실을 수취하지 못한 경우에는 그 과실의 대가를 보상하여야 한다. ( )

6. 악의의 점유자가 과실을 수취하지 못한 경우, 이에 대한 과실이 없더라도 그 과실의 대가를 보상하여야 한다. ( )

7. 은비(隱秘)에 의한 점유자는 점유물의 과실을 수취할 권리가 있다. ( )

★
8. 이행지체로 인해 매매계약이 해제된 경우, 선의의 점유자인 매수인에게 과실취득권이 인정된다. ( )

- 선의 자주 점유자 ⇨ 현존이익 한도에서 배상

★★
9. 점유물이 점유자의 책임 있는 사유로 인하여 멸실 또는 훼손된 경우, 선의의 자주점유자는 그 이익이 현존하는 한도에서 배상하여야 한다. ( )

www.pmg.co.kr

★★
10. 점유물이 타주점유자의 책임 있는 사유로 멸실된 경우, 그가 선의의 점유자라면 현존이익의 범위에서 손해배상책임을 진다. (　)

★★
11. 점유물이 점유자의 책임 있는 사유로 멸실된 때, 악의의 점유자라 하더라도 자주점유인경우는 타주점유에 비하여 책임이 경감된다. (　)

• 비용상환청구
① 악의 점유자 ⇨ 비용상환청구 ○
② 과실수취한 점유자 ⇨ 통상 필요비 청구 ×
③ 유익비 ⇨ 현존 ⇨ 회복자의 선택

★★
12. 악의의 점유자는 원칙적으로 필요비 전부의 상환을 청구할 수 있다. (　)

13. 악의의 점유자는 특별한 사정이 없는 한 점유물에 지출한 통상의 필요비의 상환을 청구할 수 없다. (　)

★★
14. 점유자가 과실을 수취한 경우에는 통상의 필요비는 청구하지 못한다. (　)

15. 선의의 점유자는 과실을 취득하더라도 통상의 필요비의 상환을 청구할 수 있다. (　)

16. 과실을 취득한 점유자는 그가 지출한 비용 전부를 청구할 수 있다. (　)

★★
17. 유익비에 관하여는 그 가액의 증가가 현존한 경우에 한하여 점유자의 선택에 좇아 그지출금액이나 증가액의 상환을 청구할 수 있다. (　)

18. 점유자가 필요비를 지출한 경우, 그 가액의 증가가 현존한 경우에 한하여 상환을 청구할수 있다. (　)

• 상환기간 허여청구 ⇨ 필요비 ×, 유익비 ○

---

19. 필요비상환청구권에 대하여 회복자는 법원에 상환기간의 허여를 청구할 수 있다. (　)

20. 법원이 유익비의 상환을 위하여 상당한 기간을 허여한 경우, 유치권은 성립하지 않는다.
(　)

> • 본권 없는 점유자 ⇨ 현재 소유자 ⇨ 반환할 때 청구

★
21. 무효인 매매계약의 매수인이 점유목적물에 필요비 등을 지출한 후 매도인이 그 목적물을 제3자에게 양도한 경우, 점유자인 매수인은 양수인에게 비용상환을 청구할 수 있다. ( )

22. 점유물의 소유자가 변경된 경우, 점유자는 유익비 지출 당시의 전 소유자에게 유익비 상환을 청구해야 한다. ( )

★
23. 회복자로부터 점유물의 반환을 청구 받은 점유자는 유익비의 상환을 청구할 수 있다.
( )

24. 점유자가 점유물을 개량하기 위하여 유익비를 지출한 경우는 점유자가 점유물을 반환할 때에 그 상환을 청구할 수 있으나, 필요비를 지출한 경우에는 즉시 상환을 청구할 수 있다.
( )

07 | 소유권

- 상린관계
  ① 지상권자, 전세권자, 임차인 ⇨ 적용 ○
  ② 측량비용 ⇨ 면적에 비례 / 설치비용 ⇨ 절반
  ③ 가지 ⇨ 제거청구 / 뿌리 ⇨ 임의로 제거

1. 건물의 사용을 목적으로 하는 전세권에는 상린관계에 관한 규정이 준용되지 않는다. ( )

2. 인접토지 소유자들은 공동비용으로 경계표나 담을 설치할 수 있는데, 이때 소요되는 설치비용 및 측량비용은 쌍방이 절반씩 부담한다. ( )

3. 인접지에 있는 수목의 가지와 뿌리가 경계를 넘은 경우에는 임의로 제거할 수 있다. ( )

- 주위토지통행권
  ① 현재, 최소한 인정
  ② 분할, 일부양도 ⇨ 무상통행권 ⇨ 직접 당사자 간에만 적용

4. 기존의 통로가 있더라도 당해 토지의 이용에 부적합하여 실제로 통로로서 충분한 기능을 하지 못하고 있는 경우에도 주위토지통행권이 인정된다. ( )

★
5. 주위토지통행권은 장래의 이용을 위하여 인정될 수 있으므로, 그 범위와 관련하여 장래의 이용상황까지 미리 대비하여 통행로를 정할 수 있다. ( )

6. 통행로가 정해진 후에도 주위토지의 구체적 이용상황에 변동이 생긴 경우에는, 통행지 소유자는 다른 곳으로 옮겨 통행할 것을 요구할 수 있다. ( )

★
7. 통행로를 정함에 있어서 건축법에 도로의 폭에 관한 제한규정이 있으면 이에 따라 결정하여야 한다. ( )

★
8. 통행지소유자는 통행권자의 허락을 얻어 사실상 통행하는 자에게는 손해보상을 청구할 수 없다. ( )

★
9. 토지의 분할 및 일부양도의 경우, 무상주위통행권에 관한 민법의 규정은 포위된 토지 또는 피통행지의 특정승계인에게 적용되지 않는다. ( )

10. 토지의 분할로 주위토지통행권이 인정되는 경우, 통행권자는 분할당사자인 통행지 소유자의 손해를 보상하여야 한다. ( )

11. 토지분할로 인한 무상통행권은 피통행지 또는 통행지의 특정승계인에게 승계된다. ( )

• 부동산에의 부합
① 건물, 농작물 ⇨ 토지에 부합 ×
② 수목 ⇨ 권원이 있으면 부합 ×, 권원이 없으면 부합 ○
③ 건물증축 ⇨ 독립성이 있으면 부합 ×, 독립성이 없으면 부합 ○

---

1. 토지 위에 건물이 신축 완공된 경우에 건물은 토지에 부합하지 않는다. ( )

2. 적법한 권원 없이 타인의 토지에 경작한 성숙한 배추의 소유권은 경작자에게 속한다. ( )

★
3. 토지임차인의 승낙만을 받아 임차 토지에 나무를 심은 사람은 다른 약정이 없으면 토지 소유자에 대하여 그 나무의 소유권을 주장할 수 없다. ( )

4. 토지의 사용대차권에 기하여 식재된 수목은 그 토지가 경매에 의하여 낙찰된 경우에도 그 낙찰인에게 귀속되지 않는다. ( )

5. 乙이 권원 없이 甲소유의 토지에 잣나무를 식재한 후 잣을 수확한 경우, 甲은 乙에게 잣에 대한 소유물반환을 청구할 수 없다. ( )

★
6. 건물임차인이 권원에 기하여 증축한 부분은 구조상·이용상 독립성이 없더라도 임차인의 소유에 속한다. ( )

★
7. 건물의 증축부분이 기존건물에 부합된 경우, 기존건물에 대한 경매절차에서 경매목적물로 평가되지 않았더라도 경락인은 증축부분의 소유권을 취득한다. ( )

8. 경매절차의 매수인이 증축부분의 소유권을 취득하기 위해서는 부합된 증축부분이 기존건물에 대한 경매절차에서 경매목적물로 평가되어야 한다. ( )

08 | 부동산소유권시효취득

• 소유권점유취득시효 ⇨ 자주점유 ○, 무과실 불요

---

1. 타주점유자는 자신이 점유하는 부동산에 대한 소유권을 시효취득할 수 없다. ( )

2. 무과실은 점유취득시효의 요건이 아니다. ( )

• 취득시효의 대상

---

3. 1필의 토지 일부에 대한 점유취득시효는 인정될 여지가 없다. ( )

4. 성명불상자의 소유물도 시효취득의 대상이 된다. ( )

★
5. 집합건물의 공용부분은 별도로 취득시효의 대상이 될 수 있다. ( )

6. 취득시효 완성 당시에는 일반재산이었으나 취득시효 완성 후에 행정재산으로 변경된 경우, 국가를 상대로 소유권이전등기청구를 할 수 없다. ( )

7. 저당권은 취득시효의 대상이 될 수 없다. ( )

• 기산점 선택

---

8. 취득시효기간 중 계속해서 등기명의자가 동일한 경우, 점유개시 후 임의의 시점을 시효기간의 기산점으로 삼을 수 있다. ( )

★
9. 취득시효기간이 중에 등기명의인이 변동된 경우, 취득시효기간의 기산점을 임의로 선택할 수 없다. ( )

• 완성당시 소유자 ⇨ 시효완성자 ⇨ 부당이득반환청구, 손해배상청구 ×

★★
10. 시효완성 당시의 소유자는 시효완성자가 등기를 마치지 않았다면 그에 대하여 점유로 인한 부당이득반환청구를 할 수 있다. ( )

★★
11. 시효완성 당시의 소유자는 시효완성자가 등기를 마치지 않았더라도 그에 대하여 불법점유임을 이유로 그 부동산의 인도를 청구할 수 없다. ( )

• 시효완성자 ➡ 완성당시 소유자 ➡ 등기청구권(채권적 청구권)

★★
12. 등기부상 소유명의자가 진정한 소유자가 아니면 원칙적으로 그를 상대로 취득시효완성을 원인으로 소유권이전등기를 청구할 수 없다. ( )

★★
13. 시효완성 전에 등기명의인이 바뀐 경우에는 시효완성자는 시효완성 당시의 등기명의인에게 취득시효를 주장할 수 있다. ( )

★★
14. 시효완성 후에 등기명의인이 변경되면 등기원인이 시효완성 전에 존재하였더라도, 시효완성자는 변경된 등기명의인에게 취득시효를 주장할 수 없다. ( )

15. 시효완성자는 완성 전에 이미 설정되어 있던 가등기에 기하여 시효완성 후에 소유권이전의 본등기를 마친 자에게 시효완성을 주장할 수 있다. ( )

★★
16. 시효완성 후에 등기명의인이 바뀐 경우, 등기명의가 바뀐 시점으로부터 다시 시효기간이 경과하더라도 시효완성을 주장할 수 없다. ( )

17. 시효완성 후 등기 전에 소유자가 파산선고를 받은 때에는 점유자는 파산관재인을 상대로 취득시효를 이유로 소유권이전등기를 청구할 수 없다. ( )

★★
18. 시효완성자의 시효이익의 포기는 특별한 사정이 없는 한 완성 당시의 소유자에게 하여야 그 효력이 있다. ( )

19. 시효완성자가 완성당시 무효등기의 등기부상 소유명의자에게 시효이익을 포기한 경우에도 시효이익 포기의 효력이 발생한다. ( )

20. 시효완성 후 소유자가 명의신탁을 하여 명의수탁자에서 소유권이전등기를 한 경우, 시효완성자는 특별한 사정이 없는 한 명의수탁자에게 시효완성을 주장할 수 있다. ( )

★
21. 시효완성 후 명의신탁 해지를 원인으로 명의수탁자에서 명의신탁자로 소유권이전등기가 된 경우, 시효완성자는 특별한 사정이 없는 한 명의신탁자에게 시효완성을 주장할 수 없다.
( )

• 점유를 중단 ➡ 점유취득시효 중단

★
22. 부동산에 대한 압류 또는 가압류는 점유취득시효를 중단시킨다. ( )

> • 법률규정에 의한 채권관계 ○ ⇨ 채무불이행책임 ×, 불법행위책임 ○

23. 시효완성으로 인한 소유권이전등기청구권이 발생하면 부동산소유자와 시효완성자 사이에 계약상의 채권관계가 성립한 것으로 본다. (   )

★
24. 시효완성 후 소유자가 부동산을 처분하면 시효완성자에 대하여 채무불이행책임을 진다. (   )

25. 시효완성을 알고 있는 소유자가 부동산을 제3자에게 처분한 경우, 그 소유자는 시효완성자에게 불법행위로 인한 손해배상책임을 진다. (   )

> • 소유권취득의 효과 ⇨ 점유를 개시한 때로 소급 ⇨ 제3자 보호 ○

★
26. 시효완성을 이유로 한 소유권취득의 효력은 점유를 개시한 때로 소급하지 않으며 등기를 함으로써 장래를 향하여 발생한다. (   )

★
27. 시효완성 후 그로 인한 등기 전에 소유자가 저당권을 설정한 경우, 시효완성자는 등기를 함으로써 저당권의 부담이 있는 소유권을 취득한다. (   )

★
28. 시효완성 후 등기 전에 소유자가 저당권을 설정하였고, 등기를 마친 시효완성자가 피담보채무를 변제한 경우, 소유자에게 부당이득반환을 청구할 수 있다. (   )

> • 등기부취득시효
> ① 무효등기도 가능 ⇨ 이중보존등기에 해당하여 무효인 등기 ×
> ② 선의 무과실의 점유 ⇨ 선의는 추정 ○, 무과실은 추정 ×

29. 소유권등기가 무효인 경우에도 등기부취득시효는 가능하다. (   )

30. 이중보존등기에 해당하여 무효인 등기에 기해서는 등기부취득시효가 불가능하다. (   )

31. 등기부취득시효에서 점유자의 무과실은 시효완성을 주장하는 자가 입증하여야 한다. (   )

32. 등기부취득시효에서 점유자의 무과실은 전 시효기간을 통하여 인정되어야 하는 것은 아니다. (   )

09 | 공동소유

> • 공유지분
> ① 지분 처분 ⇨ 자유
> ② 공유자가 지분포기, 상속인 없이 사망 ⇨ 다른 공유자에게 귀속

★
1. 공유자는 다른 공유자의 동의 없이 자신의 지분을 처분할 수 없다. ( )

2. 공유자가 상속인 없이 사망한 때에는 그 지분은 국가에 귀속한다. ( )

3. 공유자 1인이 포기한 지분은 다른 공유자에게 각 지분의 비율로 귀속한다. ( )

★
4. 부동산 공유자의 지분 포기의 의사표시가 다른 공유자에게 도달하면 이로써 곧바로 포기에 따른 물권변동의 효력이 발생한다. ( )

5. 공유자는 자신의 지분에 관하여 단독으로 제3자의 취득시효를 중단시킬 수 없다. ( )

6. 공유자 중 1인은 다른 공유자의 지분권을 대외적으로 주장할 수 없다. ( )

> • 제3자가 불법점유
> ① 보존행위 ⇨ 공유자 1인 ⇨ 공유물 전부에 행사 ○
> ② 손해배상금, 부당이득금 청구 ⇨ 자기 지분만 청구 ○

★★
7. 제3자가 공유물을 불법점유하는 경우, 공유자는 단독으로 공유물 전부의 반환을 청구할 수 있다. ( )

★★
8. 공유물을 손괴한 자에 대하여 공유자 중 1인은 특별한 사유가 없는 한 공유물에 발생한 손해의 전부를 청구할 수 있다. ( )

9. 공유물 무단점유자에 대한 차임 상당 부당이득반환청구권은 특별한 사정이 없는 한 각 공유자에게 지분 비율만큼 귀속된다. ( )

> • 공유물에 대하여 제3자 명의로 무효등기 ⇨ 전부말소청구 ○

★★
10. 공유물에 대하여 제3자 명의로 원인무효의 등기가 이루어진 경우, 공유자 1인은 보존행위로 등기 전부의 말소를 청구할 수 있다. ( )

11. 공유토지에 대해 공유자 중 1인의 단독명의로 소유권등기가 된 경우, 다른 공유자는 등기 전부의 말소를 청구할 수 있다. (   )

12. 공유자 중 1인이 다른 공유자의 동의 없이 제3자에게 공유물을 처분한 경우, 다른 공유자는 제3자에게 등기 전부의 말소를 청구할 수 없다. (   )

• 과반수지분권자가 배타적 점유 ⇨ 적법한 관리행위

★★
13. 과반수지분권자가 단독으로 공유토지를 배타적으로 점유하는 경우, 소수지분권자는 공유토지의 반환이나 방해배제를 청구할 수 없다. (   )

• 소수지분권자가 배타적 점유 ⇨ 다른 소수지분권자 ⇨ 반환청구 ×

★★
14. 소수지분권자는 공유물을 협의 없이 점유하는 다른 소수지분권자에게 공유물의 인도를 청구할 수 있다. (   )

★
15. 소수지분권자는 공유물을 협의 없이 점유하는 다른 소수지분권자에게 방해제거를 청구할 수 있다. (   )

• 과반수지분권자가 임대차(사용허락)한 경우

★★
16. 공유물의 과반수지분권자로부터 사용·수익을 허락받은 점유자에 대하여 소수지분권자는 공유물에 대한 점유배제를 청구할 수 없다. (   )

★★
17. 과반수지분권자로부터 공유물의 사용·수익을 허락받은 제3자는 소수지분권자에 대해 점유로 인하여 부당이득을 얻은 것으로 볼 수 있다. (   )

18. 과반수지분권자가 단독으로 공유토지를 임대한 경우, 소수지분권자는 과반수지분권자에게 부당이득반환을 청구할 수 있다. (   )

• 관리에 관한 특약

---

19. 공유자간의 공유물에 대한 관리에 관한 특약은 공유지분권의 본질적 부분을 침해하지 않는 경우라면 공유자의 특정승계인에 대하여도 당연히 승계된다. (　　)

20. 지분권자로서의 사용권을 사실상 포기하는 공유자 사이의 특약은 그 사실을 알지 못하고 공유지분을 취득한 특정승계인에게 승계되지 않는다. (　　)

• 공유물 처분행위 ⇨ 전원 동의

---

21. 공유토지에 건물을 신축하기 위해서는 공유자 전원의 동의가 있어야 한다. (　　)

22. 과반수지분권자는 공유토지에 대한 관리방법으로 건물을 신축할 수 있다. (　　)

• 계약은 유효

---

23. 공유자 1인이 다른 공유자의 동의 없이 공유물 전부를 제3자에게 매도한 경우, 그 매매계약은 유효하다. (　　)

24. 소수지분권자가 단독으로 공유물을 제3자에게 임대한 경우, 그 임대차계약은 무효이다. (　　)

• 공유물분할
① 5년 내 공유물분할금지특약 ○ ⇨ 5년 내 갱신 ○
② 공유물분할금지특약 ⇨ 등기 ○ ⇨ 대항 ○
③ 협의분할 ⇨ 등기를 해야 분할의 효과 발생
④ 협의가 성립 × ⇨ 재판상 분할 ⇨ 현물분할이 원칙
⑤ 협의분할, 재판상 분할 ⇨ 반드시 공유자 전원이 참가

---

25. 공유자는 5년 범위 내에서 공유물분할금지특약을 할 수 있으며, 특약을 갱신할 수 있다. (　　)

26. 공유물분할금지특약은 등기 없이도 공유지분의 특정승계인에게 대항할 수 있다. (　　)

27. 공유물분할의 조정절차에서 공유자 사이에 현물분할의 협의가 성립하여 조정조서가 작성된 때에는 그 즉시 공유관계가 소멸한다. (　　)

28. 공유물분할협의가 성립한 후에 공유자 일부가 분할에 따른 이전등기에 협력하지 않으면, 재판상 분할을 청구할 수 있다. (　　)

29. 재판에 의하여 공유물을 분할하는 경우에는 대금분할이 원칙이다. ( )

30. 공유자 전원이 분할절차에 참가하지 않은 공유물분할은 무효이다. ( )

31. 공유물분할청구의 소에서 법원은 원칙적으로 공유물분할을 청구하는 원고가 구하는 방법에 구애받지 않고 재량에 따라 합리적 방법으로 분할을 명할 수 있다. ( )

32. 공유자는 다른 공유자가 분할로 인하여 취득한 물건에 대하여 그 지분의 비율로 매도인과 동일한 담보책임이 있다. ( )

• 지분 위에 설정된 저당권 ⇨ 공유물 전부에 효력 ○

★
33. 공유자 중 1인의 지분 위에 설정된 저당권은 특별한 사정이 없는 한 공유물분할로 인하여 저당권설정자 앞으로 분할된 부분에 집중된다. ( )

• 합 유
① 합유지분 처분 ⇨ 전원 동의
② 합유지분 ⇨ 상속 ×

★
34. 합유자는 자신의 지분을 합유자 전원의 동의 없이 처분할 수 없다. ( )

★
35. 부동산의 합유자가 사망한 경우에는 그 상속인이 합유자로서의 지위를 승계한다. ( )

★
36. 부동산의 합유자 중 일부가 사망한 경우, 합유자 사이에 특별한 약정이 없는 한 해당 부동산은 잔존 합유자가 2인 이상일 때에는 잔존 합유자의 합유로 귀속된다. ( )

37. 합유물의 보존행위는 각자가 할 수 있다. ( )

• 총유 ⇨ 총유물의 보존행위 ⇨ 총회의 결의

★
38. 총유물에 대한 보존행위는 구성원 각자가 단독으로 할 수 없고, 특별한 사정이 없는 한 사원총회의 결의를 거쳐야 한다. ( )

10 | 지상권

• 지료 ⇨ 지상권의 성립요소 × ⇨ 무상 가능

---

1. 지료의 지급은 지상권의 성립요소이다. (　)

2. 지상권설정계약에서 지료지급에 대한 약정이 없더라도 지상권의 성립에는 영향이 없다.
　　　　　　　　　　　　　　　　　　　　　　　　　　　　　　　　　　　(　)

• 지상권과 지상물 ⇨ 부종성 × ⇨ 분리 처분 ○

---

3. 지상권설정의 목적이 된 건물이 전부 멸실하면 지상권은 소멸한다. (　)

4. 지상권자는 지상물의 소유권과 분리하여 지상권만 양도할 수 있다. (　)

• 지상권 양도 자유 ⇨ 지상권 양도금지특약 ⇨ 무효

---

5. 지상권자는 토지소유자의 의사에 반하여 지상권을 양도할 수 없다. (　)

6. 지상권자는 지상권설정자의 동의 없이도 토지를 타인에게 임대할 수 있다. (　)

7. 지상권 양도금지특약은 지상권자에게 불리하므로 그 효력이 없다. (　)

• 소유자가 변경 ⇨ 지료연체의 효과 승계 ×

---

8. 지상권의 지료지급 연체가 토지소유권의 양도 전후에 걸쳐 이루어진 경우, 토지양수인에 대한 연체기간이 2년 이상이면 토지양수인은 지상권의 소멸을 청구할 수 있다. (　)

9. 지료체납 중 토지소유권이 양도된 경우, 양도 전·후를 통산하여 2년에 이르면 지상권 소멸청구를 할 수 있다. (　)

10. 지상권의 지료가 1년 연체된 상태에서 토지가 제3자에게 양도되고 다시 그 지료가 1년 6개월 연체된 경우, 토지의 새로운 소유자는 지상권의 소멸을 청구할 수 있다. (　)

> • 채권의 담보를 위하여 지료 없는 지상권을 설정한 경우
> ① 제3자가 건물을 신축한 경우 ⇨ 건물철거청구 ○, 손해배상청구 ×
> ② 채권 소멸 ⇨ 저당권 소멸 ⇨ 지상권 소멸

★★
11. 금융기관이 토지에 저당권과 함께 지료 없는 지상권을 설정 받으면서 채무자의 사용
수익권을 배제하지 않은 경우, 금융기관은 그 토지의 무단점유자에 대해 지상권침해를
근거로 임료 상당의 손해배상을 청구할 수 있다. (　)

★★
12. 저당권설정자가 담보가치의 하락을 막기 위해 저당권자에게 지상권을 설정해 준 경우,
피담보채권이 소멸하면 그 지상권도 소멸한다. (　)

> • 지상물매수청구권
> ① 지상권자 ⇨ 존속기간 만료, 현존 ⇨ 갱신청구 ⇨ 거절 ⇨ 매수청구
> ② 지료연체 ⇨ 지상권 소멸 ⇨ 지상권자는 매수청구 ×
> ③ 지상권설정자가 매수청구 ⇨ 지상권자는 정당한 이유 없이 거절 ×

★
13. 기간만료로 지상권이 소멸한 경우, 지상권자는 지상물매수청구를 하기 위해서 지상권
설정자에게 갱신청구를 먼저 하여야 한다. (　)

14. 지상권자는 존속기간이 만료한 때에 지상물이 현존하는 경우, 지상권설정자에 대해
선택적으로 지상권의 갱신청구 또는 지상물의 매수청구를 할 수 있다. (　)

★
15. 지료연체를 이유로 한 지상권소멸청구에 의해 지상권이 소멸하더라도 지상권자의 지상물
매수청구권은 인정된다. (　)

16. 지상권이 소멸한 경우에 지상권설정자가 상당한 가액을 제공하여 지상물매수를 청구한
때에는 지상권자는 정당한 이유 없이 이를 거절하지 못한다. (　)

> • 존속기간 약정 × ⇨ 최단기간

17. 수목의 소유를 목적으로 한 지상권의 최단존속기간은 30년이다. (　)

18. 지상권의 존속기간을 정하지 않은 경우, 지상권설정자는 언제든지 지상권소멸을 청구할
수 있다. (　)

> • 기존의 건물을 사용할 목적 ⇨ 최단기간 적용 ×

19. 기존의 건물을 사용할 목적으로 지상권을 설정한 경우에는 최단기간에 관한 규정은 적용되지 않는다. (   )

> • 2년 이상 지료연체 ⇨ 소멸청구 ⇨ 편면적 강행규정

20. 지상권자가 2년 이상의 지료를 지급하지 않으면 지상권설정자는 소멸청구를 할 수 있으나, 당사자의 약정으로 그 기간을 단축할 수 있다. (   )

> • 구분지상권 ⇨ 공간 ⇨ 수목 ×

21. 구분지상권은 건물 기타 공작물의 소유를 위해 설정할 수 있다. (   )

22. 구분지상권은 건물 기타 공작물 및 수목의 소유를 위해 설정할 수 있다. (   )

> • 분묘기지권을 취득한 경우 ⇨ 지료지급의무 발생시기

23. 토지소유자의 승낙을 얻어 분묘를 설치함으로써 분묘기지권을 취득한 경우, 설치할 당시 토지소유자와의 합의에 의하여 정한 지료지급의무는 그 토지의 승계인에게도 미친다. (   )

24. 「장사 등에 관한 법률」 시행 이전에 설치된 분묘에 관한 분묘기지권의 시효취득은 법적 규범으로 유지되고 있다. (   )

★
25. 분묘기지권을 시효로 취득한 경우, 분묘기지권자는 토지소유자가 분묘기지에 관한 지료를 청구하면 그 청구한 날부터 지료를 지급할 의무가 있다. (   )

★
26. 자기 소유 토지에 분묘를 설치한 사람이 그 토지를 양도하면서 분묘를 이장하겠다는 특약을 하지 않음으로써 분묘기지권을 취득한 경우, 특별한 사정이 없는 한 분묘기지권자는 분묘기지권이 성립한 때부터 토지소유자에게 지료를 지급할 의무가 있다. (   )

11 | 법정지상권

• 전세권 ⇨ 전세권설정자 ○, 전세권자 ×

---

1. 대지와 건물을 소유한 자가 건물에 대해서만 전세권을 설정한 후 대지를 제3자에게 양도한 경우, 제3자는 전세권설정자에 대하여 대지에 대한 지상권을 설정한 것으로 본다. ( )

2. 대지와 건물을 소유한 자가 건물에 대해서만 전세권을 설정한 후 대지를 제3자에게 양도한 경우, 제3자는 전세권자에 대하여 대지에 대한 지상권을 설정한 것으로 본다. ( )

• 저당물의 경매 ⇨ 설정당시 동일인 소유 ⇨ 공동저당 후 신축 ×

★
3. 토지에 관한 저당권설정 당시 해당 토지에 일시사용을 위한 가설건축물이 존재하였던 경우, 법정지상권은 성립하지 않는다. ( )

★★
4. 나대지에 1번 저당권을 설정한 후 건물이 신축되었고 그 후에 설정된 2번 저당권이 실행된 경우, 법정지상권은 발생할 수 없다. ( )

★★
5. 토지에 저당권이 설정된 후에 저당권자의 동의를 얻어 건물이 신축된 경우라도 법정지상권이 성립한다. ( )

★★
6. 甲소유의 토지 및 그 지상건물에 乙이 공동저당권을 취득한 후 甲이 건물을 철거하고 그 토지에 건물을 신축한 경우, 특별한 사정이 없는 한 저당권의 실행으로 토지와 신축 건물의 소유자가 다르게 되면 신축 건물을 위한 법정지상권이 발생한다. ( )

7. 甲소유의 토지에 설정된 저당권이 실행된 경우, 저당권설정 전부터 乙이 건물을 소유하고 있었다면 乙은 법정지상권을 취득하지 못한다. ( )

★★
8. 토지에 저당권이 설정될 당시 그 지상에 건물이 토지소유자에 의하여 건축 중이었던 경우에도, 저당권이 실행되면 법정지상권이 발생한다. ( )

★★
9. 건물이 무허가 미등기 건물인 경우에는 법정지상권은 발생할 수 없다. ( )

10. 乙 소유의 토지 위에 甲과 乙이 건물을 공유하면서 토지에만 저당권을 설정하였다가, 토지 경매로 丙이 토지소유권을 취득한 경우에는 법정지상권은 발생하지 않는다. ( )

11. 토지에 저당권을 설정할 당시 동일인 소유의 건물이 존재하고 있다가 그 후 저당권의 실행으로 토지가 낙찰되기 전에 건물이 제3자에게 양도된 경우, 건물을 양수한 제3자는 법정지상권을 취득한다. ( )

12. 동일인소유의 건물이 있는 토지에만 저당권을 설정한 후 그 건물을 철거하고 다시 신축한 때에도 저당권의 실행으로 토지와 건물의 소유자가 달라지게 되면 법정지상권이 발생한다. ( )

• 일괄매매 ⇨ 법정지상권 ×, 관습법상 법정지상권 ×

★★
13. 미등기건물을 그 대지와 함께 매수한 사람이 그 대지에 관하여만 소유권이전등기를 넘겨받고 건물에 대하여는 그 등기를 이전받지 못하고 있다가 대지에 설정된 저당권의 실행으로 대지가 경매되어 다른 사람의 소유로 된 경우에는 법정지상권이 성립될 여지가 없다. ( )

★★
14. 乙이 甲으로부터 甲소유 토지와 건물을 매수하여 토지에 대해서만 이전등기를 받은 후 토지에 설정된 저당권이 실행되어 토지와 건물의 소유자가 다르게 된 경우, 乙은 법정지상권을 취득한다. ( )

• 법정지상권 ⇨ 배제특약 ×
• 관습법상 법정지상권 ⇨ 배제특약 ○

★
15. 저당목적물인 토지에 대하여 법정지상권을 배제하는 저당권설정 당사자 사이의 약정은 효력이 없다. ( )

★
16. 대지상의 건물만을 매수하면서 대지에 관한 임대차계약을 체결하였다면 관습법상의 법정지상권을 포기하였다고 본다. ( )

★
17. 토지와 건물의 소유자가 토지만을 타인에게 증여한 후 구 건물을 철거하고 다시 신축하기로 합의한 경우, 관습법상 법정지상권을 포기한 것으로 볼 수 없다. ( )

www.pmg.co.kr

- 강제경매 ⇨ 동일인 소유 판단기준 ⇨ 매각대금 완납시 ×

★★
18. 가압류 후 본압류 및 강제경매가 된 경우, '토지와 건물이 동일인 소유'인지 여부는 매각대금의 완납시를 기준으로 한다. ( )

19. 가압류 후 본압류 및 강제경매가 된 경우, '토지와 건물이 동일인 소유'인지 여부는 가압류의 효력 발생시를 기준으로 한다. ( )

20. 토지에 대한 강제경매를 위한 압류 전에 저당권이 설정되어 있는 경우, '토지와 건물이 동일인 소유'인지 여부는 저당권 설정당시를 기준으로 한다. ( )

- 법정지상권이 발생한 경우
① 등기 없이도 발생 ○
② 건물과 법정지상권 ⇨ 각각 분리 처분 ○
③ 법정지상권자 ⇨ 등기 × ⇨ 주장 ○
④ 건물양수인 ⇨ 등기 ○ ⇨ 주장 ○
⑤ 건물철거청구 ×
⑥ 지료결정 × ⇨ 소멸청구 ×
⑦ 지료결정 ○ ⇨ 소멸청구 ○

★★
21. 법정지상권자는 건물과 법정지상권을 각각 분리하여 처분할 수 있다. ( )

★
22. 법정지상권자는 그에 관한 등기 없이도 토지소유권을 취득한 선의의 제3자에게 지상권을 주장할 수 있다. ( )

★
23. 법정지상권이 발생한 건물이 양도된 경우, 건물양수인은 지상권 등기 없이도 토지소유자에게 직접 지상권을 주장할 수 있다. ( )

★★
24. 법정지상권이 발생한 건물이 양도된 경우, 지상권 등기가 없더라도 토지소유자는 건물양수인에게 건물철거를 청구할 수는 없다. ( )

★★
25. 법정지상권의 지료를 정한 바가 없다면 지료연체를 이유로 한 소멸청구를 할 수 없다.
( )

★★
26. 법정지상권의 지료가 판결에 의하여 정해진 경우, 지체된 지료가 판결확정의 전후에 걸쳐 2년분 이상일 경우, 토지소유자는 소멸청구를 할 수 있다. ( )

12 | 지역권

• 지역권 ⇨ 배타적 점유 × ⇨ 지역권에 기한 반환청구 ×

---

1. 지역권자에게 방해제거청구권은 인정되지만, 반환청구권은 인정되지 않는다. ( )

2. 소유권에 기한 소유물반환청구권에 관한 규정은 지역권에 준용된다. ( )

• 지역권 시효취득
① 계속되고 표현된 경우에 한하여 가능
② 통로개설 ○ ⇨ 통행지역권 시효취득 가능
③ 통행지역권을 시효취득 ⇨ 승역지 소유자에게 손해 보상 ○
④ 불법점유자 ⇨ 시효취득 ×

---

3. 일정한 장소를 오랜 시일 통행한 사실이 있다면 통로 개설이 없더라도 지역권을 시효취득할 수 있다. ( )

4. 통행지역권을 주장하는 사람은 통행으로 편익을 얻는 요역지가 있음을 주장·증명하여야 한다. ( )

5. 통행지역권을 시효취득하였다면, 특별한 사정이 없는 한 요역지 소유자는 도로설치로 인해 승역지 소유자가 입은 손실을 보상하지 않아도 된다. ( )

6. 요역지의 불법점유자는 지역권을 시효취득할 수 없다. ( )

• 요역지 ⇨ 반드시 1필, 승역지 ⇨ 반드시 1필 ×

---

7. 요역지는 한 필의 토지 전부여야 하나, 승역지는 한 필의 토지의 일부일 수 있다. ( )

8. 토지의 일부를 위하여 지역권을 설정할 수 있다. ( )

9. 토지의 일부 위에 지역권을 설정할 수 있다. ( )

```
• 지역권의 부종성, 수반성
① 요역지소유권 이전 ⇨ 지역권 이전
② 요역지와 분리 ⇨ 지역권만을 양도 ×, 저당권의 목적 ×
③ 요역지의 지상권자, 전세권자 ⇨ 지역권 행사 ○
```

★
10. 요역지의 소유권이 양도되면 지역권은 원칙적으로 이전되지 않는다. ( )

★★
11. 요역지와 분리하여 지역권만을 양도할 수 없다. ( )

★★
12. 지역권은 요역지와 분리하여 저당권의 목적이 될 수 있다. ( )

13. 요역지의 전세권자는 특별한 사정이 없으면 지역권을 행사할 수 있다. ( )

14. 지상권자는 인접한 토지에 통행지역권을 시효취득할 수 없다. ( )

```
• 지역권의 불가분성
① 유리한 경우 ⇨ 1인에게 생긴 사유 ⇨ 효력 ○
② 불리한 경우 ⇨ 전원에게 생긴 사유 ⇨ 효력 ○
```

★★
15. 요역지의 공유자 1인이 지역권을 취득한 때에는 다른 공유자도 이를 취득한다. ( )

★★
16. 요역지의 공유자 1인은 그 토지 지분에 관한 지역권을 소멸시킬 수 없다. ( )

17. 요역지 공유자 중 1인은 자신의 지분만에 대해서 지역권을 소멸시킬 수 있다. ( )

★
18. 요역지 공유자 중 1인에 대한 지역권 소멸시효의 정지는 다른 공유자를 위하여도 그 효력이 있다. ( )

19. 요역지의 공유자 중 1인에 의한 지역권 소멸시효의 중단은 다른 공유자에게는 효력이 없다.
( )

★
20. 지역권의 취득시효 중단은 지역권을 행사하는 모든 공유자에 대한 사유가 아니면 효력이 없다. ( )

21. 요역지가 수인의 공유인 경우, 그 1인에 대한 지역권 취득시효의 중단은 시효중단의 효력이 있다. ( )

13 | 전세권

> • 전세권 ⇨ 용익물권적 성질과 담보물권적 성질

1. 당사자가 주로 채권담보의 목적을 갖는 전세권을 설정하였더라도 장차 전세권자의 목적물에 대한 사용수익권을 완전히 배제하는 것이 아니라면 그 효력은 인정된다. ( )

2. 전세목적물의 인도는 전세권의 성립요건이 아니다. ( )

★
3. 전세권의 존속기간이 시작되기 전에 마친 전세권설정등기는 특별한 사정이 없는 한 무효로 추정된다. ( )

★
4. 전세권 설정계약의 당사자는 전세권의 사용·수익권을 배제하고 채권담보만을 위한 전세권을 설정할 수 있다. ( )

★
5. 전세권이 갱신 없이 그 존속기간이 만료되면 전세권의 용익물권적 권능은 전세권설정등기의 말소 없이도 당연히 소멸한다. ( )

> • 전세금 ⇨ 기존의 채권으로 갈음 ○

6. 전세권설정시 전세금지급은 전세권의 성립요소이다. ( )

★★
7. 전세금의 지급이 전세권의 성립요소이기는 하지만, 기존의 채권으로 전세금의 지급에 갈음할 수 있다. ( )

8. 전세금은 현실적으로 수수되어야 하므로 임차보증금채권으로 전세금의 지급에 갈음할 수 없다. ( )

> • 소유자가 변경 ⇨ 전세금반환의무자는 신소유자

★★
9. 전세권 존속 중 전세목적물이 양도된 경우, 새로운 소유자가 전세금반환의무를 진다. ( )

10. 전세권이 성립한 후 전세목적물의 소유권이 이전된 경우, 구(舊) 소유자는 전세권이 소멸하는 때에 전세권자에 대하여 전세금반환의무를 부담한다. ( )

> • 유지수선의무 ⇨ 전세권자 ⇨ 필요비청구 ×

★★
11. 전세권자가 통상의 필요비를 지출한 경우 그 비용의 상환을 청구하지 못한다. ( )

12. 전세권자는 필요비 및 유익비의 상환을 청구할 수 있다. ( )

13. 전세권설정자는 특약이 없는 한 목적물의 현상을 유지하고 수선을 해야 한다. ( )

> • 최장기간 ⇨ 10년

★
14. 전세권의 존속기간을 15년으로 약정한 경우, 그 존속기간은 10년으로 단축된다. ( )

15. 전세권의 존속기간이 만료된 경우, 10년을 넘지 않는 기간으로 전세권을 갱신할 수 있다.
( )

> • 존속기간을 약정하지 않은 경우 ⇨ 언제든지 소멸통고 ○

16. 전세권의 존속기간을 약정하지 않은 경우, 각 당사자는 언제든지 전세권의 소멸을 통고
할 수 있다. ( )

> • 건물전세권 적용 ○, 토지전세권 적용 ×
> ① 최단기간(1년)
> ② 법정갱신 ⇨ 기간약정 × ⇨ 등기 없이도 효력 ○

17. 건물전세권의 존속기간을 1년 미만으로 정한 때에는 이를 1년으로 한다. ( )

★
18. 토지전세권의 최단존속기간은 1년이다. ( )

★
19. 토지전세권은 법정갱신이 인정되지 않는다. ( )

★★
20. 건물전세권이 법정갱신된 경우, 그 존속기간은 1년으로 본다. ( )

★★
21. 건물전세권이 법정갱신된 경우, 전세권자는 등기 없이도 전세목적물을 취득한 제3자에
대하여 전세권을 주장할 수 있다. ( )

> • 전세권 양도 자유
> ① 소유자 동의 없이 양도, 저당권설정, 전전세, 임대 가능
> ② 양도금지특약은 가능

22. 원전세권자가 소유자 동의 없이 전전세를 하면 원전세권은 소멸한다. (   )

23. 전세권 양도금지특약은 이를 등기하여야 제3자에게 대항할 수 있다. (   )

> • 건물 전세권 ⇨ 지상권, 토지임차권에 효력 ○

★★
24. 타인의 토지 위에 건물을 신축한 자가 그 건물에 전세권을 설정한 경우, 전세권은 건물의 소유를 목적으로 하는 토지임차권에도 그 효력이 미친다. (   )

★★
25. 타인의 토지에 있는 건물에 전세권을 설정한 경우, 전세권의 효력은 그 건물의 소유를 목적으로 한 지상권에는 미치지 않는다. (   )

> • 전세권소멸시 ⇨ 동시이행관계

26. 전세권이 소멸된 경우, 전세권자의 전세목적물의 인도는 전세금의 반환보다 선이행되어야 한다. (   )

> • 건물의 일부에 대한 전세권
> ① 건물의 경락대금 전부에 대한 우선변제권 ○
> ② 건물 전부에 대한 경매권 ×

★
27. 건물의 일부에 전세권이 설정된 경우, 전세권자는 건물 전부에 대하여 후순위권리자보다 전세금의 우선변제를 받을 권리가 있다. (   )

★★
28. 건물의 일부에 전세권이 설정된 경우, 전세권자는 전세권의 목적이 된 부분이 독립성이 없다면 건물 전체의 경매를 청구할 수 있다. (   )

> • 전세권을 목적으로 저당권이 설정된 후 전세권이 소멸한 경우
> ⇨ 전세권 자체에 대한 경매 ✕

★★
29. 전세권을 목적으로 한 저당권은 전세권의 존속기간이 만료되더라도 그 전세권 자체에 대하여 저당권을 실행할 수 있다. (   )

30. 전세권을 목적으로 저당권이 설정된 경우, 전세권의 존속기간이 만료되면 저당권자는 전세금반환채권을 압류하여 물상대위할 수 있다. (   )

31. 전세권저당권이 설정된 후 전세권이 기간만료로 소멸한 경우, 제3자의 압류가 없으면 전세권설정자는 전세권자에게 전세금을 지급하여야 한다. (   )

> • 전세금반환채권과 전세권의 분리 양도 ⇨ 전세권소멸을 조건으로 가능

★
32. 전세권이 존속하는 중에 전세권자는 전세권을 그대로 둔 채 전세금반환채권만을 확정적으로 양도하지 못한다. (   )

★
33. 전세권 존속 중이라도 장래에 그 전세권이 소멸하는 경우에 전세금 반환채권이 발생하는 것을 조건으로 그 장래의 조건부 채권을 유효하게 양도할 수 있다. (   )

14 | 유치권

• 우선변제권 ×, 물상대위성 × ⇨ 불가분성 ○, 경매권 ○

★★
1. 유치권자는 채권의 변제를 받기 위하여 유치물을 경매할 수 있고, 매각대금에서 후순위 권리자보다 우선변제를 받을 수 있다. ( )

★★
2. 유치권에는 물상대위성이 인정되지 않는다. ( )

3. 유치물이 소실된 경우, 유치권은 소유자의 화재보험금청구권 위에 미친다. ( )

★
4. 유치권자는 채권의 변제를 받기 위하여 유치물을 경매할 수 있다. ( )

★
5. 유치권의 불가분성은 그 목적물이 분할 가능하거나 수개의 물건인 경우에도 적용된다. ( )

6. 유치물이 분할 가능한 경우, 채무자가 피담보채무의 일부를 변제하면 그 범위에서 유치권은 일부 소멸한다. ( )

• 법정담보물권 ⇨ 임의규정 ⇨ 배제특약은 유효

★★
7. 유치권은 법정담보물권이지만 당사자 간의 약정으로 배제할 수 있다. ( )

8. 유치권은 약정담보물권이므로 당사자의 약정으로 그 성립을 배제할 수 있다. ( )

★★
9. 유치권자와 유치물의 소유자 사이에 유치권을 포기하기로 특약한 경우, 제3자는 특약의 효력을 주장할 수 없다. ( )

10. 유치권배제특약에 따른 효력은 특약의 상대방만 주장할 수 있다. ( )

• 비용상환청구권, 공사대금채권, 수리비채권 ⇨ 유치권 ○

★
11. 필요비상환채무의 불이행으로 인한 손해배상청구권을 담보하기 위하여 유치권을 행사할 수 있다. ( )

12. 채권과 물건 사이에 견련관계가 있더라도, 그 채무불이행으로 인한 손해배상채권과 그 물건 사이의 견련관계는 인정되지 않는다. ( )

> • 보증금, 권리금, 매매대금(건축자재대금, 외상대금) ⇨ 유치권 ×

★★
13. 임대차 종료시 임차인은 임대인이 보증금을 반환할 때까지 유치권을 행사할 수 있다.
( )

★★
14. 임차인은 권리금반환청구권을 담보하기 위해 임차목적물에 유치권을 행사할 수 없다.
( )

★★
15. 매도인이 매매대금을 다 지급받지 못하고 매수인에게 부동산 소유권을 이전해 준 경우, 매도인은 매매대금채권을 피담보채권으로 하여 자신이 점유하는 부동산의 유치권을 주장할 수 있다. ( )

★★
16. 건축자재를 매도한 자는 그 자재로 건축된 건물에 대해 자신의 대금채권을 담보하기 위하여 유치권을 행사할 수 있다. ( )

★
17. 임대인이 건물시설을 하지 않아 임차인이 건물을 임대차목적대로 사용하지 못하였음을 이유로 하는 손해배상청구권은 그 건물에 관하여 생긴 채권이다. ( )

★
18. 건물신축공사를 도급받은 수급인이 사회통념상 독립한 건물이 되지 못한 정착물을 토지에 설치한 상태에서 공사가 중단된 경우, 수급인은 그 정착물에 대하여 유치권을 행사할 수 없다. ( )

> • 채권 발생 후 점유를 취득 ⇨ 유치권 성립

19. 목적물에 관련되어 채권이 발생한 후에 점유를 취득한 경우에도 유치권이 성립한다.
( )

> • 부동산의 일부에 대한 유치권

★
20. 부동산의 일부를 점유한 경우에도 유치권이 성립할 수 있다. ( )

21. 다세대주택의 공사를 완성한 수급인이 다세대주택 중 한 세대를 점유한 경우에도 다세대주택 전체에 대한 공사대금채권 전부가 피담보채권으로 유치권에 의하여 담보된다. ( )

> • 공사대금채권과 유치권
> ① 도급인 소유 ⇨ 유치권 ○
> ② 수급인 소유 ⇨ 유치권 ×

★
22. 수급인은 특별한 사정이 없으면 그의 비용과 노력으로 완공한 건물에 유치권을 가지지 못한다. (   )

23. 수급인은 그가 완공하여 원시취득한 건물에 관하여 도급인으로부터 공사대금을 지급받을 때까지 유치권을 행사할 수 있다. (   )

> • 채권의 변제기 도래 × ⇨ 유치권 성립 ×

★
24. 피담보채권이 변제기에 이르지 아니하면 유치권을 행사할 수 없다. (   )

25. 임대차종료 후 법원이 임차인의 유익비상환청구권에 유예기간을 인정한 경우, 임차인은 기간 내에는 임차목적물을 유치할 수 없다. (   )

> • 유치권자 ⇨ 적법한 점유자로 추정 ○

★
26. 타인의 물건에 대한 점유가 불법행위로 인한 경우, 그 물건에 대한 유치권은 성립하지 않는다. (   )

★
27. 소유자는 그 물건을 점유하는 제3자가 비용을 지출할 때에 점유권원이 없음을 알았다는 사정 등을 증명하여 비용상환청구권에 기한 유치권의 주장을 배척할 수 있다. (   )

28. 유치권을 주장하는 자는 자신의 점유가 불법점유가 아님을 증명해야 한다. (   )

> • 유치권자의 간접점유
> ① 제3자를 직접점유로 하는 간접점유 ⇨ 유치권 ○
> ② 채무자를 직접점유로 하는 간접점유 ⇨ 유치권 ×

★
29. 유치권이 인정되기 위한 유치권자의 점유는 직접점유이든 간접점유이든 관계없다. (   )

30. 유치권자가 제3자와의 점유매개관계에 의해 유치물을 간접점유하는 경우, 유치권은 소멸하지 않는다. (   )

★★
31. 채권자가 채무자를 직접점유자로 하여 간접점유하는 경우에도 유치권은 성립할 수 있다.
( )

• 새로운 소유자 ⇨ 유치권 행사 ○, 변제청구 ×

★
32. 유치권의 목적부동산이 제3자에게 양도된 경우, 유치권자는 특별한 사정이 없는 한 제3자에게 유치권을 주장할 수 있다. ( )

★
33. 유치권이 경락인에게 인수된 경우, 유치권자는 경락인에게 변제를 청구할 수 있다. ( )

• 경매개시결정등기(압류효력발생) 후에 성립한 유치권 ⇨ 경락인에게 대항 ×

★★
34. 경매절차에서 건물에 대한 압류의 효력이 발생한 후에 수급인이 건물의 점유를 이전받은 경우에는 수급인은 유치권을 경락인에게 주장할 수 없다. ( )

★★
35. 수급인이 경매개시결정등기 전에 건물의 점유를 이전받았다면 경매개시결정등기 후에 공사대금채권을 취득한 경우에도 수급인은 유치권을 경락인에게 주장할 수 있다. ( )

★
36. 유치권자가 경매개시결정등기 전에 부동산에 관하여 유치권을 취득하였더라도 그 취득에 앞서 저당권설정등기가 먼저 되어 있었다면, 경매절차의 매수인에게 자기의 유치권으로 대항할 수 없다. ( )

• 유치권자 ⇨ 과실수취권 ×, 과실을 수취하여 변제에 충당 ○

---

37. 유치권자에게는 원칙적으로 수익목적의 과실수취권은 인정되지 않는다. ( )

★
38. 유치권자는 유치물의 과실을 수취하여 유치권으로 담보된 채권의 변제에 충당할 수 있다.
( )

39. 유치권자가 수취한 유치물의 과실은 먼저 피담보채권의 원본에 충당하고 그 잉여가 있으면 이자에 충당한다. ( )

> • 보존에 필요한 사용 ⇨ 승낙 없이도 가능 ⇨ 부당이득반환 ○

★
40. 유치권자가 유치물인 주택에 거주하며 이를 사용하는 경우, 특별한 사정이 없는 한 채무자는 유치권소멸을 청구할 수 없다. (   )

★
41. 유치권자는 보존에 필요한 사용은 소유자의 승낙 없이도 할 수 있으므로, 사용이익을 부당이득으로 반환할 의무는 없다. (   )

> • 유치권 행사 ⇨ 채권의 소멸시효는 진행

★★
42. 유치권의 행사는 피담보채권의 소멸시효의 진행에 영향을 미치지 않는다. (   )

★★
43. 유치권을 행사하는 동안에는 채권의 소멸시효가 진행하지 않는다. (   )

> • 상당한 담보를 제공 ⇨ 소멸청구

★
44. 유치물의 소유권자는 채무자가 아니더라도 상당한 담보를 제공하고 유치권의 소멸을 청구할 수 있다. (   )

> • 점유를 상실 ⇨ 유치권 소멸

45. 점유를 침탈당한 유치권자는 점유권에 기한 반환청구권을 행사할 수 있으나, 유치권에 기한 반환청구권은 행사할 수 없다. (   )

★
46. 유치권자가 유치물에 대한 점유를 빼앗긴 경우에도 점유물반환청구권을 보유하고 있다면 점유를 회복하기 전에도 유치권이 인정된다. (   )

15 | 저당권

> • 채권이 소멸 ⇨ 저당권은 말소등기 없이도 소멸

1. 저당권의 피담보채권 소멸 후 그 말소등기 전에 피담보채권의 전부명령을 받아 저당권 이전등기가 이루어진 때에도 그 저당권은 효력이 없다. ( )

> • 저당권 ⇨ 채권과 분리 ⇨ 양도 ×

★
2. 저당권은 그 담보한 채권과 분리하여 타인에게 양도할 수 있다. ( )

> • 저당권의 객체
> ① 지상권 ○, 전세권 ○, 지역권 ×
> ② 공유지분 ○, 부동산의 일부 ×

3. 전세권은 저당권의 객체가 될 수 없다. ( )

★
4. 지역권은 요역지와 분리하여 저당권의 목적이 될 수 없다. ( )

★
5. 1필 토지의 일부에 대해서는 저당권이 성립할 수 없다. ( )

> • 저당권설정자 ⇨ 제3자 ○ ⇨ 물상보증인

6. 저당권설정자는 채무자에 한하지 않고 제3자도 될 수 있다. ( )

> • 저당권의 피담보채권의 범위
> ① 원본, 이자, 위약금, 실행비용, 1년분의 지연이자
> ② 1년분의 지연이자 ⇨ 채무자에게 적용 ×

7. 저당목적물의 하자로 인한 손해배상금은 저당권의 피담보채권의 범위에 포함되지 않는다. ( )

8. 원본의 반환이 2년간 지체된 경우 채무자는 원본 및 지연배상금의 전부를 변제하여야 저당권등기의 말소를 청구할 수 있다. ( )

• 저당권의 효력
① 부합물, 종물, 종된 권리 ○
② 과실 × ⇨ 저당부동산에 대한 압류 후 발생하는 과실 ○

---

9. 저당권이 설정된 후에 설치된 부합물이나 종물에도 저당권의 효력은 미친다. ( )

★★
10. 건물저당권의 효력은 특별한 사정이 없는 한 그 건물의 소유를 목적으로 한 지상권에도 미친다. ( )

11. 건물에 대한 저당권이 실행되어 경락인이 건물의 소유권을 취득한 때에는 특별한 사정이 없는 한 그 건물의 소유를 목적으로 한 토지임차권도 경락인에게 이전된다. ( )

12. 법정지상권이 붙은 건물에 대해서 저당권이 실행된 경우, 경락인은 건물뿐만 아니라 법정지상권도 등기 없이 당연히 취득한다. ( )

★★
13. 구분건물의 전유부분 만에 관하여 설정된 저당권의 효력은 특별한 사정이 없는 한 그 대지사용권에는 미치지 않는다. ( )

14. 토지저당권의 효력은 제3자가 무단으로 경작한 농작물에도 미친다. ( )

15. 저당권의 효력은 저당부동산에 부합된 물건에 미치므로, 명인방법을 갖춘 수목에도 토지 저당권의 효력이 미친다. ( )

★★
16. 저당부동산에 대한 압류 후에는 저당권설정자의 저당부동산에 관한 차임채권에도 저당권의 효력이 미친다. ( )

★★
17. 저당부동산에 대한 압류가 있으면 압류 이전의 저당권설정자의 저당부동산에 관한 차임채권에도 저당권의 효력이 미친다. ( )

• 물상대위성
① 유치물이 멸실, 소실된 경우 ⇨ 유치권 ⇨ 물상대위 ×
② 저당물이 멸실, 훼손, 공용징수된 경우 ⇨ 보험금, 손해배상금, 수용보상금 ○
③ 저당물이 매매, 임대차된 경우 ⇨ 매매대금, 차임 ⇨ 물상대위 ×
④ 저당권설정자가 수령하기 전 압류 또는 공탁 ⇨ 특정
⑤ 반드시 저당권자 스스로 압류할 필요 ×

---

18. 저당권자는 저당목적물의 소실로 인하여 저당권설정자가 취득한 화재보험금청구권에 대하여 물상대위권을 행사할 수 있다. ( )

19. 저당권이 설정된 토지가 강제수용된 경우, 저당권자는 그 보상금에 대하여 물상대위권을 행사할 수 있다. ( )

★
20. 저당목적물이 매매된 경우 그 매매대금에 대하여는 저당권자가 물상대위할 수 없다. ( )

★
21. 저당권이 설정된 토지가 공익사업을 위한 토지 등의 취득 및 보상에 관한 법률에 따라 협의취득된 경우, 저당권자는 그 보상금에 대하여 물상대위권을 행사할 수 있다. ( )

★
22. 저당권설정자에게 대위할 물건이 인도된 후에 저당권자가 그 물건을 압류한 경우 물상대위권을 행사할 수 있다. ( )

★★
23. 제3자가 이미 저당목적물의 변형물을 압류하였다 하더라도, 저당권자는 스스로 이를 압류하지 않더라도 물상대위권을 행사할 수 있다. ( )

★★
24. 저당목적물의 변형물인 물건에 대하여 이미 제3자가 압류하여 그 물건이 특정된 경우에도 저당권자는 스스로 이를 압류하여야 물상대위권을 행사할 수 있다. ( )

25. 물상대위권 행사를 위한 압류는 그 권리를 행사하는 저당권자에 의해서만 가능하다.
( )

26. 저당권자가 물상대위권을 행사하지 아니한 경우, 저당목적물의 변형물로부터 이득을 얻은 다른 채권자에 대하여 부당이득반환을 청구할 수 있다. ( )

• 일괄경매청구권
① 나대지 ⇨ 설정자가 신축하고 소유
② 건물대가 ⇨ 우선변제 ×

★
27. 토지에 저당권을 설정할 당시에 이미 건물이 존재하고 있었던 경우에도 일괄경매청구권이 인정된다. ( )

★★
28. 저당권설정자가 저당권 설정 후 건물을 축조하였으나 경매 당시 제3자가 그 건물을 소유하는 때에도 일괄경매청구권이 인정된다. ( )

★★
29. 저당권설정자로부터 용익권을 설정받은 자가 건축한 건물이라도 저당권설정자가 나중에 소유권을 취득하였다면 일괄경매청구가 허용된다. ( )

★★
30. 토지와 건물이 일괄경매가 되더라도 저당권자는 건물대가에서 우선변제를 받을 수는 없다.
( )

> • 경매시 ⇨ 저당권 소멸

★
31. 1번 저당권이 설정된 후 지상권이 설정되고 그 후 설정된 2번 저당권의 실행으로 목적물이 매각되더라도 지상권은 소멸하지 않는다. (   )

> • 제3취득자 보호
> ① 경매인 ○
> ② 대위변제권 ○
> ③ 비용 최우선상환 ○
> ④ 후순위저당권자 ⇨ 제3취득자의 대위변제 ×

32. 저당물의 소유권을 취득한 제3자는 그 저당물의 경매에서 경매인이 될 수 없다. (   )

★★
33. 확정된 피담보채권액이 채권최고액을 초과한 경우, 제3취득자는 채권최고액을 변제하고 근저당권설정등기의 말소를 청구할 수 있다. (   )

★
34. 저당부동산의 제3취득자는 저당권설정자의 의사에 반하여 피담보채무를 변제하고 저당권의 소멸을 청구할 수는 없다. (   )

★★
35. 제3취득자가 필요비 또는 유익비를 지출한 경우, 저당물의 경매대가에서 우선변제를 받을 수 있다. (   )

★★
36. 제3취득자는 그 부동산의 개량을 위한 유익비를 지출하여 가치의 증가가 현존하더라도, 저당물의 매각대금에서 우선적으로 상환 받을 수 없다. (   )

★
37. 선순위근저당권의 확정된 채권액이 채권최고액을 초과하는 경우, 후순위근저당권자는 제3취득자의 지위에서 채권최고액을 변제하고 선순위근저당권의 말소를 청구할 수 없다.
(   )

16 | 근저당권

• 확정 전 ⇨ 부종성 ×

---

1. 피담보채권이 확정되기 전에는 채권이 일시 소멸하더라도 근저당권은 소멸하지 않는다. ( )

2. 근저당권의 피담보채권이 확정되기 전이라도 그 채권의 일부가 양도되면 그 부분의 근저당권은 양수인에게 승계된다. ( )

• 채권최고액
① 우선변제를 받을 수 있는 한도액 ○, 책임의 한도액 ×
② 채권최고액 ⇨ 지연이자는 1년제한 없이 포함 ○, 경매실행비용은 포함 ×

★
3. 원본의 이행기일을 경과한 후 발생하는 지연손해금 중 1년이 지난 기간에 대한 지연손해금도 근저당권의 채권최고액 한도에서 전액 담보된다. ( )

★
4. 피담보채권의 이자는 채권최고액에 포함된 것으로 본다. ( )

★
5. 근저당권의 실행비용은 채권최고액에 포함되지 않는다. ( )

6. 근저당권의 실행비용은 채권최고액과 상관없이 우선변제된다. ( )

• 경매신청으로 인한 근저당권의 피담보채권 확정시기
① 근저당권자가 스스로 경매신청 ⇨ 경매신청시에 확정
② 후순위권리자가 경매신청 ⇨ 선순위근저당권은 매각대금 완납시에 확정
③ 경매개시결정 후 경매신청이 취하 ⇨ 채무확정의 효과는 번복 ×

★★
7. 근저당권자가 피담보채무의 불이행을 이유로 경매신청을 한 때에는 매수인이 매각대금을 완납한 때에 피담보채권은 확정된다. ( )

★★
8. 후순위근저당권자가 경매를 신청한 경우, 선순위근저당권은 경매신청시에 확정된다. ( )

★
9. 공동근저당권자가 X건물과 Y건물에 대하여 공동저당을 설정한 후, 제3자가 신청한 X건물에 대한 경매절차에 참가하여 배당을 받으면, Y건물에 대한 피담보채권도 확정된다. ( )

★
10. 근저당권자가 스스로 경매신청을 한 경우에는 경매신청시에 확정되므로, 경매개시결정 후 경매신청이 취하되었다고 하더라도 채무확정의 효과는 번복되지 않는다. ( )

- 해지 ○ ⇨ 확정 ○

★
11. 근저당권에 존속기간이나 결산기의 정함이 없는 경우, 근저당권설정자는 근저당권자에게 언제든지 해지하여 피담보채권을 확정시킬 수 있다. ( )

- 확정 후 ⇨ 새로운 채권은 포함 × , 이자 및 지연이자는 포함 ○

★
12. 피담보채권이 확정된 후에 새로운 거래관계에서 발생한 원본채권은 채권최고액 범위 내라하더라도 근저당권에 의해 담보되지 않는다. ( )

★★
13. 확정 전에 발생한 원본채권에 관하여 확정 후에 발생하는 이자나 지연손해금채권은 채권최고액의 범위 내라하더라도 근저당권에 의하여 담보되지 않는다. ( )

- 확정된 채권액이 채권최고액을 초과하는 경우
① 채무자 ⇨ 확정된 채권액을 변제 ○ ⇨ 근저당권의 말소청구 ○
② 제3취득자, 물상보증인 ⇨ 최고액만을 변제 ○ ⇨ 근저당권의 말소청구 ○

★★
14. 확정된 채권액이 최고액을 초과한 경우, 채무자는 최고액을 변제하면 근저당권등기의 말소를 청구할 수 있다. ( )

★★
15. 확정된 채권액이 최고액을 초과한 경우, 물상보증인은 최고액만을 변제하고 근저당권등기의 말소를 청구할 수 있다. ( )

★★
16. 확정된 피담보채권액이 채권최고액을 초과한 경우, 제3취득자는 채권최고액을 변제하고 근저당권설정등기의 말소를 청구할 수 있다. ( )

★
17. 선순위근저당권의 확정된 채권액이 채권최고액을 초과하는 경우, 후순위근저당권자는 제3취득자의 지위에서 채권최고액을 변제하고 선순위근저당권의 말소를 청구할 수 없다.
( )

• 근저당권설정 후 소유자가 변경된 경우

★
18. 근저당권의 목적물이 양도된 후 피담보채무가 소멸한 경우, 근저당권설정자인 종전
    소유자는 근저당권등기의 말소를 청구할 수 없다. (   )

• 확정 전에 채무자가 변경된 경우

19. 피담보채무 확정 전에는 채무자를 변경할 수 있다. (   )
★
20. 피담보채무의 확정 전 채무자가 변경된 경우, 변경 후의 채무자에 대한 채권만이 당해
    근저당권에 의하여 담보된다. (   )

MEMO

PART

03

계약법

01 | 계약의 성립

> • 계약의 유형
> ① 매매, 교환, 임대차 ⇨ 쌍무, 유상, 낙성, 불요식계약
> ② 증여, 사용대차 ⇨ 편무, 무상, 낙성, 불요식계약
> ③ 쌍무계약 ⇨ 유상계약
> ④ 계약금계약 ⇨ 요물계약

★
1. 교환계약은 요물계약이다. (   )

★
2. 쌍무계약은 유상계약이다. (   )

★
3. 계약금계약은 낙성계약이다. (   )

> • 청약의 상대방 ⇨ 불특정 다수인 ○

★
4. 청약은 불특정 다수인에게 할 수 있으나, 승낙은 반드시 청약자에게 하여야 한다. (   )

5. 청약은 상대방 있는 의사표시이므로 상대방이 특정되어야 한다. (   )

6. 청약과 승낙의 의사표시는 특정인에 대해서만 가능하다. (   )

> • 격지자 ⇨ 승낙 ⇨ 발송
> • 교차청약 ⇨ 양 청약이 도달한 때 성립

★★
7. 격지자 간의 계약은 승낙의 통지를 발송한 때에 성립한다. (   )

8. 격지자 간의 계약은 승낙의 통지가 도달한 때에 성립한다. (   )

9. 당사자 간에 동일한 내용의 청약이 상호 교차된 경우, 양 청약이 상대방에게 도달한 때에 계약이 성립한다. (   )

★★
10. 당사자 간에 동일한 내용의 청약이 상호 교차된 경우, 양 청약이 상대방에게 발송한 때에 계약이 성립한다. (   )

> • 의사실현 ⇨ 사실이 있는 때에 성립

★
11. 청약자의 의사표시에 의하여 승낙의 통지가 필요 없는 경우, 계약은 승낙의 의사표시로 인정되는 사실이 있는 때에 성립한다. (   )

12. 관습에 의하여 승낙의 의사표시가 필요하지 아니한 경우, 계약의 성립시기는 청약자가 승낙의 의사표시로 인정되는 사실을 알게 된 때이다. (   )

> • 청약 ⇨ 도달 후 ⇨ 철회 ×

★
13. 격지자 간의 청약은 상대방에게 도달한 후에도 철회할 수 있다. (   )

14. 청약자는 청약이 상대방에게 도달하기 전에는 임의로 철회할 수 있다. (   )

> • 청약자가 일방적으로 정한 내용 ⇨ 상대방에게 구속력 ×

★
15. 청약자가 "일정 기간 내에 이의를 제기하지 않으면 승낙한 것으로 본다."는 뜻을 표시한 경우, 이의 없이 그 기간이 지나면 계약은 성립한다. (   )

> • 계약의 성립
> ① 승낙기간 내에 도달 ⇨ 승낙의 발신일에 성립
> ② 연착된 승낙 ⇨ 성립 × ⇨ 새로운 청약 ⇨ 청약자가 승낙 ⇨ 성립
> ③ 사고로 인한 연착 ⇨ 성립 × ⇨ 연착통지 × ⇨ 성립

★
16. 甲이 승낙기간을 8월 30일로 정하여 한 청약이 乙에게 도달하였다.

  ① 乙이 8월 25일에 승낙을 발송하여 8월 27일에 도달한 경우, 계약은 8월 25일에 성립한다. (   )

  ② 8월 29일에 발송한 乙의 승낙이 8월 31일에 도달한 경우, 甲의 승낙이 없는 한 계약은 성립하지 않는다. (   )

  ③ 8월 20일에 발송한 乙의 승낙이 8월 31일에 도달한 경우, 甲이 乙에게 연착통지를 하지 않은 경우, 계약은 8월 20일에 성립한다. (   )

  ④ ③의 경우, 甲이 乙에게 연착통지를 하면, 계약은 성립하지 않는다. (   )

02 | 민법상 불능

• 원시적 불능 ⇨ 무효 ⇨ 계약체결상 과실책임 ⇨ 신뢰이익 ⇨ 상대방은 무과실

---

1. 수량지정매매에서 수량이 부족한 경우, 계약체결상 과실책임을 물을 수 없다. ( )

2. 계약이 의사의 불합치로 성립하지 아니한 경우, 그로 인하여 손해를 입은 당사자는 상대방에 대하여 계약체결상 과실책임을 유추적용하여 손해배상을 청구할 수 있다. ( )

★
3. 상대방은 원시적 불능에 대하여 선의이며 무과실이어야 한다. ( )

★
4. 목적이 불능인 계약을 체결할 때에 그 불능을 알 수 있었을 자는 상대방이 그 불능을 알 수 있었더라도 이행이익을 넘지 않은 한도에서 상대방에게 신뢰이익을 배상하여야 한다. ( )

• 후발적 불능 ⇨ 유효 ⇨ 매도인이 채무자
1. 채무자의 귀책 ○ ⇨ 채무불이행책임 ⇨ 해제, 손해배상(이행이익)
2. 채무자의 귀책 × ⇨ 위험부담
① 쌍방 귀책 ×   ⇨ 채무자위험부담 ⇨ 대가 ×
② 채권자의 귀책 ○ ⇨ 채권자위험부담 ⇨ 대가 ○

★★
5. 채무자의 책임 있는 사유로 후발적 이행불능이 된 경우, 채권자는 최고 없이 계약을 해제할 수 있다. ( )

★★
6. 채권자가 이행불능을 이유로 계약을 해제한 경우, 그는 이행불능으로 인한 손해의 배상을 청구할 수 없다. ( )

★★
7. 채무자의 책임 있는 사유로 후발적 불능이 발생한 경우, 위험부담의 법리가 적용된다. ( )

8. 쌍무계약의 당사자 일방의 채무가 쌍방의 귀책사유 없이 이행불능이 된 경우에는 채무자가 그 위험을 부담한다. ( )

★★
9. 당사자 쌍방의 귀책사유 없는 이행불능으로 매매계약이 종료된 경우, 매도인은 이미 지급받은 계약금을 반환하지 않아도 된다. ( )

★
10. 채무자의 책임 없는 사유로 채무의 이행이 불능하게 된 경우에도 채권자는 계약을 해제할 수 있다. ( )

★
11. 甲소유 토지를 乙에게 매도한 후 그 토지 전부가 수용된 경우, 乙은 이행불능을 이유로 甲과의 계약을 해제할 수 있다. ( )

★
12. 甲소유 토지를 乙에게 매도한 후 그 토지 전부가 수용된 경우, 乙은 甲에게 매매대금 전부를 지급하면서 甲의 수용보상금청구권의 양도를 청구할 수 있다. ( )

13. 甲이 자신의 토지를 乙에게 매도하는 계약을 체결한 후 그 토지가 수용된 경우, 乙이 대상청구권을 행사하면 甲의 수용보상금청구권 자체가 乙에게 귀속한다. ( )

★★
14. 당사자 일방의 채무가 채권자의 책임 있는 사유로 불능이 된 경우, 채무자는 상대방의 이행을 청구할 수 있다. ( )

★★
15. 채권자의 수령지체 중에 당사자 쌍방의 책임 없는 사유로 채무자의 이행이 불능이 된 경우, 채무자는 채권자에게 이행을 청구할 수 없다. ( )

★
16. 채권자의 수령지체 중에 당사자 쌍방의 책임 없는 사유로 채무자의 이행이 불능이 된 경우, 채무자는 자신의 채무를 면함으로써 얻은 이익은 채권자에게 상환해야 한다. ( )

> • 매매계약 후 ⇨ 가압류, 압류, 가처분, 가등기 ⇨ 이행불능 × ⇨ 해제 ×

★★
17. 매매계약 후에 매매목적물에 대하여 압류등기가 경료된 경우, 매수인은 이러한 사유만으로는 계약을 즉시 해제할 수는 없다. ( )

★★
18. 부동산의 소유권이전등기의무자가 그 부동산에 제3자 명의로 가등기를 마쳐주면, 부동산의 처분권한 상실로 소유권이전등기의무가 이행불능이 된다. ( )

> • 임대인 ⇨ 소유권 상실 ⇨ 이행불능 ×

19. 임대차에서 목적물을 사용·수익하게 할 임대인의 의무는 임대인이 임대차목적물의 소유권을 상실한 것만으로 이행불능이 된다. ( )

20. 임대인에게 임대목적물에 대한 소유권이 없는 경우, 임차인이 진실한 소유자로부터 목적물의 반환청구를 받는 등의 이유로 임차인이 이를 사용·수익할 수가 없게 되면 임대인의 채무는 이행불능이 된다. ( )

03 | 동시이행항변권

> • 원칙 ⇨ 동일한 쌍무계약 ⇨ 동시이행관계 ⇨ 동시이행항변권

1. 당사자 쌍방이 각각 별개의 약정으로 상대방에 대하여 채무를 지게 된 경우에는 동시이행을 하기로 특약한 사실이 없다면 동시이행항변권이 발생할 수 없다. (   )

> • 선이행의무자 ⇨ 동시이행항변권을 행사할 수 있는 경우

2. 후이행의무자의 채무이행이 현저히 곤란한 경우, 후이행의무자의 변제기가 도래하기 전이라도 선이행의무자는 동시이행항변권을 행사할 수 있다. (   )

★★
3. 선이행의무자가 이행을 지체하는 동안 상대방의 채무가 이행기에 도래한 경우, 특별한 사정이 없는 한 양 당사자의 의무는 동시이행관계에 있다. (   )

★★
4. 이행지체 중에 있던 선이행의무자는 상대방의 채무가 이행기에 도래하더라도 동시이행항변권을 행사할 수 없다. (   )

> • 상대방이 이행제공 × ⇨ 채무자는 동시이행항변권 ○

★★
5. 상대방의 이행제공을 수령하지 않음으로써 수령지체에 빠진 당사자도 그 후 상대방이 이행제공 없이 이행을 청구하는 경우에는 동시이행항변권을 행사할 수 있다. (   )

★★
6. 일방의 이행제공으로 수령지체에 빠진 상대방은 그 후 그 일방이 이행제공 없이 이행을 청구하는 경우에는 동시이행항변권을 주장할 수 없다. (   )

> • 동시이행관계에 있는 채권 ⇨ 압류 ⇨ 채무자는 동시이행항변권 ○

★
7. 매도인의 소유권이전의무와 동시이행관계에 있는 매매대금채권을 매도인의 채권자가 압류한 경우, 매수인은 압류채권자에게 동시이행항변권을 행사할 수 있다. (   )

> • 동시이행항변권이 있는 채권 ⇨ 상계 ×

★
8. 동시이행항변권이 있는 채권을 자동채권으로 하여 상계할 수 없다. (   )

> • 동시이행항변권이 존재 ○ ⇨ 동시이행항변권을 행사 × ⇨ 지체책임 ×

9. 상대방이 이행제공을 하지 않은 경우, 채무자는 명시적으로 동시이행항변권을 행사하지 않더라도 이행지체책임을 지지 않는다. ( )

10. 동시이행항변권에 따른 이행지체책임 면제의 효력은 그 항변권을 행사·원용하여야 발생한다. ( )

> • 동시이행항변권을 행사 ○ ⇨ 법원이 판단 ⇨ 상환이행판결(일부승소판결)

11. 동시이행항변권은 당사자의 주장이 없어도 법원이 직권으로 고려할 사항이다. ( )

12. 채권자의 이행청구소송에서 채무자가 주장한 동시이행의 항변이 받아들여진 경우, 채권자는 전부 패소판결을 받게 된다. ( )

> • 변제 ⇨ 영수증교부 ⇨ 동시이행 ○

13. 피담보채권의 변제와 담보물권(저당권, 가등기담보권, 양도담보권)의 말소등기는 동시이행관계에 있지 않다. ( )

14. 채무를 담보하기 위해 채권자 명의의 소유권이전등기가 된 경우, 피담보채무의 변제의무와 그 소유권이전등기의 말소의무는 동시이행관계에 있다. ( )

> • 이행불능 ⇨ 손해배상채무 ⇨ 동시이행 ○

15. 동시이행관계에 있는 쌍방의 채무 중 어느 한 채무가 이행불능이 됨으로 인하여 발생한 손해배상채무도 여전히 다른 채무와 동시이행관계에 있다. ( )

16. 당사자 일방의 책임 있는 사유로 채무이행이 불능으로 되어 그 채무가 손해배상채무로 바뀌게 되면 동시이행관계는 소멸한다. ( )

> • 권리금회수 방해로 인한 손해배상의무 ⇨ 동시이행 ×

★★
17. 상가임대차계약 종료에 따른 임차인의 목적물반환의무와 임대인의 권리금회수 방해로 인한 손해배상의무는 별개의 원인에 기한 것이므로 동시이행관계에 있지 않다. (　)

> • 임차권등기명령, 토지거래허가, 경매 무효 ⇨ 동시이행 ×

★★
18. 임차권등기명령에 의해 등기된 임차권등기말소의무와 보증금반환의무는 동시이행관계에 있다. (　)

★★
19. 매도인의 토지거래허가 신청절차 협력의무와 매수인의 매매대금지급의무는 동시이행관계에 있지 않다. (　)

★★
20. 근저당권 실행을 위한 경매가 무효가 된 경우, 낙찰자의 채무자에 대한 소유권이전등기 말소의무와 근저당권자의 낙찰자에 대한 배당금 반환의무는 동시이행관계에 있지 않다. (　)

> • 동시이행관계

★
21. 동시이행관계에 있는 경우
　① 계약의 무효, 취소, 해제로 인한 양당사자의 의무
　② 전세권소멸시, 임대차종료시 양당사자의 의무
　③ 부동산 매매계약에서 매수인이 양도소득세를 부담하기로 약정한 경우
　④ 부동산 매매계약에서 매수인이 부가가치세를 부담하기로 약정한 경우
　⑤ 가압류등기가 있는 부동산의 매매계약
　⑥ 저당권이 설정된 부동산의 매매계약
　⑦ 가등기담보에서 채권자의 청산금지급의무와 채무자의 목적부동산에 대한 본등기 및 인도의무
　⑧ 구분소유적 공유관계가 해소되는 경우, 공유지분권자 상호간의 지분이전등기의무

04 | 제3자를 위한 계약

> • 계약체결당시 ⇨ 제3자는 특정 불요

1. 계약체결 당시에 수익자가 특정되어 있지 않으면 제3자를 위한 계약은 성립할 수 없다. (   )

2. 제3자의 수익의 의사표시는 제3자를 위한 계약의 성립요건이 아니다. (   )

> • 제3자 ⇨ 계약당사자 ×
> ① 해제권(원상회복청구), 취소권 ×
> ② 손해배상청구권 ○

★★
3. 수익자는 계약의 해제권이나 해제를 원인으로 한 원상회복청구권이 없다. (   )

★★
4. 수익자는 낙약자의 채무불이행을 이유로 계약을 해제할 수 있다. (   )

★★
5. 요약자의 채무불이행으로 낙약자가 계약을 해제한 경우, 낙약자는 이미 지급한 대금의 반환을 수익자에게 청구할 수 있다. (   )

★★
6. 낙약자의 채무불이행으로 계약이 해제된 경우, 수익자는 낙약자에게 손해배상을 청구할 수 있다. (   )

7. 제3자를 위한 도급계약에서 수익의 의사표시를 한 제3자가 그 계약에 따라 완성된 목적물의 하자로 인해 손해를 입은 경우, 특별한 사정이 없는 한 낙약자는 제3자에게 해당 손해를 배상할 의무가 있다. (   )

> • 선의의 제3자 보호규정 ⇨ 적용 ×

★★
8. 요약자와 낙약자의 계약이 허위표시로서 무효인 경우, 낙약자는 그 무효를 이유로 선의의 제3자에게도 대항할 수 있다. (   )

★★
9. 요약자와 낙약자의 계약이 요약자의 착오로 취소된 경우, 제3자는 취소로써 대항할 수 없는 제3자의 범위에 속한다. (   )

> • 요약자와 낙약자의 관계(보상관계, 기본관계) ⇨ 계약의 효력에 영향 ○, 대항 ○

★★
10. 낙약자는 요약자와의 계약에서 발생한 동시이행의 항변으로 제3자에게 대항할 수 있다.
( )

★★
11. 낙약자는 기본관계에 기한 항변으로 제3자에게 대항할 수 없다. ( )

★★
12. 낙약자는 요약자와의 계약에 기한 동시이행의 항변으로 제3자에게 대항할 수 없다. ( )

> • 요약자와 제3자의 관계(대가관계) ⇨ 계약의 효력에 영향 ×, 대항 ×

★★
13. 낙약자는 요약자와 제3자 간의 법률관계에 기한 항변으로 제3자에게 대항하지 못한다.
( )

★★
14. 요약자는 대가관계의 부존재를 이유로 자신이 기본관계에 기하여 낙약자에게 부담하는
채무의 이행을 거부할 수 있다. ( )

> • 수익의 의사표시 후
> ① 합의로 변경, 소멸 ×
> ② 요약자는 해제, 취소 ○

15. 제3자가 하는 수익의 의사표시의 상대방은 낙약자이다. ( )

★★
16. 제3자가 수익의 의사표시를 한 후, 요약자와 낙약자는 계약을 합의로 해제할 수 없다.
( )

★★
17. 제3자의 수익의 의사표시 후 특별한 사정이 없는 한 계약당사자의 합의로 제3자의 권리를
변경시킬 수 있다. ( )

★
18. 요약자와 낙약자의 합의에 따라 제3자의 권리를 소멸시킬 수 있음을 미리 유보한 경우에는
제3자의 수익의 의사표시 후에도 제3자의 권리를 소멸시킬 수 있다. ( )

★★
19. 요약자는 제3자의 동의 없이도 낙약자의 채무불이행을 이유로 계약을 해제할 수 있다. ( )

★★
20. 요약자는 낙약자의 채무불이행을 이유로 제3자의 동의 없이 계약을 해제할 수 없다. ( )

> • 최고 ⇨ 확답 × ⇨ 거절

★
21. 낙약자가 상당한 기간을 정하여 제3자에게 수익 여부의 확답을 최고하였음에도 그 기간 내에 확답을 받지 못한 때에는 제3자가 수익의 의사를 표시한 것으로 본다. (   )

> • 채무면제계약 ⇨ 제3자를 위한 계약 ○

22. 계약당사자가 제3자에 대하여 가진 채권에 관하여 그 채무를 면제하는 계약은 제3자를 위한 계약으로 볼 수 있다. (   )

> • 병존적(중첩적) 채무인수 ⇨ 제3자를 위한 계약 ○

23. 채무자와 인수인 사이의 계약으로 인한 병존적 채무인수는 제3자를 위한 계약으로 볼 수 있다. (   )

05 | 해 제

> • 약정해제권을 행사 ⇨ 이자 ○, 손해배상청구 ✕

1. 약정해제권을 행사한 경우, 특약이 없는 한 원상회복으로 인한 이자는 청구할 수 있으나 손해배상청구는 할 수 없다. (   )

> • 이행지체 ⇨ 최고 후 해제 ○

★★
2. 매도인이 이행제공을 하였으나 매수인이 잔금을 지급하지 않은 경우, 매도인은 즉시 매매계약을 해제할 수 있다. (   )

> • 채무자가 이행거절의사를 명백히 표시 ⇨ 즉시 해제 ○

★
3. 채무자가 미리 이행거절의사를 명백히 표시한 때에는 채권자는 최고할 필요도 없으며, 이행기를 기다릴 필요도 없이 해제할 수 있다. (   )

> • 채무자가 이행거절의사를 명백히 표시 ⇨ 적법 철회 ⇨ 최고 후 해제 ○

★
4. 채무자가 이행거절의사를 명백히 표시하였다가 이를 적법하게 철회했더라도 그 상대방은 최고 없이 계약을 해제할 수 있다. (   )

> • 정기행위를 지체 ⇨ 즉시 해제 ○

5. 정기행위에 있어서는 이행기에 이행하지 않으면 최고 없이 해제할 수 있다. (   )

> • 이행불능 ⇨ 즉시 해제 ○

★★
6. 채무자의 책임 있는 사유로 채무의 이행이 불능으로 된 경우, 채권자는 최고 없이 계약을 해제할 수 있다. (   )

★★
7. 소유권이전등기의무의 이행불능을 이유로 매매계약을 해제함에 있어서는 잔대금지급의무의 이행의 제공을 필요로 한다. (   )

> • 수인 ⇨ 불가분성

★
8. 계약의 상대방이 수인인 경우, 해제는 그 전원에 대하여 해야 한다. (   )

★
9. 당사자가 수인인 경우, 해제는 그 1인에 대하여 하더라도 효력이 있다. (   )

★
10. 해제권자가 수인인 경우, 1인의 해제권이 소멸하면 다른 당사자도 소멸한다. (   )

> • 해제 ⇨ 소급 소멸
> ① 미이행채무 ⇨ 소멸
> ② 등기 ⇨ 소급 무효
> ③ 금전반환 ⇨ 받은 날로부터 이자(법정이자)
> ④ 물건반환 ⇨ 과실도 반환

★
11. 채무를 불이행한 채무자도 당해 계약이 상대방의 해제로 소멸되었음을 이유로 이행을 거절할 수 있다. (   )

12. 해제에 따른 매도인의 등기청구권은 소멸시효에 걸리지 않는다. (   )

★★
13. 해제로 인한 원상회복의무는 부당이득반환의무의 성질을 가지고, 그 반환의무의 범위는 선의·악의를 불문하고 받은 이익 전부이다. (   )

★
14. 계약이 해제된 경우 금전을 수령한 자는 해제한 날부터 이자를 가산하여 반환하여야 한다. (   )

★
15. 이행지체로 인해 매매계약이 해제된 경우, 선의의 매수인은 매매목적물로부터 취득한 과실을 반환할 의무가 없다. (   )

> • 채무불이행 ⇨ 손해배상청구 ○

16. 계약의 해제는 손해배상청구에 영향을 미치지 않는다. (   )

★
17. 채무를 불이행한 채무자는 해제로 인한 원상회복의무를 모두 이행한 경우에는 별도의 손해배상책임을 부담하지 않는다. (   )

> • 합의해제 ⇨ 이자 ×, 손해배상청구 ×

★★
18. 매도인은 다른 약정이 없으면 합의해제로 인하여 반환할 금전에 그 받은 날로부터 이자를 가산하여야 할 의무가 있다. (   )

★★
19. 계약이 합의해제된 경우, 다른 사정이 없는 한 채무불이행으로 인한 손해배상을 청구할 수 없다. (   )

★★
20. 합의해지로 인하여 반환할 금전에 대해서는 특약이 없더라도 그 받은 날로부터 이자를 가산해야 한다. (   )

21. 합의해제에 따른 매도인의 원상회복청구권은 소유권에 기한 물권적 청구권으로서 소멸시효의 대상이 되지 않는다. (   )

22. 합의해제의 소급효는 법정해제의 경우와 같이 제3자의 권리를 해하지 못한다. (   )

23. 매도인이 해제를 주장하며 수령한 대금을 공탁하고 매수인이 이의 없이 수령한 경우, 특별한 사정이 없는 한 합의해제된 것으로 본다. (   )

24. 계약이 일부이행된 경우, 그 원상회복에 관하여 의사가 일치되지 않아도 계약의 묵시적 합의해제가 인정될 수 있다. (   )

> • 해제와 제3자 보호
> ① 완전한 권리를 취득한 자
> ② 부동산에 등기, 등록한 자 ⇨ 제3자 보호 ○
> ③ 채권을 양수, 압류, 가압류한 자 ⇨ 제3자 보호 ×
> ④ 해제 후 선의의 제3자 ⇨ 제3자 보호 ○

★★
25. 소유권이전등기를 경료받은 매수인으로부터 그 부동산을 매수하여 소유권이전청구권 보전을 위한 가등기를 마친 자는 해제로 인하여 보호받는 제3자에 해당된다. (   )

★★
26. 매도인은 매매계약에 의하여 채무자의 책임재산이 된 부동산을 계약해제 전에 가압류한 채권자에게 해제의 소급효로 대항할 수 있다. (   )

★
27. 주택에 대한 매매계약의 해제로 소유권을 상실하게 된 매수인으로부터 해제되기 전에 주택을 임차하여 대항요건을 갖춘 임차인은 해제로 인하여 보호받는 제3자에 해당된다. (   )

28. 미등기 무허가건물에 관한 매매계약이 해제되기 전에 매수인으로부터 무허가건물을 다시 매수하고 무허가건물관리대장에 소유자로 등재된 자는 해제로 인하여 보호받는 제3자에 해당하지 않는다. ( )

29. 토지매수인으로부터 그 토지 위에 신축된 건물을 매수한 자는 토지매매계약의 해제로 인하여 보호받는 제3자에 해당한다. ( )

★★
30. 계약이 해제된 경우, 해제되기 이전에 계약상의 채권을 압류한 자는 제3자에 해당되지 않는다. ( )

★★
31. 매매대금채권이 양도된 후 매매계약이 해제된 경우, 그 양수인은 해제로 권리를 침해 당하지 않는 제3자에 해당한다. ( )

★★
32. 매매계약이 적법하게 해제된 경우, 해제 전에 매수인의 소유권이전등기청구권을 압류한 자는 해제로부터 보호되는 제3자에 해당하지 않는다. ( )

★
33. 계약이 해제된 후 매수인으로부터 제3자가 매수하고 등기를 경료한 경우, 선의의 제3자는 소유권을 취득할 수 있다. ( )

34. 해제된 계약으로부터 생긴 법률효과에 기초하여 해제 후 말소등기 전에 새로운 이해관계를 맺은 제3자는 그 선의 · 악의를 불문하고 해제에 의하여 영향을 받지 않는다. ( )

06 | 계약금

> • 요물계약 ⇨ 계약금이 완납된 때 성립

1. 계약금의 일부만 지급된 경우, 수령자는 실제 지급된 계약금의 배액을 상환하고 계약을 해제할 수 있다. ( )

> • 종된 계약 ⇨ 매매계약이 무효 ⇨ 계약금계약도 무효

2. 매매계약이 취소되더라도 계약금계약의 효력은 소멸하지 않는다. ( )

> • 특약이 없는 한 ⇨ 해약금으로서의 성질 ○
> ① 해약금에 의한 해제 ⇨ 이행의 착수하기 전(중도금지급)까지만 가능
> ② 매수인 ⇨ 계약금을 포기하고 해제 ○
> ③ 매도인 ⇨ 계약금의 배액을 상환해야 해제 ○ ⇨ 제공 ○, 공탁 ×
> ④ 중도금지급기일 전에 중도금지급 ⇨ 이행의 착수 ○
> ⑤ 토지거래허가, 소송제기 ⇨ 이행의 착수 ×
> ⑥ 해약금에 의한 해제 ⇨ 원상회복의무 ×, 손해배상 ×

3. 해약금에 의한 해제권은 당사자의 합의로 배제할 수 있다. ( )

4. 계약당사자가 계약금에 기한 해제권을 배제하기로 약정을 하더라도, 각 당사자는 계약금에 기한 해제권을 행사할 수 있다. ( )

5. 매도인이 전혀 이행에 착수하지 않은 경우에는 매수인은 중도금을 지급하였더라도 계약금을 포기하고 해제할 수 있다. ( )

6. 매수인은 특별한 사정이 없는 한 이행기 전에 이행에 착수할 수 있다. ( )

7. 매수인이 중도금지급기일 전에 중도금을 지급한 경우, 특별한 사정이 없는 한 매도인은 계약금 배액을 제공하고 해제할 수 있다. ( )

8. 매도인은 해약금에 의한 해제를 하려면 매수인에게 계약금 배액을 제공하여야 하고, 매수인이 이를 수령하지 않으면 공탁하여야 한다. ( )

9. 토지거래허가구역 안의 토지에 관하여 매매계약이 체결된 후 계약금을 수수한 상태에서 허가를 받은 경우, 이행의 착수로 볼 수 없다. ( )

10. 토지거래허가구역 내 토지에 관한 매매계약을 체결하고 계약금만 지급한 상태에서 허가를 받은 경우, 다른 약정이 없는 한 매도인은 계약금의 배액을 상환하고 계약을 해제할 수 없다. ( )

11. 매도인이 매수인에게 매매잔대금의 지급을 구하는 소송을 제기한 것만으로는 이행의 착수로 볼 수 없다. ( )

12. 계약금만 수령한 매도인이 매수인에게 계약의 이행을 최고하고 매매잔금의 지급을 청구하는 소송을 제기한 경우, 매수인은 계약금을 포기하고 해제할 수 없다. ( )

13. 해약금에 의한 해제를 한 경우, 원상회복의무는 발생할 여지가 없다. ( )

14. 매도인이 계약금의 배액을 상환하고 해제한 경우, 매수인은 매도인에게 원상회복을 이유로 이자를 청구할 수 있다. ( )

15. 계약금 포기에 의한 해제의 경우, 상대방은 채무불이행을 이유로 손해배상을 청구할 수 있다. ( )

• 위약금특약 ○ ⇨ 손해배상액의 예정으로서의 성질 ○
① 매수인의 채무불이행을 이유로 해제 ○ ⇨ 매도인이 계약금을 몰취 ○
② 매도인의 채무불이행을 이유로 해제 ○ ⇨ 매수인이 계약금의 배액을 청구 ○

---

16. 계약금을 위약금으로 하는 당사자의 특약이 있으면 계약금은 위약금의 성질이 있다. ( )

17. 수수된 계약금을 위약금으로 한다는 약정이 없는 경우에도 손해배상액의 예정으로서의 성질을 갖는다. ( )

18. 매수인이 위반할 경우에 관하여만 위약금약정을 했더라도, 매도인의 채무불이행이 있으면 매수인은 매도인에게 위약금으로 계약금 배액을 청구할 수 있다. ( )

07 | 매 매

- 타인권리매매 ⇨ 유효

1. 매도인이 매수인에게 현존하는 타인 소유의 물건을 매도하기로 약정한 경우, 그 매매계약은 원시적 불능에 해당하여 효력이 없다. (   )

- 채무이행비용 ⇨ 채무자가 부담, 계약체결비용 ⇨ 쌍방이 균분하여 부담

2. 매매계약에 관한 비용은 특약이 없는 한 매수인이 전부 부담한다. (   )

- 과실과 이자

3. 매매계약이 성립함과 동시에 목적물로부터 생긴 과실은 매수인에게 속한다. (   )

4. 매매계약 후 목적물이 인도되지 않더라도 매수인이 대금을 완제한 때에는 그 시점 이후 목적물로부터 생긴 과실은 매수인에게 귀속된다. (   )

★
5. 매수인이 대금지급을 거절할 정당한 사유가 있는 경우, 매수인은 목적물을 미리 인도받더라도 대금에 대한 이자를 지급할 의무가 없다. (   )

★
6. 매수인이 매매목적물을 대금지급 전에 인도받았다면 대금지급의무와 소유권이전등기의무가 동시이행관계에 있더라도 매매대금에 대한 이자를 지급할 의무가 있다. (   )

- 매도인의 담보책임 ⇨ 무과실책임, 임의규정

7. 담보책임은 매도인의 과실이 없더라도 책임을 지는 무과실책임이다. (   )

8. 매도인의 고의 · 과실은 하자담보책임의 성립요건이다. (   )

9. 담보책임의 면제특약은 유효이나, 하자의 존재를 매도인이 알고 이를 매수인에게 고지하지 않은 경우에는 그 책임을 면할 수 없다. (   )

> • 매수인이 악의인 때에도 담보책임이 인정되는 경우
> ① 전부타인권리 ⇨ 해제권
> ② 일부타인권리 ⇨ 대금감액청구권
> ③ 저당권·전세권의 행사 ⇨ 해제권과 손해배상청구권

★★
10. 전부타인권리매매에서 악의의 매수인은 해제할 수 없다. (   )

★
11. 전부타인권리매매에서 매수인은 선의인 경우에 한하여 매도인에게 손해배상책임을 물을 수 있다. (   )

12. 전부타인권리매매에서 매도인은 선의의 매수인에 대하여 불능 당시의 시가를 표준으로 이행이익을 배상할 의무가 있다. (   )

13. 일부타인권리매매에서 선의의 매수인은 대금감액청구와 함께 손해배상청구도 할 수 있다. (   )

★★
14. 일부타인권리매매에서 악의의 매수인은 대금감액청구를 할 수 없다. (   )

★★
15. 매매목적인 권리 일부가 타인에게 속한 경우, 선의의 매수인은 계약한 날로부터 1년 내에 대금감액을 청구해야 한다. (   )

16. 목적물이 일정한 면적을 가지고 있다는 데 주안을 두고 대금도 면적을 기준으로 정하여지는 아파트 분양계약은 특별한 사정이 없는 한 수량지정매매에 해당한다. (   )

★★
17. 수량을 지정한 매매의 목적물이 부족한 경우, 악의의 매수인은 대금감액을 청구할 수 있다. (   )

★★
18. 매매목적물의 일부가 계약 당시에 이미 멸실되어 매도인이 그 부분을 이전할 수 없는 경우, 악의의 매수인은 대금감액을 청구할 수 없다. (   )

★
19. 계약당시 전세권이 이미 존재한 경우, 선의의 매수인은 이로 인하여 계약목적을 달성할 수 없는 경우에 한하여 해제할 수 있다. (   )

★★
20. 토지에 설정된 저당권의 실행으로 매수인이 소유권을 취득할 수 없게 된 경우, 악의의 매수인은 계약해제와 손해배상을 청구할 수 있다. (   )

★★
21. 매매의 목적 부동산에 설정된 저당권 행사로 매수인이 그 소유권을 취득할 수 없는 경우, 저당권설정 사실에 관하여 악의의 매수인은 손해배상을 청구할 수 없다. (   )

• 경매와 담보책임
1. 경매절차가 무효 ⇨ 담보책임 ×
2. 물건의 하자, 법률상 장애 ⇨ 담보책임 ×
3. 권리의 하자 ⇨ 담보책임 ○
① 1차적 책임 ⇨ 채무자
② 2차적 책임 ⇨ 채무자에게 자력이 없는 경우 ⇨ 채권자

★
22. 경매절차가 무효인 경우에도, 경매목적부동산의 권리의 하자를 이유로 경락인은 채무자에게 손해배상을 청구할 수 있다. (　)

★★
23. 경매절차에서 취득한 물건에 하자가 있는 경우, 그에 대하여 담보책임을 물을 수 없다. (　)

24. 경매로 취득한 재산에 권리의 하자가 있는 경우, 1차적으로 담보책임을 지는 자는 채무자이다. (　)

• 하자담보책임(물건의 하자, 법률상 제한, 법률적 장애)
① 선의 · 무과실
② 안 날로부터 6월
③ 경매 ⇨ 적용 ×

★★
25. 토지에 대해 법령상의 제한으로 건물신축이 불가능하면 이는 매매목적물의 하자에 해당한다. (　)

★★
26. 건축목적으로 매매된 토지에 대하여 건축허가를 받을 수 없는 경우, 이와 같은 법률적 제한은 권리의 하자에 해당한다. (　)

27. 건축목적으로 매매된 토지가 관련법령상 건축허가를 받을 수 없는 경우, 그 하자의 유무는 계약성립시를 기준으로 판단한다. (　)

28. 매매목적물에 하자가 있는 지의 여부는 목적물의 인도시를 기준으로 판단한다. (　)

29. 목적물의 하자로 인하여 계약의 목적을 달성할 수 없는 매수인은 하자를 안 날로부터 1년 내에 해제할 수 있다. (　)

08 | 환매와 예약완결권

• 환매특약 ⇨ 매매계약과 동시 ○

---

1. 환매특약은 매매계약의 성립과 반드시 동시에 하여야 한다. (   )

• 환매기간
① 부동산 ⇨ 5년
② 합의로 연장 ×

---

2. 부동산에 대하여 환매기간을 약정하지 아니한 경우, 그 기간은 5년으로 본다. (   )

3. 환매기간을 정한 경우에도 당사자 간의 합의로 연장할 수 있다. (   )

• 과실과 이자 ⇨ 상계 ○

---

4. 특약이 없는 한 환매목적물의 과실과 대금의 이자는 상계한 것으로 본다. (   )

5. 특약이 없는 한 매도인이 환매권을 행사하기 위해서는 매매대금에 대한 이자를 매수인에게 지급해야 한다. (   )

• 환매특약
① 등기 ○ ⇨ 제3자에게 대항 ○
② 환매특약등기 ○ ⇨ 처분금지적 효력 ×

---

6. 부동산에 관한 환매특약은 등기 없이도 제3자에게 대항할 수 있다. (   )

★
7. 환매특약등기가 된 후 매수인으로부터 그 부동산을 다시 매수한 제3자가 소유권이전등기를 한 경우에는 환매권자는 그 제3자에 대하여 환매권을 행사할 수 있다. (   )

★★
8. 환매특약등기가 된 후 그 부동산 매수인은 그로부터 다시 매수한 제3자에 대하여 환매특약등기를 이유로 소유권이전등기절차 이행을 거절할 수 없다. (   )

> • 매도인이 환매권을 행사 ○ ⇨ 등기 ○ ⇨ 권리취득 ○

9. 매도인이 환매기간 내에 환매의 의사표시를 하면, 매도인은 환매에 의한 권리취득의 등기를 하지 않아도 그 부동산을 가압류 집행한 자에 대하여 권리취득을 주장할 수 있다. ( )

> • 예약완결권
> ① 행사기간을 약정 ○ ⇨ 약정기간 내에 행사
> ② 행사기간을 약정 × ⇨ 10년 내에 행사
> ③ 행사기간 내에 행사 × ⇨ 제척기간 경과로 소멸

10. 당사자들이 약정한 예약완결권의 행사기간은 그 매매예약이 성립한 때부터 10년을 초과하더라도 무방하다. ( )

11. 당사자들이 예약완결권의 행사기간을 20년으로 약정한 경우, 그 행사기간은 10년으로 단축된다. ( )

12. 당사자가 예약완결권의 행사기간을 약정하지 않은 경우, 완결권은 예약이 성립한 때로부터 10년 내에 행사되어야 하고, 그 기간을 지난 때에는 제척기간의 경과로 소멸한다. ( )

13. 예약완결권의 행사기간 도과 전에 예약완결권자가 예약 목적물인 부동산을 인도받은 경우, 그 기간이 도과되더라도 예약완결권은 소멸되지 않는다. ( )

14. 예약완결권을 재판상 행사하는 경우, 소장부본이 제척기간 내에 상대방에게 송달되어야만 제척기간 내에 행사한 것으로 본다. ( )

15. 매매의 일방예약은 예약완결권자가 매매를 완결할 의사를 표시하는 때에 매매의 효력이 생긴다. ( )

16. 예약완결권자가 예약완결권을 행사하면 매매는 예약체결시로 소급하여 효력이 발생한다. ( )

17. 매매예약 성립 후 예약완결권의 행사 전에 상대방의 매매목적물이 멸실된 경우, 매매예약 완결의 의사표시가 있더라도 매매의 효력이 생기지 않는다. ( )

> • 환매권, 예약완결권 ⇨ 양도 ○

18. 환매권은 양도할 수 없는 일신전속권이다. ( )

19. 예약완결권은 재산권이므로 특별한 사정이 없는 한 타인에게 양도할 수 있다. ( )

09 | 임대차

> • 존속기간 ⇨ 최장기간 ×, 최단기간 ×

1. 임차기간을 영구로 정한 임대차약정은 특별한 사정이 없는 한 허용된다. (   )

2. 임대차기간의 약정이 없는 경우, 양 당사자는 언제든지 해지통고를 할 수 있다. (   )

3. 기간의 약정이 없는 토지임대차의 임대인이 임대차계약의 해지를 통고한 경우, 그 해지의 효력은 임차인이 통고를 받은 날부터 1개월 후에 발생한다. (   )

> • 법정갱신(묵시의 갱신) ⇨ 기간약정 ×

4. 토지임대차가 법정갱신된 경우, 존속기간은 정함이 없는 것으로 본다. (   )

5. 임대차가 묵시의 갱신이 된 경우, 전임대차에 대해 제3자가 제공한 담보는 원칙적으로 소멸하지 않는다. (   )

> • 건물소유를 목적으로 한 토지임대차 ⇨ 임차권등기 또는 건물등기 ⇨ 대항력 ○

★★
6. 건물소유를 목적으로 한 토지임대차를 등기하지 않았더라도, 임차인이 그 지상건물의 보존등기를 하면, 토지임대차는 제3자에 대하여 효력이 생긴다. (   )

★★
7. 건물소유를 목적으로 한 토지임차인은 건물등기가 되어 있더라도 토지임차권이 등기되어 있지 않는 한 토지양수인에게 매수청구권을 행사할 수 없다. (   )

> • 임대인이 보존행위 ⇨ 임차인은 거절 ×

8. 다른 약정이 없는 한, 임대인의 행위가 임대물의 보존에 필요한 행위라도 임차인은 이를 거절할 수 있다. (   )

> • 차임
> ① 2기 연체 ⇨ 해지 ○
> ② 차임증감청구권 ⇨ 일시사용 적용 ×

★
9. 연체차임액이 1기의 차임액에 이르면 건물임대인이 차임연체로 해지할 수 있다는 약정은 무효이다. (   )

10. 차임증감청구권에 관한 규정은 일시사용을 위한 임대차의 경우에도 적용된다. (   )

11. 경제사정변동에 따른 임대인의 차임증액청구에 대해 법원이 차임증액을 결정한 경우, 그 결정 다음날부터 지연손해금이 발생한다. (   )

> • 보증금
> ① 임대차관계에서 발생하는 임차인의 모든 채무를 담보
> ② 연체차임을 보증금에서 공제 ⇨ 임대인이 선택
> ③ 보증금반환과 목적물반환 ⇨ 동시이행관계

★
12. 부동산임대차에서 보증금은 임대차관계가 종료되어 목적물을 반환하는 때까지 임대차 관계에서 발생하는 임차인의 모든 채무를 담보한다. (   )

★
13. 임대차계약이 종료되기 전이라도 별도의 의사표시 없이 연체차임은 보증금에서 당연히 공제된다. (   )

14. 임차인은 임대차존속 중 그 보증금으로써 연체차임에 충당할 것을 임대인에게 주장할 수 없다. (   )

15. 임대차계약에서 보증금을 지급하였다는 사실에 대한 증명책임은 보증금의 반환을 청구 하는 임차인이 부담한다. (   )

★
16. 임대차 종료 후 보증금이 반환되지 않고 있는 한 임차인의 목적물에 대한 점유는 적법점유 이므로, 임차인이 목적물을 계속하여 사용·수익하더라도 부당이득반환의무는 발생하지 않는다. (   )

10 | 임차인의 권리

1. 비용상환청구권

> • 필요비 ⇨ 존속 중에도 청구 ○, 유익비 ⇨ 종료시 청구 ○

★
① 필요비를 지출한 임차인은 임대인에게 즉시 그 상환을 청구할 수 있다. ( )

② 임대인이 필요비상환의무를 이행하지 않는 경우, 임차인은 지출한 필요비 금액의 한도에서 차임의 지급을 거절할 수 있다. ( )

③ 유익비상환청구권은 임대차종료시에 행사할 수 있다. ( )

> • 비용상환청구 ⇨ 6월 내에 행사

④ 임차인의 비용상환청구는 임대인이 목적물을 반환 받은 날로부터 6개월 이내에 행사하여야 한다. ( )

> • 모든 임차인

★
⑤ 채무불이행한 임차인이나 일시사용임차인도 비용상환은 청구할 수 있다. ( )

> • 임의규정 ⇨ 배제특약 ⇨ 유효

★★
⑥ 임차인이 수선의무를 부담한다는 특약은 임차인에게 불리하므로 무효이다. ( )

★★
⑦ 원상복구약정을 한 경우에는 임차인이 유익비상환청구권을 포기하기로 특약한 것으로 본다.
( )

2. 건물임차인의 부속물매수청구권

> • 독립성, 동의 또는 매수

① 임차목적물의 구성부분은 부속물매수청구권의 객체가 될 수 없다. (　)
② 부속물은 임차인이 임대인의 동의를 얻어 부속하거나 임대인으로부터 매수한 것이어야 한다.
（　）

> • 건물의 객관적 편익에 제공 ⇨ 임차인의 특수한 영업목적 ×

★
③ 건물의 사용에 객관적 편익을 가져오는 것이 아니더라도 임차인의 특수목적에 사용하기 위해 부속된 것은 부속물매수청구권의 대상이 된다. (　)

> • 채무불이행으로 해지, 일시사용 ⇨ 매수청구 ×

★★
④ 임차인의 차임연체 등 채무불이행을 이유로 임대차가 해지된 경우에는 임차인은 부속물매수 청구를 할 수 없다. (　)

★★
⑤ 일시사용을 위한 임대차에 있어서는 부속물매수청구권이 인정되지 않는다. (　)

> • 편면적 강행규정 ⇨ 특별한 사정이 없는 한 ⇨ 배제특약 무효

★★
⑥ 임대차 기간 중에 부속물매수청구권을 배제하는 당사자의 약정은 임차인에게 불리하더라도 유효하다. (　)

⑦ 부속물매수청구권을 포기하기로 하는 약정은 차임을 시가보다 파격적으로 저렴하게 하는 등 임차인에게 불리하지 않은 경우에는 유효이다. (　)

3. 토지임차인의 계약갱신청구권과 지상물매수청구권

> • 기간만료, 지상물이 현존 ⇨ 갱신청구 ⇨ 거절 ⇨ 매수청구

★
① 건물소유를 목적으로 한 토지임대차의 기간이 만료된 경우, 임차인은 계약갱신의 청구 없이도 임대인에게 건물의 매수를 청구할 수 있다. (   )

> • 기간약정 없는 경우 ⇨ 임대인의 해지통고 ⇨ 갱신청구 없이 매수청구

★
② 기간의 약정이 없는 토지임대차에서 임대인이 해지통고를 한 경우에는 갱신청구 없이 곧바로 지상물매수청구를 할 수 있다. (   )

> • 채무불이행으로 해지 ⇨ 매수청구 ×, 건물철거 ○

★★
③ 임차인의 채무불이행으로 해지된 경우에도 지상물이 현존하면 임차인은 지상물매수청구를 할 수 있다. (   )

> • 지상물 ⇨ 현존

★
④ 매수청구권의 대상이 되는 지상물은 임대인의 동의를 얻어 신축한 것에 한한다. (   )
★
⑤ 지상물의 경제적 가치 유무나 임대인에 대한 효용 여부는 매수청구권의 행사요건이 아니다. (   )
⑥ 미등기건물이나 무허가건물이더라도 매수청구권의 대상이 될 수 있다. (   )
⑦ 임차인은 저당권이 설정된 건물에 대해서는 매수청구권을 행사할 수 없다. (   )

> • 행사자 ⇨ 지상물의 소유자인 임차인

★
⑧ 지상 건물을 타인에게 양도한 임차인도 매수청구권을 행사할 수 있다. (   )
⑨ 임대인의 동의를 얻어 종전 임차인으로부터 임차권과 미등기건물을 양수한 임차인은 매수청구권을 행사할 수 있다. (   )

> • 상대방 ⇨ 임대차종료시 토지소유자인 임대인

★
⑩ 토지소유자가 아닌 제3자가 토지를 임대한 경우, 임대인은 특별한 사정이 없는 한 매수청구권의 상대방이 될 수 없다. ( )

⑪ 임대인이 임차권 소멸 당시에 이미 토지소유권을 상실하였더라도 임차인은 그에게 매수청구권을 행사할 수 있다. ( )

> • 임차권등기 또는 건물등기 ○ ⇨ 대항력 ○ ⇨ 새로운 소유자에게 매수청구 ○

★★
⑫ 임대차종료 후 임대인이 토지를 제3자에게 양도한 경우, 제3자에게 대항할 수 있는 토지임차인은 그 신소유자에게 매수청구권을 행사할 수 있다. ( )

> • 걸쳐서 건립 ⇨ 전부 매수청구 ×

★
⑬ 임차인소유의 건물이 제3자소유의 토지에 걸쳐서 건립되어 있는 경우, 임차인은 건물 전부를 매수청구할 수는 없다. ( )

> • 편면적 강행규정 ⇨ 특별한 사정이 없는 한 ⇨ 배제특약 무효

★★
⑭ 임대차종료 전 지상물 일체를 포기하기로 하는 당사자 간의 약정은 특별한 사정이 없는 한 무효이다. ( )

> • 건물소유 ⇨ 토지이용 ⇨ 부당이득반환의무 ○

★
⑮ 임차인의 건물매수청구가 적법한 경우, 임대인의 대금지급이 있기까지는 건물부지의 임료 상당액을 반환할 필요는 없다. ( )

11 | 임차권의 양도 및 전대

> • 임대인에 대한 배신행위 × ⇨ 해지 ×

1. 임차인의 무단전대행위가 임대인에 대한 배신행위가 아니라고 인정되는 특별한 사정이 있는 때에는 임대인은 임대차계약을 해지할 수 없다. (   )

★
2. 임차인이 건물의 소부분을 임대인의 동의 없이 전차인에게 사용하게 한 경우, 임대인은 임대차계약을 해지할 수 없다. (   )

> • 임대인의 동의 있는 양도
> ① 임차권은 동일성을 유지하면서 양수인에게 이전
> ② 연체차임채무나 손해배상채무 ⇨ 양수인에게 당연히 이전 ×

3. 임차인의 지위가 적법하게 승계된 경우, 현재의 임차인은 종전 임차인이 임대인의 동의를 얻어 설치한 부속물에 대하여 부속물매수청구권을 행사할 수 있다. (   )

★
4. 적법하게 임차권을 양도한 경우, 양수인이 임차인의 지위를 당연히 승계하므로 양도인의 연체차임채무도 양수인에게 이전한다. (   )

> • 임대인의 동의 있는 전대
> ① 합의해지 ⇨ 전대차는 소멸 ×
> ② 임대인의 동의 ⇨ 부속물매수청구 ○

★★
5. 임대인이 전대차를 동의한 후 임차인과 임대차계약을 합의해지하더라도 전차권은 소멸하지 않는다. (   )

★★
6. 임대인이 전대차를 동의한 후에도 임차인과 임대차계약을 합의해지하면 이로써 전차인에게 대항할 수 있다. (   )

★
7. 기간을 정하지 않은 임대차계약이 임대인의 해지통고로 인하여 종료된 경우, 임대인은 전차인에게 그 사유를 통지하지 아니하면 해지로써 전차인에게 대항하지 못한다. (   )

★
8. 임차인의 차임연체를 이유로 임대인이 임대차계약을 해지한 경우, 임대인은 전차인에게 그 사유의 통지 없이도 해지로써 대항할 수 있다. (   )

★
9. 적법하게 전대차한 경우, 전차인은 임차인의 동의를 얻어 부속한 물건에 대하여 임대인에게 부속물매수청구를 할 수 있다. (   )

10. 임대차와 전대차가 모두 종료한 경우, 전차인이 임대인에게 직접 목적물을 반환하면 임차인에 대한 건물반환의무를 면한다. (   )

• 임대인의 동의 없는 양도 및 전대
① 무단양도 및 무단전대 ⇨ 계약은 유효, 임대인에게 대항 ×
② 임대인이 임대차계약을 해지 ○ ⇨ 지상물, 부속물 매수청구 ×
③ 임대차계약을 해지 × ⇨ 차임 상당의 손해배상청구 ×

★★
11. 임대인의 동의 없이 무단으로 임차권을 양도한 경우, 무단양도계약은 무효이다. (   )

★★
12. 임대인의 동의 없이 전대차한 경우에도, 전차인은 임대인에게 부속물매수청구권을 행사할 수 있다. (   )

★★
13. 무단전대의 경우, 임대인은 임대차계약을 해지하지 않고 전차인에 대하여 불법점유를 이유로 차임상당액의 손해배상을 청구할 수 없다. (   )

14. 임차인이 임대인의 동의 없이 임차물을 제3자에게 전대한 경우, 임대인은 임대차계약의 존속 여부를 불문하고 제3자에게 불법점유를 이유로 한 차임상당액의 손해배상청구를 할 수 있다. (   )

MEMO

PART

04

민사특별법

01 | 주택임대차보호법

> • 일시사용 ⇨ 적용 ×

1. 미등기 무허가 주택을 임대차한 경우에는 동법이 적용된다. (   )

★
2. 일시사용을 위한 것이 명백한 경우에도 주거용으로 임대차한 경우에는 동법이 적용된다.
(   )

> • 대항력
> ① 주택인도(점유)와 주민등록(전입신고) ⇨ 다음날 대항력 발생
> ② 대항력발생 ⇨ 매매 ⇨ 새로운 소유자가 임대인의 지위를 승계
> ③ 저당권 후 대항력 취득 ⇨ 경매 ⇨ 대항력 상실

★
3. 임차인이 대항력을 갖추기 위해서는 임대차계약서상의 확정일자를 받아야 한다. (   )

★
4. 주민등록의 신고는 행정청에 도달한 때가 아니라 행정청이 수리한 때 효력이 발생한다. (   )

5. 임차인은 정확한 지번으로 전입신고서를 작성·제출하였는데 담당공무원의 요구로 잘못된
지번으로 다시 작성·제출하여 주민등록이 된 경우, 적법한 주민등록으로 볼 수 있다. (   )

6. 다가구용 단독주택의 경우, 임차인이 그 주택의 일부를 임차하고 전입신고를 할 때 지번만
바르게 기재하면 대항력은 발생한다. (   )

7. 다가구용 단독주택 일부의 임차인이 대항력을 취득하였다면, 후에 건축물 대장상으로
다가구용 단독주택이 다세대 주택으로 변경되었다는 사정만으로는 이미 취득한 대항력을
상실하지 않는다. (   )

8. 임차인이 가족과 함께 임차주택의 점유를 계속하면서 가족의 주민등록은 그대로 둔 채
임차인의 주민등록만 일시적으로 옮긴 경우 대항력을 상실하지 않는다. (   )

★
9. 임차인이 타인의 점유를 매개로 임차주택을 간접점유하는 경우에도 대항요건인 점유가
인정될 수 있다. (   )

★
10. 임대인의 동의를 얻어 주택이 전대된 경우, 임차인 명의로 주민등록을 하면 임차인은
대항력을 취득한다. (   )

11. 임차인이 대항력을 가진 후 주택의 소유권이 양도된 경우, 임대차종료시 임차인은 양수인에 대하여만 보증금반환을 청구할 수 있다. ( )

12. 대항력이 있는 임차인의 보증금반환채권이 가압류된 상태에서 주택이 양도된 경우, 가압류채권자는 양수인에 대하여만 가압류의 효력을 주장할 수 있다. ( )

13. 대항력 있는 주택임대차가 기간이 만료된 상태에서 주택이 양도되더라도 임차인은 이 사실을 안 때로부터 상당한 기간 내에 이의를 제기하여 임대차관계의 구속에서 벗어날 수 있다. ( )

14. 저당권이 설정된 주택을 임차하여 대항력을 갖춘 이상, 후순위저당권이 실행되더라도 매수인이 된 자에게 대항할 수 있다. ( )

15. 임차권보다 선순위저당권이 존재하는 주택이 경매로 매각된 경우, 경매의 매수인은 임대인의 지위를 승계한다. ( )

16. 임차인이 대항력을 취득한 후 저당권이 설정된 경우, 임차인이 일시 퇴거하였다가 다시 전입하더라도 경매시 경락인에게 대항할 수 없다. ( )

• 보증금 우선변제권 ⇨ 대항력과 확정일자

17. 주택이 경매되는 경우, 임차인은 확정일자가 있어야 경락대금에서 보증금의 우선변제를 받을 수 있다. ( )

18. 확정일자를 갖춘 임대차계약서에 아파트의 명칭과 동 호수의 기재를 누락했더라도 우선변제권은 인정될 수 있다. ( )

19. 임차인이 주택에 대해 보증금반환청구소송의 확정판결에 기한 경매를 신청한 경우, 반대의무의 이행을 집행개시요건으로 한다. ( )

20. 임차주택의 경매시 임차인이 환가대금으로부터 보증금을 수령하기 위해서는 임차주택을 경락인에게 인도하여야 한다. ( )

21. 제3자에 의해 경매가 개시되어 주택이 매각된 경우, 임차인은 경매절차에서 배당요구를 하여야 보증금에 대해 우선변제를 받을 수 있다. ( )

22. 우선변제권 있는 임차인이 배당요구를 하지 아니하여 후순위권자에게 먼저 배당된 경우, 임차인은 그에게 부당이득반환청구를 할 수 있다. ( )

> • 소액보증금 최우선변제권
> ① 경매신청등기 전 대항력 ○, 확정일자 ✕
> ② 임차권등기명령에 의한 임차권등기 후 소액임차인 ⇨ 최우선변제 ✕

★
23. 소액임차인은 경매신청의 등기 전까지 임대차계약서에 확정일자를 받아야 최우선변제권을 행사할 수 있다. (   )

★★
24. 임차권등기명령에 의한 임차권등기가 경료된 주택을 그 이후에 임차한 임차인도 소액보증금의 최우선변제를 받을 권리가 있다. (   )

> • 대지의 매각대금
> ① 보증금 우선변제, 소액보증금 최우선변제 ○
> ② 나대지 ⇨ 소액보증금 최우선변제 ✕

★
25. 주택임차인의 우선변제권은 대지의 환가대금에는 미치지 않는다. (   )

★
26. 우선변제권 있는 임차인은 임차주택과 별도로 그 대지만이 경매될 경우, 그 대지의 환가대금에 대하여 우선변제권을 행사할 수 있다. (   )

★
27. 대지에 관한 저당권설정 후 주택이 신축된 경우에는 소액임차인은 대지의 매각대금에서 우선변제를 받을 수 없다. (   )

> • 임차권등기명령

28. 주택임차인은 임대차가 끝나기 전에도 주택의 소재지를 관할하는 법원에 임차권등기명령을 신청할 수 있다. (   )

★
29. 임차권등기명령에 의한 임차권등기를 한 주택임차인은 배당요구를 하지 않아도 주택의 매각대금에서 우선변제를 받을 수 있다. (   )

★★
30. 임대인의 임차보증금반환의무와 임차인의 임차권등기명령에 의한 임차권등기말소의무는 동시이행의 관계에 있다. (   )

> • 주택임차인의 지위와 전세권자의 지위 ⇨ 각각 별개

31. 주택임차인이 전세권설정등기를 한 경우, 전세권설정계약서에 첨부된 등기필증의 접수인을 임대차계약서의 확정일자로 볼 수 있다. (   )

★
32. 주택임차인이 전세권설정등기를 한 경우, 임차인의 지위에서 배당요구를 하였다면 전세권에 관해서도 함께 배당요구를 한 것으로 본다. (   )

★
33. 소액 주택임차인이 전세권설정등기를 마친 상태에서 주민등록을 이전한 경우, 임차권등기명령에 의한 임차권등기를 마친 것이나 다름없으므로 최우선변제권이 그대로 유지된다. (   )

> • 1년 약정 ⇨ 임대인은 1년 주장 ×, 임차인은 1년 또는 2년 주장 ○

34. 기간을 1년으로 약정한 경우, 임차인은 2년을 주장할 수 있다. (   )

★
35. 기간을 1년으로 약정한 경우, 임대인은 1년을 주장할 수 있다. (   )

> • 법정갱신
> ① 존속기간 2년
> ② 임대인은 해지 ×, 임차인은 해지 ○

36. 임차인이 2기의 차임액에 달하는 차임을 연체하면 묵시적 갱신이 인정되지 않는다. (   )

37. 법정갱신된 경우, 임대인은 언제든지 임차인에게 해지할 수 있다. (   )

★
38. 법정갱신된 후 임차인이 해지통지를 한 경우, 임대인이 그 통지를 받은 날로부터 3월이 경과되면 계약은 해지된다. (   )

> • 계약갱신요구권
> ① 1회에 한하여 행사
> ② 법정갱신규정 준용

39. 임대차기간이 끝나기 6개월 전부터 2개월 전까지의 기간에 행사해야 한다. ( )

40. 주택임차인은 계약갱신요구권을 2회에 한하여 행사할 수 있다. ( )

★
41. 임차인이 임차한 주택의 전부 또는 일부를 경과실로 파손한 경우, 임대인은 계약갱신요구를 거절할 수 있다. ( )

42. 임차인이 임대인의 동의 없이 목적 주택을 전대한 경우 임대인은 계약갱신요구를 거절하지 못한다. ( )

43. 계약이 갱신된 경우, 임차인은 언제든지 임대인에게 해지할 수 있다. ( )

★
44. 임차인의 해지통지가 갱신된 임대차계약 기간이 개시되기 전에 임대인에게 도달한 경우, 해지통지가 임대인에게 도달한 후 3개월이 지나면 해지의 효력이 발생한다. ( )

45. 차임과 보증금의 증액청구는 약정한 차임이나 보증금의 20분의 1의 금액을 초과하지 못한다. ( )

02 | 상가건물 임대차보호법

> • 사업자등록 ○ ⇨ 법 적용 ○

1. 사업자등록의 대상이 되지 않는 건물에 대해서는 동법이 적용되지 않는다. ( )

> • 최단기간 ⇨ 1년
> • 임대차종료 ⇨ 보증금반환 ⇨ 임대차관계 존속

2. 동법이 적용되는 임대차가 종료된 경우, 보증금을 반환받을 때까지 목적물을 계속 점유하면서 사용·수익한 임차인은 종전 임대차계약에서 정한 차임을 지급할 의무를 부담한다. ( )

3. 동법이 적용되는 임대차가 종료된 경우, 보증금을 반환받을 때까지 목적물을 계속 점유하면서 사용·수익한 임차인은 시가에 따른 차임에 상응하는 부당이득금을 지급할 의무를 부담한다. ( )

> • 3기 연체 ⇨ 갱신요구 거절 ○

4. 상가임차인이 3기의 차임액에 달하도록 차임을 연체한 사실이 있는 경우, 임대인은 임차인의 계약갱신요구를 거절할 수 있다. ( )

> • 권리금회수 방해로 인한 손해배상의무 ⇨ 동시이행 ✕

5. 상가임대차계약 종료에 따른 임차인의 임차목적물 반환의무와 임대인의 권리금회수 방해로 인한 손해배상의무는 동시이행관계에 있다. ( )

> • 갱신요구를 거절할 수 있는 경우 ⇨ 권리금 보장할 필요 ✕

6. 임차인이 임차한 건물을 중대한 과실로 전부 또는 일부를 파손한 경우, 임대인은 권리금회수의 기회를 보장할 필요가 없다. ( )

> • 임대차기간이 10년을 초과하여 계약갱신요구권을 행사할 수 없는 경우
>   ⇨ 권리금회수의 기회를 보호할 의무 ○

7. 전체 임대차기간이 10년을 초과하여 임차인이 계약갱신요구권을 행사할 수 없는 경우에는 임대인은 임차인의 권리금 회수기회를 보호할 의무가 없다. ( )

> • 손해배상청구권 ⇨ 종료한 날부터 3년

8. 권리금 회수의 방해로 인한 임차인의 임대인에 대한 손해배상청구권은 그 방해가 있은 날로부터 3년 이내에 행사하지 않으면 시효로 소멸한다. (　)

> • 환산보증금액을 초과하는 경우 ⇨ 대 계 권 3 감 ⇨ 적용

9. 환산보증금액을 초과하는 경우에도 적용되는 규정
   ① 임차권의 대항력에 관한 규정
   ② 임차인의 계약갱신요구에 관한 규정
   ③ 임차인의 권리금회수기회 보호에 관한 규정
   ④ 3기 차임연체시 계약해지에 관한 규정
   ⑤ 감염병의 예방 및 관리에 관한 법률에 따른 집합제한조치로 인하여 폐업한 경우, 임차인의 해지권에 관한 규정(제11조의2)

★★
10. 환산보증금액을 초과하는 경우에는 적용되지 않는 규정
   ① 확정일자 부여와 보증금의 우선변제에 관한 규정
   ② 임차권등기명령에 관한 규정
   ③ 최단존속기간에 관한 규정
   ④ 법정갱신에 관한 규정
   ⑤ 차임 등 증액청구시 제한규정

> • 환산보증금을 초과하는 경우
> ① 기간약정을 한 경우 ⇨ 계약갱신요구권 행사 ○
> ② 기간약정을 하지 않은 경우 ⇨ 계약갱신요구권 행사 ×

★
11. 환산보증금을 초과하는 상가임대차에서 기간약정을 하지 않은 경우에는 최단기간에 관한 규정이 적용되지 않는다. (　)

★
12. 환산보증금을 초과하는 상가임대차에서 기간약정을 하지 않은 경우에도 임차인은 계약갱신요구권을 행사할 수 있다. (　)

03 | 가등기담보 등에 관한 법률

> • 청구권보전을 위한 가등기와의 구별 ⇨ 등기부상 표시 ×, 당사자의 의사 ○

★
1. 가등기가 담보가등기인지 여부는 거래의 실질과 당사자의 의사해석에 따라 결정된다. (   )

2. 가등기가 담보가등기인지, 청구권보전을 위한 가등기인지의 여부는 등기부상 표시를 보고 결정한다. (   )

3. 가등기담보권이 설정되기 위해서는 피담보채권이 등기되어야 한다. (   )

> • 법 적용요건
> ① 소비대차 ⇨ 공사대금, 매매대금, 물품대금 X
> ② 예약당시 초과
> ③ 가등기 또는 이전등기

★
4. 양도담보권이 매매대금채권의 담보를 위하여 설정된 후 대여금채권이 그 피담보채권에 포함되게 된 경우 동법이 적용된다. (   )

★★
5. 대물변제예약 당시의 담보물 가액이 차용액 및 이에 붙인 이자의 합산액에 미치지 못하는 경우에는 실행통지를 할 필요가 없다. (   )

★★
6. 실행통지 당시 부동산의 평가액이 피담보채권액에 미달하는 경우에는 가등기담보권자는 실행통지를 할 필요가 없다. (   )

7. 대물변제의 약정 등 담보계약은 있지만 아직 가등기가 이루어지지 않은 경우, 담보권실행에 관한 규정이 적용될 여지가 없다. (   )

> • 실행방법
> ① 경매(경매시 저당권과 동일하게 취급) 또는 귀속청산(실행통지)
> ② 사적실행에 의한 처분청산 ×

★★
8. 담보목적 부동산이 강제경매를 통해 매각되어도, 가등기담보권은 채권액 전부를 변제받지 않으면 소멸하지 않는다. (   )

9. 담보가등기가 경료된 부동산에 대하여 경매가 행하여져 제3자가 경락받은 후에 이루어진 가등기에 기한 본등기는 원인을 결여한 무효의 등기이다. (   )

> • 채무자, 물상보증인, 제3취득자 ⇨ 실행통지 ⇨ 변제할 기회

10. 실행통지의 상대방이 채무자 등 여러 명인 경우, 그 모두에 대하여 실행통지를 하여야 통지로서의 효력이 발생한다. ( )

11. 채권자가 담보목적 부동산의 소유권을 취득하기 위하여는 가등기담보권의 실행통지가 상대방에게 도달한 날로부터 1개월이 지나야 한다. ( )

★
12. 채권자가 나름대로 평가한 청산금의 액수가 객관적인 청산금의 평가액에 미치지 못한 경우에도 실행통지는 효력이 있다. ( )

★★
13. 가등기담보권자가 채무자에게 실행통지를 하지 아니한 경우에도 청산금을 지급하고 등기를 마쳤다면 소유권을 취득할 수 있다. ( )

★
14. 청산절차를 거치지 않고 가등기담보권자가 경료한 소유권이전등기는 무효지만 나중에 청산절차를 마치면 그 때부터 유효한 등기가 된다. ( )

15. 채무자에게 실행통지는 하였으나 이러한 사실을 후순위저당권자에게는 통지하지 않은 경우, 채무자는 이를 이유로 실행을 거부할 수 없다. ( )

★★
16. 채권자는 그가 통지한 청산금의 액수에 대하여 다툴 수 없다. ( )

★
17. 청산금은 담보권실행의 통지당시 담보목적부동산의 가액에서 피담보채권액을 뺀 금액이며, 그 부동산에 선순위담보권이 있으면 위 피담보채권액에 선순위담보로 담보한 채권액을 포함시킨다. ( )

> • 후순위저당권자 ⇨ 청산기간 내 변제기 도래 전 ⇨ 경매청구 ○

★★
18. 후순위저당권자는 청산기간에 한정하여 그 피담보채권의 변제기 도래 전이라도 부동산의 경매를 청구할 수 있다. ( )

★★
19. 후순위저당권자는 청산기간 내라도 저당권의 피담보채권의 변제기 도래 전에는 부동산의 경매를 청구할 수 없다. ( )

★★
20. 후순위저당권자는 청산기간이 지나면 그의 피담보채권 변제기가 도래하기 전이라도 부동산의 경매를 청구할 수 있다. ( )

> • 채무자의 청산금에 관한 권리의 양도 ⇨ 후순위권리자에게 대항 ×

★
21. 채무자가 청산기간이 지나기 전에 한 청산금에 관한 권리의 양도는 이로써 후순위권리자에게 대항하지 못한다. (　)

> • 변제와 가등기담보말소 ⇨ 동시이행관계 ×
> • 청산금지급과 소유권이전 ⇨ 동시이행관계 ○

★★
22. 가등기담보의 채무자의 채무변제와 가등기 말소는 동시이행관계에 있다. (　)

23. 가등기담보권자의 청산금지급의무와 채무자의 가등기에 기한 본등기 및 목적물의 인도의무는 동시이행관계에 있다. (　)

> • 청산절차종료 후 본등기 전 ⇨ 소유권 취득 ×, 과실수취권 취득 ○

24. 가등기담보권자는 청산기간 경과 후 청산금을 지급하면 본등기를 하기 전이라도 소유권을 취득한다. (　)

★
25. 가등기담보권자는 청산기간 경과 후 청산금을 지급하면 본등기를 경료하기 전에도 과실수취권을 취득한다. (　)

> • 양도담보
> ① 양도담보권자 ⇨ 물상대위권 ○
> ② 양도담보권자 ⇨ 소유자 ×
> ③ 양도담보권자가 처분 ⇨ 선의의 제3자 ⇨ 소유권 취득

★
26. 양도담보권자는 양도담보목적물이 소실됨으로 인하여 발생한 화재보험금청구권에 대하여 물상대위권을 행사할 수 있다. (　)

★★
27. 양도담보권자는 담보권의 실행으로서 채무자로부터 적법하게 임차한 임차인에게 그 목적부동산의 인도청구를 할 수 있으나, 직접 소유권에 기하여 인도청구를 할 수는 없다. (　)

★★
28. 제3자가 양도담보목적물을 불법으로 점유하고 있는 경우, 양도담보권자는 불법점유자를 상대로 차임 상당의 손해배상을 청구할 수 있다. (　)

★★
29. 양도담보권자가 담보목적부동산에 대하여 동법 소정의 청산절차를 거치지 아니한 채 소유권을 이전한 경우, 선의의 제3자는 소유권을 확정적으로 취득한다. (　)

30. 양도담보 목적 부동산을 양수한 제3자가 악의인 경우에도 제3자는 소유권을 취득할 수 있다. (　)

04 | 부동산 실권리자명의 등기에 관한 법률

> • 가등기 ⇨ 명의신탁 금지

1. 가등기를 명의신탁에 의하여 경료하는 것은 허용되지 않는다. ( )

> • 가등기담보, 양도담보 ⇨ 명의신탁 ×

2. 채권을 담보하기 위해 채권자가 채무자소유의 부동산에 대해 가등기를 하는 경우에도 동법이 적용된다. ( )

3. 채무변제를 담보하기 위해 채권자 명의로 부동산에 관한 소유권이전등기를 하기로 하는 약정은 명의신탁약정에 해당하지 않는다. ( )

> • 구분소유적 공유관계
> ① 대내적 ⇨ 구분소유관계 ⇨ 공유물분할청구 ×
> ② 대외적 ⇨ 공유관계

4. 공유물분할청구는 부동산의 구분소유적 공유관계에서 인정되지 않는다. ( )

5. 甲과 乙이 구분소유적 공유관계에 있는 경우, 甲은 목적부동산을 불법으로 점유하는 자에게 부동산 전부에 대해서 방해제거를 청구할 수 없다. ( )

6. 甲과 乙이 구분소유적 공유관계에 있는 경우, 甲이 자기 소유의 토지부분에 건물을 신축한 후, 乙이 강제경매로 대지에 관한 甲의 지분을 모두 취득한 경우, 관습법상 법정지상권이 발생한다. ( )

> • 명의신탁
> ① 원칙 ⇨ 무효(사회질서위반 ×) ⇨ 해지 ×
> ② 종/배 ⇨ 법령상 제한을 회피할 목적 × ⇨ 유효 ⇨ 해지 ○
> ③ 수탁자와 거래한 제3자 ⇨ 선의·악의를 불문하고 권리 취득

★★
7. 투기 및 탈세 등의 방지라는 법의 목적상 명의신탁은 그 자체로 선량한 풍속 기타 사회질서에 위반된다. ( )

8. 농지법에 따른 제한을 회피하기 위하여 명의신탁을 한 경우에도 그에 따른 수탁자 명의의 소유권이전등기가 불법원인급여라고 할 수 없다. ( )

9. 탈세 등의 목적으로 명의신탁제도를 악용했더라도 신탁자는 수탁자에게 소유권에 기하여 소유권이전등기말소를 청구할 수 있다. ( )

10. 양자간 명의신탁이 무효인 경우, 신탁자는 수탁자에게 명의신탁의 해지를 원인으로 등기말소를 청구할 수 있다. ( )

11. 무효인 명의신탁등기가 행하여진 후 신탁자와 수탁자가 혼인한 경우, 그 명의신탁등기는 명의신탁약정이 체결된 때로부터 유효하게 된다. ( )

12. 부부 사이에 유효하게 성립한 명의신탁은 배우자 일방의 사망으로 잔존배우자와 사망한 배우자의 상속인에게 효력을 잃는다. ( )

13. 조세포탈 등의 목적 없이 종교단체 명의로 그 산하조직이 보유한 부동산의 소유권을 등기한 경우, 그 단체와 조직 간의 명의신탁약정은 유효하다. ( )

14. 조세포탈 등의 목적 없이 종교단체장 명의로 그 종교단체 보유 부동산의 소유권을 등기한 경우, 그 단체와 단체장 간의 명의신탁약정은 유효하다. ( )

15. 수탁자가 제3자에게 부동산을 처분한 경우, 제3자는 악의라도 소유권을 취득한다. ( )

16. 계약상대방이 명의수탁자임을 알면서 체결한 매매계약으로 소유권이전등기를 받은 사람은 소유권을 취득한다. ( )

17. 부동산 명의신탁약정의 무효는 수탁자로부터 그 부동산을 취득한 악의의 제3자에게 대항할 수 있다. ( )

• 신탁자에게 법률효과를 직접 귀속시킬 의도 ⇨ 3자간 등기명의신탁

---

18. 계약명의자가 명의수탁자로 되어 있다 하더라도 계약당사자를 명의신탁자로 볼 수 있다면 이는 3자간 등기명의신탁이 된다. ( )

19. 명의신탁자에게 법률효과를 직접 귀속시킬 의도로 매매계약을 체결했더라도, 매매계약서에 명의수탁자가 매수인으로 기재되어 있다면 계약명의신탁으로 보아야 한다. ( )

• 신탁자가 매수인 ⇨ 3자간 등기명의신탁(중간생략형)

★★
20. 乙은 甲소유의 X토지를 매매하면서 X토지에 대한 소유권이전등기를 여자친구 丙명의로 하기로 丙과 명의신탁약정을 하였다. 그 후 甲은 乙의 부탁대로 丙명의로 소유권이전 등기를 해 주었다.

① 乙은 甲을 대위해서 丙에게 소유권이전등기의 말소를 청구할 수 있다. ( )

② 乙은 丙에 대하여 진정명의회복을 원인으로 한 소유권이전등기를 청구할 수 없다. ( )

③ 제3자 丁이 명의신탁 사실을 알고 丙으로부터 X토지를 매수하고 소유권이전등기를 한 경우라도 丁은 소유권을 취득한다. ( )

• 수탁자가 매수인 ⇨ 계약명의신탁

★★
21. 丙소유의 부동산을 취득하고자 하는 甲은 친지 乙과 명의신탁약정을 맺고 乙에게 매수 자금을 주면서 丙과 매매계약을 체결하도록 하였다. 乙은 甲의 부탁대로 丙과 매매계약을 체결하고 소유권이전등기를 경료받았다.

① 甲과 乙의 명의신탁약정은 丙이 선의라 하더라도 무효이다. ( )

② 丙이 선의인 경우에는 乙이 소유권을 취득한다. ( )

③ ②의 경우, 甲은 乙에게 자신이 제공한 매매대금의 반환을 청구할 수 있을 뿐, 그 부동산 자체의 반환을 청구할 수는 없다. ( )

④ ②의 경우, 甲은 乙로부터 부당이득을 반환받을 때까지 부동산에 대하여 유치권을 행사할 수 없다. ( )

⑤ ②의 경우, 甲의 지시에 따라 부동산의 소유명의를 이전하거나 그 처분대금을 반환 하기로 한 약정은 무효이다. ( )

⑥ 丙이 악의인 경우, 乙은 부동산에 대한 소유권을 취득하지 못한다. ( )

⑦ ⑥의 경우, 乙이 부동산을 丁에게 매도하여 소유권이전등기를 했다면, 丁은 소유권을 취득한다. ( )

• 경매 ⇨ 계약명의신탁 ⇨ 경매목적물의 소유자가 악의 ⇨ 수탁자가 소유자

★★
22. 부동산경매절차에서 명의신탁관계가 성립한 경우, 경매목적물의 소유자가 명의신탁 사실을 알았더라도 수탁자는 유효하게 소유권을 취득한다. ( )

★★
23. 부동산경매절차에서 명의신탁관계가 성립한 경우, 경매목적물의 소유자가 명의신탁 사실을 알았다면 수탁자는 소유권을 취득할 수 없다. ( )

05 | 집합건물의 소유 및 관리에 관한 법률

> • 구분의사가 객관적으로 표시 ⇨ 구분소유 성립

★
1. 집합건축물대장에 등록되지 않더라도 구분소유가 성립할 수 있다. ( )

> • 공용부분(복도, 계단)
> ① 용도에 따라 사용 ○, 지분비율에 따라 사용 ×
> ② 시효취득의 대상 ×

2. 각 공유자는 공용부분을 그 용도에 따라 사용할 수 있다. ( )

★★
3. 공용부분의 사용과 비용부담은 전유부분의 지분비율에 따른다. ( )

★★
4. 집합건물의 공용부분은 시효취득의 대상이 될 수 없다. ( )

> • 공용부분에 관한 물권의 득실변경 ⇨ 등기 ×

★★
5. 구조상 공용부분에 관한 물권의 득실변경은 등기하여야 효력이 발생한다. ( )

> • 일부의 공용부분이 명백한 경우 ⇨ 일부 ○, 전원 ×

★
6. 일부의 구분소유자만이 공용하도록 제공되는 것임이 명백한 공용부분은 그들 구분소유자의 공유에 속한다. ( )

7. 일부의 구분소유자만이 공용하도록 제공되는 것임이 명백한 공용부분도 구분소유자 전원에 속하는 것이 원칙이다. ( )

> • 구분소유자 중 일부가 공용부분을 권원 없이 사용
> ① 다른 구분소유자 ⇨ 인도청구 ×, 방해제거청구 ○
> ② 다른 구분소유자 ⇨ 부당이득반환청구 ○

★★
8. 관리단집회 결의나 다른 구분소유자의 동의 없이 구분소유자 1인이 공용부분을 독점적으로 사용하는 경우, 다른 구분소유자는 공용부분의 보존행위로서 그 인도를 청구할 수 있다. ( )

★
9. 구분소유자 중 일부가 정당한 권원 없이 구조상 공용부분인 복도를 배타적으로 사용하여 다른 구분소유자가 사용하지 못하였다면, 이로 인하여 얻은 이익을 다른 구분소유자에게 부당이득으로 반환하여야 한다. ( )

• 관리인 ⇨ 구분소유자가 10인 이상 ⇨ 반드시 관리인을 선임

10. 구분소유자가 10인 이상일 때에는 관리인을 선임하여야 한다. ( )
★
11. 관리인은 구분소유자가 아니더라도 무방하다. ( )

12. 규약에서 달리 정한 바가 없으면, 관리인은 관리위원회의 위원이 될 수 있다. ( )

• 전유부분과 대지사용권 ⇨ 규약으로 달리 정하지 않는 한 분리처분 ×

★
13. 구분소유자는 규약 또는 공정증서로써 달리 정하지 않는 한 그가 가지는 전유부분과 분리하여 대지사용권을 처분할 수 없다. ( )
★
14. 구분건물의 전유부분만에 관하여 설정된 저당권이나 압류 등의 효력은 특별한 사정이 없는 한 그 대지사용권에도 미친다. ( )
★
15. 전유부분에 대하여 설정된 전세권은 전세권설정등기가 건물부분만에 관한 것이라는 취지의 부기등기가 경료되어 있으면 대지사용권에 미치지 않는다. ( )
★
16. 특별한 사정이 없는 한 대지사용권을 전유부분과 분리하여 처분할 수는 없으며, 이를 위반한 대지사용권의 처분은 법원의 강제경매절차에 의한 것이라 하더라도 무효이다. ( )

• 공용부분에 관한 관리비

17. 전유부분에 관하여 체납된 관리비는 특별승계인에게 승계되지 않는다. ( )
★
18. 공용부분에 관하여 체납된 관리비는 특별승계인에게 승계되지만 연체료는 승계되지 않는다. ( )

19. 체납된 관리비가 특별승계인에게 승계된다고 하여 이전 구분소유자들의 채무가 면책되는 것은 아니다. ( )

★
20. 관리단은 관리비 징수에 관한 유효한 규약이 없더라도 공용부분에 대한 관리비를 그 부담의무자인 구분소유자에게 청구할 수 있다. ( )

• 공유 ⇨ 반드시 1인

---

21. 전유부분의 공유자는 서로 협의하여 공유자 중 1인을 관리단집회에서 의결권을 행사할 자로 정하여야 한다. ( )

22. 지분이 동등하여 의결권 행사자를 정하지 못할 경우에는 그 전유부분의 공유자는 지분 비율로 개별적으로 의결권을 행사하여야 한다. ( )

• 재건축 결의 ⇨ 4/5
① 서면으로 촉구
② 촉구 ⇨ 확답 × ⇨ 참여 ×

★
23. 재건축 결의는 구분소유자 및 의결권의 각 5분의 4 이상의 결의에 의한다. ( )

★
24. 관광진흥법에 따른 휴양 콘도미니엄업의 운영을 위한 휴양 콘도미니엄의 재건축 결의는 구분소유자 및 의결권의 3분의 2 이상의 결의에 따른다. ( )

★
25. 재건축 결의 후 재건축 참가 여부를 서면으로 촉구받은 재건축반대자가 법정기간 내에 회답하지 않으면 재건축에 참가하겠다는 회답을 한 것으로 본다. ( )

• 담보책임
① 분양자와 시공자 ⇨ 담보책임 ○
② 전유부분에 대한 담보책임 ⇨ 구분소유자에게 인도한 날로부터 기간을 기산
③ 공용부분에 대한 담보책임 ⇨ 사용검사일 또는 사용승인일로부터 기간을 기산

★
26. 분양자는 전유부분을 양수한 구분소유자에 대하여 담보책임을 지지 않는다. ( )

★★
27. 전유부분에 관한 담보책임의 존속기간은 사용검사일부터 기산한다. ( )

제36회 공인중개사 시험대비 **전면개정판**

2025 박문각 공인중개사 김덕수 민법공식 답이 벌떡

초판인쇄 | 2024. 12. 25.   **초판발행** | 2024. 12. 30.   **편저** | 김덕수 편저

발행인 | 박 용   **발행처** | (주)박문각출판   **등록** | 2015년 4월 29일 제2019-000137호

주소 | 06654 서울시 서초구 효령로 283 서경빌딩 4층   **팩스** | (02)584-2927

전화 | 교재 주문 (02)6466-7202, 동영상문의 (02)6466-7201

저자와의
협의하에
인지생략

정가 27,000원
ISBN 979-11-7262-484-2